大明安庆传

陈咏梅◎著

天津出版传媒集团
天津人民出版社

图书在版编目（CIP）数据

大明安庆传 / 陈咏梅著. -- 天津：天津人民出版社，2016.10

ISBN 978-7-201-10788-2

Ⅰ.①大… Ⅱ.①陈… Ⅲ.①长篇小说 - 中国 - 当代 Ⅳ.①I247.5

中国版本图书馆CIP数据核字(2016)第205996号

大明安庆传

DAMING ANQING ZHUAN

出　　版　天津人民出版社
出 版 人　黄　沛
地　　址　天津市和平区西康路35号康岳大厦
邮政编码　300051
邮购电话　（022）23332469
网　　址　http: //www. tjrmcbs. com
电子邮箱　tjrmcbs@126. com

责任编辑　刘子伯

印　　刷　北京欣睿虹彩印刷有限公司
经　　销　新华书店
开　　本　710×1000毫米　1/16
印　　张　17
插　　页　0插页
字　　数　210千字
版次印次　2016年 11月第 1版　2016年 11月第 1次印刷
定　　价　28.00元

目录

明，洪武三十年，秋。

亭皋木叶下，陇首秋云飞。

天气阴沉，秋叶漫卷，寺庙檐角的铜铃在风中铃叮，青色的香烟绕上殿堂，一杆略显破旧的经幡在竹林外飘摇，木鱼声声，一板一眼，似在诉说人生的荣耀、悲欢、迷茫、无奈、忧伤不过都是梦一场……

这是隐藏在徽州境内通天坪的一座古寺，群山雄浑逶迤，重峦叠障，古寺依山而建，虽简陋却整洁而肃穆，圆柱上雕刻着一副被风侵蚀斑驳的对联："目极通天云海参禅道，耳闻五徵梵音悟佛法"，此时，一女子身穿素服，跪在殿堂前的青石阶上，目光空洞，神思恍惚。在她的身后跪着数十人。

"当——"突然一声雄浑的钟声响起，惊起林子里的鸟儿，扑愣愣地掠过树梢，几经盘旋，和钟声的余音一起消失在松林的深处，紧接着又是几声"当——当——当——"让人蓦然心惊。

"公主……"一旁的侍女终于忍不住了，倒头下拜，"请公主回京！"

"请公主回京！"身后的太监宫女齐声高喊。

"回京？"那女子喃喃地说，飘忽的目光落在殿堂之上那尊高大威严的佛像上。

"是的，公主，銮驾已经准备好了，请公主移驾！"侍女强忍住悲伤，趋步上前，试图搀扶起公主。

"玲珑……"女子突然幽幽地开口，"从今日起，我要在这里出家修行，永不踏入京城……"

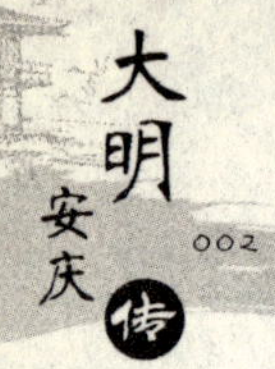

风卷起漫山的落叶，盘旋、飘荡、如一场盛大的蝶舞……

“真漂亮啊……”女子抬起头，仰望长空，透过缤纷落叶，仿佛看到多年前的那个春光明媚的午后，自己犹如一只蹁跹起舞的蝴蝶，试图穿越那片让人迷乱的花海……

第一章　年少如薄荷散着淡淡清香

（人的命运注定有终点，所有变幻莫测的旅程只是引领你走向那个结局的铺垫！只是，在没有尘埃落定的时候，每个人都还抱有幻想。而我，大明的公主，就从没有放弃过幻想……）

那一年，江南的风轻柔得就像是落在脸颊的亲吻，痒酥酥地让人迷醉。十三岁的安庆公主身穿浅粉彩绣散花锦大袖衣，樱草色织金蝶纹花笼裙，脚上穿着一双锦绣镶着珍珠的芙蓉软底鞋，拉着一个蝴蝶的风筝，一路欢笑穿过如血的海棠、粉白的牡丹、还有那些千娇百媚的、小安庆叫不出名来的蓝色的、浅紫的、深粉的、娥黄的、大片大片的花海……

“母后，你看我的蝴蝶飞得多高啊……”安庆欢快的笑声从花海里飘荡出来，久久地回荡在红墙金瓦的皇宫之内……

“安庆，慢点……玲珑，跟紧了……瞧这丫头，都这么大了，还这样整天嘻嘻哈哈，没个正形……”皇后对贴身侍女阿珩说，目光追随着花影间安庆的身影，疼惜之情溢于言表。

“皇后，公主天性天真烂漫，你听她的笑声多像是鸟儿在三月的枝头鸣唱，让人听着觉得心里无比欢畅，难怪皇上和皇后这样疼爱她……”阿珩乖巧地说。

“这丫头，被我和皇上给宠坏了……”

突然前面传来玲珑的声音：“公主，快，快收线，小心风筝挂到树上……”

安庆回头一看，自己只顾着往前跑，竟然没注意到风筝果真要被树梢挂住了，连忙手忙脚乱地收线，可是还是晚了，漂亮的蝴蝶被树梢挂住了，怎么拽也拽不下来了。

“我的蝴蝶，我的蝴蝶……”安庆急得直跳，“母后，我要我的蝴蝶……”

太监和宫女赶紧四处去找竹竿。

皇后也只能眼睁睁地看着原本翩跹的蝴蝶，此时垂头丧气地在树梢上飘荡，无能为力。

突然，一个身影倏然掠过树梢，只一个转身，就把风筝拿在手上了，又稳稳地落回到安庆的面前，“丫头，给……”一个十八九岁的少年，气宇轩昂，眉目俊秀，明澈的目光英气逼人。

“蓝玉哥哥……”安庆欣喜地跳了起来。

“安庆，给你说过多少次了，别没大没小，你应该称呼蓝玉为舅舅！”皇后轻斥。

蓝玉乃常遇春夫人蓝氏的弟弟，常遇春的女儿现在是太子朱标的妃子，安庆理当随朱标称蓝玉为舅舅才对。别看蓝玉年纪不大，但自小跟随常遇春征战，熟读兵书，常遇春在世时，曾多次在皇上面前举荐，现在被皇上召到宫内陪太子习武。

“不嘛，我就要叫他哥哥，他才比我大几岁啊？”安庆可不干，噘起了小嘴。

蓝玉微微一笑，向后倒退两步，向皇后施礼："蓝玉见过皇后。"

"免礼……蓝玉啊，安庆这丫头被我宠坏了，没规没矩，你可别见怪……"

"回皇后，公主自小就喊我哥哥，我早已经习惯了……"蓝玉想起他第一次跟随常遇春进宫面见皇上时，他才八九岁，见过皇上出来，遇到皇后带着小公主在花园里玩捉迷藏，只见年幼的小公主用一块粉色的丝帕蒙着眼睛，伸长胳膊四处摸索，一大群宫女太监在小公主前推来搡去，嘻嘻哈哈。

"小公主，我在这儿……"

"小公主，来抓我啊……"

"哼，我一定会抓住你们的，抓住了可要让我当马骑啊！"小公主稚气地说着，却向蓝玉这边摸索过来，蓝玉竟一时不知所措。

"哈，我抓住了，我抓住了！"小公主开心地跳了起来，"我可以骑马了……"

蓝玉傻傻地站在那里，看着她得意地扯下丝帕，然后露出一双水汪汪的大眼睛，好奇地盯着他，竟然叫了一声"哥哥……"从此以后就再也没有改过口来。

"呵呵，你不见怪就好……你不是陪太子练功吗？这是要去哪里？"

"回皇后，太子今天身体微恙，不用练功，皇上特许我回家去看望姐姐。"蓝玉恭敬地回答。

"哦，标儿身体不适吗？那我得去看看……蓝玉，代我问候常夫人，让她有时间常来宫中走动才好……"

"谢谢皇后。"

"蓝玉哥哥要出宫去？"安庆眼睛一亮，"母后，我也要跟蓝玉哥哥出宫去玩……"

"不行！"皇后的语气严厉起来，"安庆，你是公主，一个女孩子家，

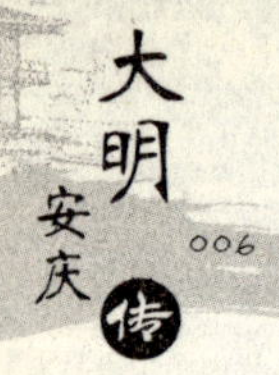

天天往外跑成何体统！如果让你父皇知道了，你又该挨骂了。”

“母后，我也就是跟蓝玉哥哥去常府，也没有到处乱跑吗，况且，有蓝玉哥哥监督着我，我会很乖的……母后，我回宫时，给你带姨妈做的糖蒸酥酪，好不好？母后最爱吃了，你就让我去吧，母后……”安庆连乞求带撒娇，缠着皇后不放。

架不住安庆的软磨硬泡，皇后无奈地说：“好吧，玲珑，小心跟着，早去早回……”

“谢谢母后！”安庆欢欣雀跃，“蓝玉哥哥，我们走……”安庆拉起蓝玉的手就向外跑。

“皇后？”蓝玉把征询的目光投向皇后。

“去吧，去吧，公主有你带着，我也没什么不放心的……”皇后宽厚地说。

常府。

“玲珑，你用点劲儿好不好？”

“公主，已经荡得很高了，不能再用力了，不然会摔下来的……”

“这还高啊！玲珑，你能不能把你吃饭的劲儿用上啊？”

缠满花枝的秋千架上，安庆嫌秋千荡得不够高，不过瘾，噘着嘴不停地抱怨。

蓝玉含笑站在树下，看着这个任性的小公主责难玲珑。这个缠满花枝的秋千架，是他专门为她搭建的。他自小跟随常遇春行军打仗，随着年纪的增大，近年来又多次参加战役，心早如钢铁一般坚硬，可是这个小公主，却让他柔肠百结。

“来，我推你……”蓝玉上前，抓住秋千，“你可手抓牢，坐稳了！”

“还是蓝玉哥哥对安庆好……”安庆高兴极了。

“小傻瓜，你现在才知道我对你好吗？”蓝玉心里说，手下轻轻一用力，秋千便轻盈地荡了起来。

“啊……”安庆发出兴奋的尖叫声，“蓝玉哥哥，再用点力，我就可以看到院墙外面了……”

常夫人正带着侍女经过，被眼前的景象吓了一大跳，连忙喝住蓝玉，“玉儿，快住手，公主千金之躯，小心有什么闪失！”

“没关系的，姨妈……”安庆顽皮地喊着，“你们看我像不像是飞起来了……”果然，她樱草色织金蝶纹花笼裙的裙裾在风中张扬着，就像是迎风飞舞的彩蝶翅膀……

“蓝玉，公主还小不懂事，难道你也不懂事吗？快，快抱公主下来！”常夫人脸色苍白，焦灼地说。

“哦！”看到姐姐一脸的急切，蓝玉答应一声，轻轻一踮脚尖，身子便腾空而起，伸出胳膊把安庆拦腰揽在怀里，几轻旋转，稳稳地落到常夫人的面前。

常夫人总算是松了一口气。

“你干吗啊，我正玩得高兴呢？”小安庆从蓝玉的怀里挣扎出来，“你干吗把我弄下来啊？”她不满地嘟囔着，瞪了一眼蓝玉，仿佛还不够解气，又一脚踩到蓝玉的脚背上，痛得蓝玉呲牙咧嘴。

“我还要荡秋千！”小安庆不依不挠。

蓝玉看看姐姐，左右为难。

“公主，我特意命人准备了你最喜欢吃的菱粉糕，你要不要吃呢？”常夫人赶紧替蓝玉解围。

“菱粉糕！”小安庆的眼睛又亮了。

到底是小孩子家！常夫人笑了起来。

用过点心，午后的阳光零碎地散落在缠绕着紫藤的回廊上，回廊下放着一张深紫色的黄梨木桌几，上面镶嵌着和田玉的桌面，此时，安庆抓耳挠腮，拿着一枚白色的棋子，举棋不定。

“这？不行……这呢？也不行……”

对面的蓝玉则气定神闲地品着香茗，一双似笑非笑的眼睛自顾欣赏着安庆貌似冥思苦想的神情。

“就这儿了！”终于，安庆义无反顾地落下一子，然后得意扬扬，“哈哈，怎么样，蓝玉哥哥，这招你没有想到吧！”

只见蓝玉不慌不忙地拿起一粒黑子，不假思索就放了下去，顿时安庆瞪大了眼睛，明明自己占了上风，怎么一下子就一败涂地了呢？

“不玩了，不玩了……我总是赢不了你！”安庆赌气似的把眼前的黑白棋子一顿乱搓。

“这一盘不算，我们重新开始，如何？丫头！”蓝玉大度地说。

“你能保证让我赢吗？”

“当然不能！”蓝玉回答得极为干脆。

“哼，没劲！”安庆没精打采地趴在桌几上。

“不过我可以保证我不赢！”蓝玉慢条斯理地说。

“这可是你说的！”小安庆情绪立即高涨，抓住蓝玉的话不放。

这一局，蓝玉自是处处手下留情，可安庆也没有那么容易就能赢得了，几十个回合下来，双方战平，和棋。

“怎么样？我说话算数吧，我没有赢你，可我也没输，小公主？”蓝玉眼里流露出一丝狡黠的笑。

安庆眼珠骨碌一转，“也可以说虽然我没有赢你，可我也没有输给你，对吗？”

“可以这么说……”蓝玉点了点头。

"那你就是承认我没有输了？"安庆追问。

"是啊，你没输……"蓝玉突然闭上了嘴。

"哈哈哈，蓝玉哥哥，这可是你自己说的，我没有输给你啊……"安庆简直是手舞足蹈了，"蓝玉哥哥，你可别忘了，你说过，等我不会输给你时，你就带我去秦淮河边的夫子庙玩！"

"可是……"蓝玉才发现自己竟然一不小心栽到小丫头的圈套里了。

"没有什么可是的，反正你自己都说了，我没有输，你就得说话算话！"小安庆振振有词。

秦淮河畔，杨柳低垂，花香四溢，一串串红灯笼从白墙青瓦的飞檐直挂下来，这里商贩众多，人来人往，各种新奇的小玩意让小安庆目不暇接，她拉着玲珑的手，兴奋地在人群之中挤来挤去，而且哪里人多就专门往哪里挤，蓝玉不敢怠慢，紧跟其后，伸出长长的胳膊护住安庆，生怕把她给挤坏了。

"公主……"玲珑兴奋地将一个花簪拿在自己头上比画，"你看这个好不好看？"

"嘘……"安庆连忙伸出手指压在唇边，小声地说，"不是说好了，在外面就叫我安安，或者小姐吗？"

"哦，我忘了，公主，哦，不，安安小姐……"

"嘻嘻……"安庆开心地笑了起来，"走，我们去那边看看……"

"看，糖葫芦！"安庆突然高兴地跳了起来，"蓝玉哥哥，糖葫芦，我要吃糖葫芦！"

果然，隔着涌动的人头，顺着安庆手指的方向看去，一个大大的草把上扎着好多鲜红欲滴的糖葫芦。

"好，你们在这里等着，千万别走开啊……玲珑，看好小姐……"蓝玉

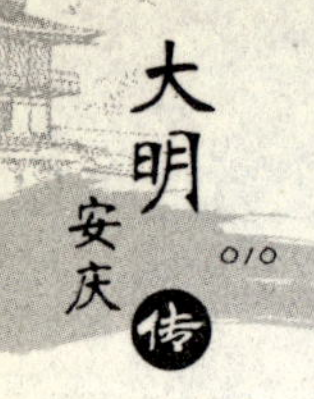

挤过人群，去买糖葫芦。

“咦，你看，那边的风筝好漂亮啊……”小安庆的目光又被前面一个卖风筝的吸引住了，“走，我们去看看……”

“小姐，说好了在这里等的……”

“就在前面，蓝玉哥哥会看到我们的，走吧！”安庆不由分说地就向卖风筝的挤去，玲珑只好紧跟了上去。

外面的一切对安庆来说，都是那么的新鲜、有趣，她这儿看看，那儿摸摸，玲珑只好紧跟着她。

安庆本来是被风筝吸引住了，可是她一抬头，又被一些漂亮的花灯吸引去了。

“姑娘，买一个许愿灯吧，对着它许个心愿，放在河里顺水漂走，你的愿望就会实现的……”摊主热情地招揽着生意。

“愿望真的能实现吗？”安庆天真地问。

“当然啊，许愿灯，许愿灯，不然怎么会叫它许愿灯呢？”

“太好了，我要许愿！”安庆挑选了一只粉色的莲花灯，爱不释手。

“小姐，我们没有钱……”玲珑小声地提醒公主。

“钱？”安庆傻眼了，不过，很快她就想到了好主意。她伸手取下腰间的一块玉，她记得母后说过，这块玉很值钱的。

“我用这个换你的莲花灯，可以吗？”

摊主眼睛一亮，好一块色泽通透圆润的玉啊，不用细看，就知道这不是一般的玉，他大喜过望，忙不迭地伸手去拿。

“小姐，这可是皇……你母亲送你的，如果她知道你把她送你的东西换了花灯，她会生气的！”玲珑拦住不让安庆换。

“玲珑，如果母亲知道我换了花灯是为了许愿，是为了让她和父亲身体安康，她才不会生气呢！”安庆自顾把玉递到摊主的眼前。

摊主心里暗喜，连忙把手在衣襟上擦了擦，伸手来接。

“别跟他换！”突然身后传来一个响亮的声音。

安庆好奇地回头，身后正站着一个男孩子，十五六岁的样子，扑闪着一双大大的眼睛。

“为什么？”安庆不解地问。

“他这个花灯根本不值钱，你会吃亏的……”他指着安庆手里提着的花灯。

“可是我很喜欢这个花灯……”安庆无奈地说。

“老板，买个花灯！”那个男孩子突然说。

“公子，我们盘缠也不多了……”安庆这才注意到，在男孩子的身后，还有一个老伯，似乎面有难色。

“董伯，我们已经到了京城，很快就会找到颜伯父家的，你不用发愁……”

老伯无奈，从身上摸出一块碎银子，不情愿地递了过去。“客官，你要那一个？随便挑……”摊主热情地指着身后挂着的各色花灯。

“我就要这个！”那个男孩指着安庆手里的莲花灯。

“喂，你什么意思，这个灯明明是我们挑中的……”玲珑生气地说。

“哦，难怪你不让我用玉换，原来是你自己想要这个花灯……”安庆总算明白过来了，“你，你简直无赖！”

那个男孩也不多说，把钱往摊主手里一塞，转身对安庆说：“把你的玉快收起来吧，这个花灯现在是你的了！”

“什么？”直到那个男孩离开，安庆还一头雾水，眼前老闪现着那一双大眼睛。

“他买的花灯，为什么要送给我呢？”安庆望着他单薄的身影竟发起呆来。

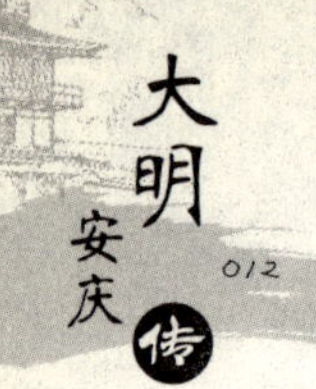

“小姐，你怎么了？”玲珑叫了一声。

“哦！”安庆如梦初醒，一丝羞涩浮上安庆的脸颊，她连忙掩饰说，“走了，放花灯去……”

安庆欢天喜地地拿着花灯，来到河边，找了一个清静的地方，小心翼翼地点燃蜡烛放到水中，然后闭上眼睛，嘴里念念有词：“莲花灯，你可听好了，我的愿望是希望父皇和母后身体康健、希望标儿哥哥，宁国姐姐康健、希望……”总之，凡是她能想到的所有的愿望，她都一股脑儿地说给了这个花灯……

花灯就像是一朵盛开的莲花，载着十三岁的安庆所有美好的心愿，顺河漂流而下，越漂越远……

“小姐，我们走吧……”

突然，安庆猛然想起，蓝玉哥哥呢，这么久了，他怎么还没有来呢？糟了，他一定是找不到我了！

这样想着，安庆心里一急，匆忙站起，没想到脚下一滑，一个趔趄，竟扑通一声掉进河里去了。

这可吓坏了玲珑，“小姐，小姐，来人啊，救命啊……”她扯开嗓子哭喊。

可是这里比较偏僻，根本没有人。眼看着公主在水里挣扎，玲珑顾不上多想，就要跳下河去，突然一个身影从河岸几步冲来跳入了水中，向公主游去……玲珑顾不上哭了，她浑身发抖，心提到了嗓子眼……

终于，公主被那人拖上河岸来。

“小姐……”玲珑扑了过去。

“喂，你没事吧……”恍惚中，安庆听到一个声音，是谁呢？好像有点熟悉……安庆努力地睁开眼睛，一双明亮的大眼睛正紧张地盯着她，看到她醒来，如释重负地舒了一口气。

“是你？”安庆认出这个人正是之前送她花灯的那个男孩。

“你家小姐醒了，赶快带她回去换身衣服吧，不然会生病的。”

“哦！”玲珑连忙去扶公主，可是刚才她和公主都是连惊带吓，浑身酸软，扶了几次，竟然没把公主扶起来。

“来，我扶你！”那个大男孩似乎叹了一口气，迟疑了下，伸出胳膊把安庆从腰间扶住。

蓝玉买了糖葫芦回到原地，早就不见了公主和玲珑的影子。蓝玉傻眼了，突然意识到自己犯了一个天大的错误，自己怎么可以把公主放到大街上呢？

“丫头，丫头……”蓝玉心急如焚，他扯着嗓子喊，不停地拽住行人问，“你看到一个十三四岁的姑娘了吗？这么高……”他不停地比画着……蓝玉的嗓子都快喊哑了，可路人只是摇头。自己竟然把公主给弄丢了！蓝玉连死的心都有了。

前面有一座青石孔桥，蓝玉纵身跳上桥栏，站得高看得远，他焦灼的目光仔细地在人群之中搜寻，可是，人群中哪儿有安庆的影子啊！

突然，他看到河边的树下，安庆正被一个陌生的半大小子搂着，晃悠着向这边走来，玲珑跟在后面抹着眼泪……

蓝玉的肺都要气炸了，这哪来的野小子，光天化日之下，竟然敢对公主无礼！蓝玉凌空而起，跃过人群，几下就来到了河边，他一个箭步就冲了上去，一把扯开那个臭小子，狠狠地扔到河岸上。

没等那个男孩反应过来，安庆已稳稳地被蓝玉搂在胸前，看着浑身湿淋淋的安庆在怀里瑟瑟发抖，小脸苍白，蓝玉心疼极了，怒从心起。

“丫头，这臭小子欺负你吗？”一把寒剑已直指臭小子的喉咙。

“是他救了我，蓝玉哥哥……”安庆看到蓝玉要对她的救命恩人动手，连忙喊住蓝玉。

蓝玉一愣，有些不相信，“玲珑，怎么回事？”

“小姐不小心掉进河里，是这位公子救了小姐……”玲珑连忙说。

蓝玉这才收回剑来。

“她受到了惊吓，你最好赶紧带她回家换衣服！”地上的那小子站了起来，冷冷地说完，转身欲离去。

“喂，你等等……蓝玉哥哥，你干什么啊！人家救了我，你还对人家那么凶！”安庆不高兴地噘起了嘴，“你得向他道歉！”

“道歉？”蓝玉一声冷笑，眉角上扬，“我向他道歉？”

“是的，你必须向他道歉！不然，我就再也不理你了！”小安庆得理不饶人。

“好，我向他道歉，道歉……对不起，是我错怪你了……”蓝玉不冷不热地说。

“没关系！”那小子也是面无表情，转身就走。

“喂，喂，我还不知道你叫什么名字呢？”安庆突然喊道。

“欧阳伦！”那小子头也没有回。

“欧阳伦……”安庆的心里默默地念叨着……

第二章　命运就像齿轮此生相遇

（命运真是一件说不清的东西，那些曾经以为再也不会相遇的人，竟然会在某一天重逢，所以我天真地认为，他的出现带着某种宿命的指引。）

这一年的冬天似乎格外的漫长，然而，也许是因为这个冬天太过漫长，春花们酝酿了一个冬天的梦境终于以最浓烈、最艳丽、最恣意的方式宣告春天的到来。微风轻拂，水晶帘动，安庆公主百无聊赖地用一只胳膊支撑着脑袋，趴在楠木云纹小翘头案上，看着玲珑把修剪好的牡丹花一枝一枝地插进釉里红如意云形缠枝牡丹菊纹花瓶。牡丹花是刚刚从御花园采来的“姚黄”，据说出自宋代洛阳邙山脚下白司马坡姚崇家，花初开为鹅黄色，盛开时金黄色，花开高于叶面，开花整齐，花形丰满，光彩照人，气味清香，有“花王”之称，此时，室里就满满的都是它的香气。

“无聊死了……”

“公主，你都说了有一百遍了！”

“我都说了一百遍了，可我为什么还是这样无聊呢？对了，我们偷偷溜出宫去玩，好不好？”安庆顿时来了精神。

“万万不行！”玲珑连忙摇头，“公主，皇上罚你三年不许出宫，眼看着这三年的期限马上就到了，你就再忍忍吧！”

“不就是不小心掉进河里了吗？父皇也太小题大做了，害得我这三年整天待在宫里，没意思死了！”安庆又无精打采地趴在了案几上，一只手拨弄着鹅黄色的花瓣。

“公主，要不你召蓝将军来陪你下棋吧？”

“蓝玉哥哥？还是算了吧！蓝玉哥哥这些年跟随徐达、傅友德两位大将军南征北战，作战英勇，立下了赫赫战功，现在刚被父皇封为永昌侯，肯定有许多的政务要处理，我还是不要打扰他比较好。”

“我看他巴不得公主去打扰他呢……嘻嘻……”玲珑窃笑。

“为什么？”安庆侧着脑袋不明就里地问，突然像是明白了什么，她随手拿起一枝花枝就朝玲珑扔去，“再胡说八道，小心我撕烂你的嘴！”

玲珑笑着躲开，“我也没说什么吗，公主恼什么啊？”

正在这时，宫女香云走了进来。

“香云，让你给母后送几枝牡丹花，你怎么去了这么久？”安庆随意地问。

“回公主，因为皇后正准备明天的宴会，人手不够，我正好帮了一会儿忙。”

“哦，宫里要举办宴会吗？我怎么不知道？”

“听说是为了宴请通过皇上殿试的大人们。”香云快人快语。

“这么说今天父皇在殿试吗？听说但凡能进得了殿试的举子，个个都是才华横溢……”安庆扔下手里的花，“我要去看看！”说着她拖着长裙就往外跑。

“公主……公主……”玲珑连忙放下手里的活计，跟了出去。

安庆出了自己的寝宫，一路向奉天殿跑去。

眼看着就要到了，拐过一个弯，她却重重地和一个人撞了个满怀，差点跌倒。

“你没事吧！”幸好那人眼疾手快，一把扶住安庆。

“没事，没事……”安庆一心惦记着要去看殿试，不想耽搁，脚跟还没站稳就急着又要跑。

“姑娘，你的东西掉了！”那人弯腰从地上捡起一个香囊。

安庆猛然站住，一摸腰间，“我的香囊！”她猛然回身。

一双清澈明亮的眼睛，婉若黑夜璀璨的星辰，正平静地看着安庆，手里举着一个香囊。

安庆在如此的目光之下，神思竟一阵恍惚，三年前的一幕清晰地在头脑中一闪而过。

“欧阳伦！”她脱口而出。

欧阳伦一愣，似乎也在努力地回忆眼前这张似曾相识的面孔在哪里见过，良久，他恍然大悟，脸上露出一抹欣喜。

“是你？你怎么会在这里？”

“我……”安庆不知如何回答。

“公主……”玲珑上气不接下气地跟上来，然后看到公主和一个陌生的人说话，把后半截话咽了回去。

“你是公主？”欧阳伦大吃一惊。

安庆羞涩地点了点头。

“咦，公主，这不是当日送花灯给我们，又救过你的那个人吗？”玲珑上上下下打量着欧阳伦，奇怪地问，“你怎么会在这里？”

“在下是来参加殿试的！”欧阳伦收起刚才的欣喜，恭敬地回答。

“殿试？我正要去看呢，我们一起走吧！”安庆欢快地说。

“公主，殿试已经结束了！”欧阳伦淡淡地说，“我要出宫了……”

“哦……”安庆不禁有一些失望，“你这么急着要出宫，难道你没有通过父皇的殿试吗？”

“回公主，承蒙皇上垂青，赐在下进士出身……”

“这么说，你是通过殿试了！”安庆高兴地说，“你等等，我这就带你去面见父皇和母后，告诉他们你就是我的救命恩人……”

“不必了，公主！”欧阳伦说，“在下已经向皇上告假，要先行出宫了……”

“为什么？”安庆不解，这可是多少人梦寐以求的事啊。

“因为宫外有人在等在下，我不想让她久等……”欧阳伦实话实说。

“是什么样的人，能让你放弃被皇上另眼相待的机会？”安庆重新审视眼前的这个人。

“一个……对在下来说非常重要的一个人……”欧阳伦的嘴角泛出一丝温柔的笑，“公主，在下告退！”

“喂……”一向伶牙俐嘴的安庆突然不知道说什么了。

“公主，在下还有个请求？”欧阳伦走了两步，又回过头来。

“你说！”安庆以为他改变了主意。

“我当日救你之事请不要对别人提起！”

“为什么？”安庆瞪大了眼睛，“我还要请父皇和母后给你重重的封赏呢！”

“在下只想通过自己的能力为朝廷和皇上效力，还请公主成全！”欧阳伦不卑不亢地说。

好高傲的一个人！

“公主……公主，他已经走远了……”玲珑拉了拉安庆。

安庆如梦初醒般回过神来，一抹红云浸上了她如花的容颜。

远远地，欧阳伦就看到颜府的门口站着一个身影，他不由得加快了脚步，可等他快走近时，却又故意放慢了脚步，摆出一副失魂落魄的样子。

“欧阳伦！”林溪着梨花青的春衫，黛青暗纹立领映衬得脖颈颀长，一条藕荷色的暗纹细褶长裙，越发显她细腰若素，小巧的脚上是一双木兰青双绣缎面鞋子，从穿衣打扮一看就知道她是一个生性素净淡雅的人。看到欧阳伦失魂落魄的样子，她一声轻呼，迎了上来，“你怎么了？”

欧阳伦摇了摇头。

“你身体不舒服吗？”林溪关切地问，并伸手在他的额头摸了摸。

欧阳伦摇了摇头。

“殿试没有过？”林溪迟疑道。

“林溪，如果我没有通过殿试，你会不会看不起我？”欧阳伦神情凝重。

“傻瓜，我怎么会看不起你呢？”林溪嗔怪地瞪了一眼欧阳伦，“难道在你心里我是那么势利的人吗？”

“当然不是！”欧阳伦连忙说，“我只是担心以后给不了你荣华富贵……”

“我的心你难道还不明白吗？我不要什么荣华富贵，只要能和你在一起，就是陋巷单瓢我也心甘情愿。”

“林溪……”欧阳伦拉起林溪的手，“林溪，相信我，我一定会让你幸福的……多谢你这三年来天天照顾我的饮食起居，让我专心地读书，等明天参加完皇上的赐宴之后，我就陪你去逛庙会，好不好？”

“皇上的赐宴？你，你中了！”林溪顾不上女儿家的矜持，抡起小拳头，对欧阳伦一番敲打，“你真坏，你竟然敢骗我！”

“我不是想给你一个惊喜吗……林溪，相信我，我有能力让你幸福！”欧阳伦的眼睛灼灼地看着林溪，直看得林溪两颊飞上红晕。

“你们俩有什么知心的话非要站在大门口说啊！”随着一声爽朗的笑

声，一个矫健的身姿从马背上一跃而下。只见他一身戎装，英姿勃发，容貌刚毅。

“表哥！”林溪羞红了脸，一跺脚，扭身先进门去。

“擎苍兄，你回来了！”欧阳伦连忙抱拳问好。早有家仆上来牵马。

“听说殿试之上欧阳兄对答如流，深得皇上的赏识？”

“惭愧惭愧，不过只是赐进士出身而已……”欧阳伦谦虚地说，“哪比擎苍兄这几年跟随傅友德大将军征战沙场，朝野上下对你的骁勇善战无不盛赞。”

“好了好了，你们就别互相吹捧了……姑父姑母已经准备好了饭菜，快准备吃饭吧。”林溪在廊下娇笑着跑开。

“好，就来。”欧阳伦的目光情意绵绵地落在林溪的背影上。

“喂，欧阳兄，你看我这表妹如何？”颜擎苍早就看出他们一个有情，一个有意，只是一直没有说破而已。

“林溪姑娘天生丽质，蕙质兰心，既有大家闺秀的风范，又有小家碧玉的风情，既温柔多情，善解人意，又知书达理，如果一生能有如此佳人相伴终老，此生无憾事。”

“我这个表妹，身世也算是飘零，自小被亲生父母遗弃，多亏舅舅舅母收留，可没过多久，舅舅舅母又双双离世，临终，把她寄养在我们家，从小就懂得礼数，天姿聪慧，琴棋书画无所不精，如果能有欧阳兄垂爱，那就再好不过了，只是……”

“只是什么？”

“只是欧阳兄才华横溢，现又被赐进士出身，成了许多皇宫大臣眼里的乘龙快婿，只怕……”

“弱水三千，我只取一瓢饮！除了林溪，我欧阳伦是不会喜欢别的女子的！”

颜府上下已知道欧阳伦中了进士，特意设宴，把酒言欢。

席间，欧阳伦斟满一杯酒，恭恭敬敬地敬给颜父，“颜伯父，欧阳伦家道中落，三年前流落至此，幸有伯父援手相助，有了安身之所，潜心用功，此大恩欧阳伦没齿不忘……”

“呵呵呵……”颜父欣慰地点了点头，接过酒杯，“想我颜某祖上本居甘肃文县偏远之地，家境窘迫，后因战乱，流离失所，举家南迁，后幸得遇上你们欧阳一家多方照顾，乃成世交，只可惜后来欧阳家却……好在贤侄胸怀大志，有意考取功名，颜某本该鼎力相助……今日你取得功名，也可告慰你的父母双亲乃至祖上……来，今天我们开怀畅饮，为贤侄庆贺！”说着，他扬头将满满一杯酒一饮而下。

众人也纷纷举杯。

月亮挂在柳树稍上，又清清浅浅地映在树下的池塘里，白天的微热渐渐淡去，欧阳伦踩着斑驳的月影送林溪回房，折过一个绿树掩映的回廊，就是林溪的房间。

“我到了……你也早点回去休息吧……”林溪因为多喝了几杯，面色扉红。

“林溪……”欧阳伦本不胜酒力，此时看着如水的月光下，林溪面如芙蓉初绽，情不自禁地握住林溪的手，借着酒意，只一用力，便把林溪拉到自己的胸前，林溪轻微地挣扎了一下，来不及惊呼，嘴唇便被一张灼热而温润的唇紧紧地盖住，让她呼吸不得……顿时，一种眩晕的感觉从体内升腾而起，缠绵、悠长、痴迷……时间也仿佛在这一刻静止，天地之间，除了彼此的热情，再无他物……

“林溪，我欧阳伦何德何能，居然有如此佳人朝夕相伴，林溪，我一

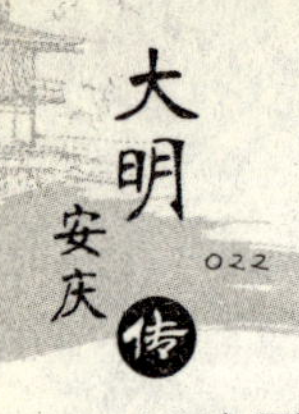

定要娶你为妻……”欧阳伦在林溪的耳边呢喃低语，“林溪，你愿意嫁给我吗？”

半晌，听到不回应。却只感觉到怀里这个柔弱的身体似乎抑制不住地微微颤抖，他大惊，酒也醒了一半，连忙用力地扳住林溪的肩膀，腾出一只手托起林溪的脸庞，只见林溪的美眸里浸满了盈盈泪光，在月光之下，楚楚可怜。

“你……你不愿意嫁给我？”欧阳伦心里蓦然一惊，手无力地垂了下来。

“不……不……”林溪连忙花枝乱颤地摇头，生怕被欧阳伦误解。

“那为什么？”欧阳伦的目光里重新变得灼热而多情，“林溪，告诉我，你愿意嫁给我！”

林溪轻轻地点了点头，难为情地低下头绞着手里的丝帕。

“那你刚才？”

“林溪自小被父母遗弃，看惯了人间冷暖，后辗转被颜大人收留，又视为己出，心里早就不敢再奢望什么，能和喜欢的人两情相悦，林溪原是想也不敢想的……所以，刚才……”林溪羞涩得说不下去了。

欧阳伦悬着的一颗心总算是放了下来，“傻瓜，你放心，等我封了官职，我就向颜伯父提亲！从此我们相守一生，永不分离！”

“嗯……”林溪将头深埋进欧阳伦宽大的胸怀。

月色更浓了，在相爱的人眼中，月色就像是爱的颜色，隽永而华丽……

御花园里永远都是花团锦簇，这里汇集了从天下各处觅来的奇花异草，不管这个季节适不适合它，它们都要努力地绽放，况且这本是花开的季节，大片的花在枝头摇曳生姿，让那些第一次走进御花园的才子们叹为观止。

朱元璋坐在正中间的一张桌子前，那些新科举子的桌子依次在两边排列，桌子上各放一把银色的酒壶，便于自己斟酒。

“各位爱卿，你们都是我大明的天之骄子、栋梁之材，今天，我在御花园宴请各位，就是想告诉各位爱卿，大明朝是朕的天下，同样也是你们的天下，从今天开始，你们将用你们才学和智慧为大明效力！”朱元璋的话掷地有声。

“臣等誓死效忠大明，效忠皇上！”众人俯首盟誓。

“哈哈哈，好，众爱卿，来，我们君臣共举一杯。”朱元璋看着这些意气风发的面孔，豪气大增，开怀畅饮。

举子们也斟满眼前的酒杯，一饮而尽。

之后，众同僚之间也纷纷互敬。

“公主，我们走吧，被皇上发现会被责罚的……”玲珑小声地央求安庆。

“让我再看会吗……”安庆拔开满架的蔷薇花，探头探脑地往宴席那边看。

“哎，玲珑，你快看，那个欧阳伦他好像不胜酒力，才喝了几杯走路就轻飘飘的了，这样下去他会醉的，怎么办啊……”安庆干着急道。

“醉了就醉了呗，公主，我们还是走吧……”玲珑嘟囔着。

“不行，万一他醉了出了丑，会给父皇留下不好的影响的，这会影响他的前程。玲珑，你快想个办法啊……”安庆眼睛紧紧地盯着欧阳伦，头也没回地就去拉玲珑的手，“啊……”一阵刺痛，原来她一下子竟抓到了蔷薇花刺上，她连忙缩回手来。可她的轻呼没有逃脱朱元璋灵敏的耳朵。

“谁在那里？”朱元璋一声断喝，“出来！”

安庆无奈，只好磨磨蹭蹭地从花架后走了出来。

那些从未见过公主芳容的举子们顿时只觉眼前一亮，只见来人一袭娥黄缕金蝶纹软烟罗春衫，秋香色弹墨缂丝单罗纱留仙裙逶迤于地，一支烧蓝点

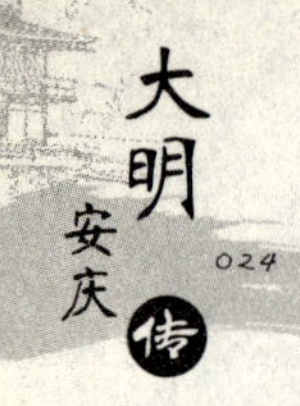

翠蝶形琉璃簪嵌在乌云似的如意高寰发髻间，若隐若现的玉腕之上缠绕着纤细的蓝白琉璃链，脚上是云烟朱缎云丝绣鞋，如此华美惊艳！

“安庆！”朱元璋很是意外，“你鬼鬼祟祟地在那里干什么？”

“我……”安庆瞥了一眼欧阳伦，只见他正趁没人注意，用袖口轻轻地拭去额头的轻汗。

“父皇，安庆听闻今年新科个个都是才华横溢，所以想一睹他们的风采，又怕父皇不许，所以……”

“哦，我这个安庆公主，一向顽劣，今天难得有如此心思，既然这样，来来来，坐到父皇这儿来……”朱元璋今天心情大好。

“公主千岁！”众举子们连忙起身行礼。

安庆轻提裙裾，款款走到父皇面前，“父皇，刚才安庆听闻父皇说今天在座的都是我们大明的栋梁，作为大明的公主，我想敬各位一杯，不知父皇意下如何？”

“准奏！”朱元璋脸上露出赞许的神情。

安庆接过侍女手里的银壶，摇了一下，“玲珑，这壶酒不多了，替我再准备一壶……”安庆回身对玲珑说，玲珑会意，退了下去。

安庆手执银壶，逐一向举子们敬酒。公主亲自斟酒，举子们自然是受宠若惊，都是举杯一饮而尽。

欧阳伦一看这架势叫苦连天，自己本来就不胜酒力，这样下去，非得喝醉不可，若酒后失德，在皇上和同僚面前有了什么不妥的举止，这如何是好？眼看着公主已向他走来，他如坐针毡。

安庆移步到欧阳伦桌边，欧阳伦连忙起身，硬着头皮端起酒杯，准备承接恩泽。

安庆却皱了一下眉头，“没酒了……玲珑，拿酒来！”

玲珑连忙端上一个银盘，上面放着一把银壶。

安庆把空酒壶放在银盘上，随手拿起另一个银壶，替欧阳伦斟了满满一杯，又随手把银壶放到欧阳伦的桌上。

“请！”安庆目光盈盈，静静地看着欧阳伦，不知道为什么，他的心莫名地一紧张，酒都差点洒了出来。

公主亲自斟酒，众目睽睽之下，岂有不喝的道理，醉就醉吧，管不了这么多了，这样想着，欧阳伦眼睛一闭，一杯酒一饮而尽，却没有出现他想象的刺激辛辣。

“咦，怎么什么味道也没有？”欧阳伦暗自疑惑。

“欧阳大人好酒量……”安庆冲他做了一个鬼脸，拿起桌上的银壶，向下一位走去。没有人注意到，她拿起的银壶并不是之前的那一把。

欧阳伦似乎明白了什么，他拿起眼前的银壶，为自己倒了一杯，放到鼻下闻了闻，慢慢地送到嘴边……

“哧哧……”一退出宴席，安庆就忍不住笑出声来。

“公主今天可真是高兴啊！”玲珑取笑道。

“我当然高兴了，今天我不但没有被父皇责罚，他还对我大加赞赏，难道我不应该高兴吗？”

“不是吧……我看公主是因为替某人解围才这样高兴吧……”玲珑果真有一颗玲珑心，什么都看得明白。

“你……”安庆被一语说中，顿时脸羞得通红，“他曾经救过我的命，难道我不应该帮他解围吗？”

话音刚落，身后就传来一个声音：“公主请留步！”

“欧阳伦！”安庆欢快地回头。

欧阳伦却面容沉静，俯身下拜，“多谢公主今日以水换酒，替在下解围，欧阳伦感谢不尽！”

“好说好说……”安庆眼珠一转，一幅老气横秋的样子，背起双手，围着欧阳伦转了几个圈，突然说：“既然如此，那你准备怎么感谢本公主呢？”

“这……”欧阳伦一愣，这一点他倒没有想到，“但听公主吩咐！”

“嗯……这个吗，本公主也没有想好要你如何感谢我，这样吧，就算你欠我一个人情，等我什么时候想起来了，再告诉你！如何？”安庆突发奇想，一双明亮的双眸紧紧地盯着欧阳伦。

欧阳伦没想到事情竟会弄成这样，事已至此，他也只能答应，“如此也好，在下告退！”他似乎不想多留，匆匆行礼告退。

“喂……”安庆跺了跺脚，“这个人可真没趣！”

“公主，我发现这个欧阳伦好像有点怕你啊！”

“哼，我才不要他怕我呢，我要他喜欢我！”看着欧阳伦消失在花影深处的身影，安庆的心里蓦然升腾起一种莫名的悸动。

“公主，你可回来了，蓝将军已等候多时了！”刚一回宫，香云禀报。

“蓝玉哥哥！”安庆欢快地跑进屋子，一个修长挺拔的背影正临窗而立。

蓝玉回转身，几年的征战，给他原本就俊朗沉毅的面容更添了几分冷傲，可是一看到安庆，他的嘴角由衷地扯出一道上扬的弧线。他眼前的丫头，依然是明眸善睐、天真烂漫、珠圆玉润，看到她，他的心就会变得柔软轻盈……

“丫头，不好好待在宫里歇着，又跑哪儿去玩了？”

“蓝玉哥哥，你猜我遇到了谁？”此时的安庆需要有一个人分享她的喜悦，“欧阳伦！我竟然遇到欧阳伦了！”

“欧阳伦？当朝进士欧阳伦？”蓝玉皱了皱眉。

“是啊，欧阳伦，就是当年我落水后救过我的欧阳伦啊，你还记不记得他？”安庆期待地看着蓝玉。

看着安庆神采飞扬，蓝玉却不屑地说：“那又如何？”

“蓝玉哥哥，你知道吗，当年，我在河水里无助地挣扎，以为自己快要死了，可当我睁开眼，看到的不是凶神恶煞的死神，却是一双清澈明净的眼睛……蓝玉哥哥，你能体会那一眼，对我来说有多震憾吗……我从来没有忘记那抹眼神，紧张的、温暖的、希冀的……”安庆面带羞涩，却又抑制不住喜悦地沉浸在对往事的回忆里，她完全没有注意到面前的蓝玉，脸色愈来愈阴沉，眼神愈来愈僵硬。

“公主，您先歇口气，喝点茶……”玲珑把沏好的茶端了上来。

“拿走，你不知道我从来都不喜欢喝这种苦兮兮的东西吗？”

“公主，你尝尝，今天的茶绝对不苦……”香云在一边说。

茶怎么可能不苦呢？安庆疑惑地端起茶杯，揭开杯盖，一缕清香就袅袅地直沁心底，果然和往日不同，她贪婪地使劲儿吸了吸，竟一口气把茶水喝完了。

“玲珑，这是什么茶，怎么这么香……”

“这是蓝将军刚给公主送来的……”香云抢着说。

“哦，蓝玉哥哥，这是什么茶啊，我以前怎么从来没有喝过……”。

蓝玉连忙收起怅然若失的表情，笑着说：“这茶叶也不过是西湖边上的龙井，只是我特意让他们在加工的过程中，加入了新鲜的玫瑰花，玫瑰浓郁的香气正好可以隔去茶的苦涩之气……”蓝玉微微一顿，他分明觉得自己的心突然变得如茶一般的苦涩。

“难怪这么香呢，恐怕也只有蓝玉哥哥能有这奇思妙想吧！”

蓝玉心里一丝苦笑，“丫头，你什么时候才能明白，我所有的奇思妙想只为你一个人……丫头，你知道吗，从你叫我蓝玉哥哥的那一刻起，我生命所有的意义就在于等你快快地长大，可是，你现在终于长大了，可是为何我突然有种莫名的惶恐与失落呢？”

“蓝玉哥哥，蓝玉哥哥……”安庆疑惑地看着蓝玉。

“哦！”蓝玉回过神来，掩饰着一笑。

“蓝玉哥哥，标儿哥哥平时也不喜欢喝茶，我们给标儿哥哥送一些玫瑰香茶吧，他一定会很喜欢的！”

“好，丫头想送给谁就送给谁。”

“那现在走吧，我都好几天没见标儿哥哥了……”安庆欢快地说。

“丫头，我刚从太子那里过来……”

“哦。”

“丫头，我今天来是想告诉你，我明天要出征了……”

“蓝玉哥哥又要出征！”

“我大明虽一统江山，但盘踞云南的残元势力依然不容小觑，他们始终是我们大明最大的威胁，皇上英明，下令南征，一举消灭残元势力，我特意向皇上请旨出征！”

“你请旨出征？父皇同意了吗？”安庆不明白，打仗那么辛苦，随时都有牺牲的可能，为什么蓝玉要放弃安逸的王爷生活，还要主动请旨呢。

“皇上同意了，命蓝玉以左副将军之职随颍国公傅友德、右副将军沐英率师三十万南征云南……”

“蓝玉哥哥，你自小就东征西战，也曾立下了赫赫战功，有着无上的骄傲和荣耀，为什么还要去出生入死？”安庆不解，“你现如果后悔的话，我去请求父皇，收回成命……”

蓝玉的脸上露出一丝莫测的表情，他的双手紧紧地放在安庆的肩头，盯着安庆的眼睛，一字一句：“丫头，等着我，等我这次凯旋，我就告诉你我这次出征的全部意义！”

安庆从来没有见过蓝玉的眼里有如此的充满希冀，一脸茫然地点了点头。

几场雨，秋意就浓了。皇宫里的花已然全部换成了各色的菊花。而那些树，虽然身处红墙金瓦的皇宫，曾在春日来临时盛装出场，映衬着这个万紫千红的世界，但作为叶子，仍然无法摆脱宿命的安排，开始零落，像一场不期而至的散场……

"不经意间，秋天就来了……"和皇上赏花的皇后看着眼前姿态万千的菊花，感叹道。

"是啊，皇后，一年又一年，时间过得可真快啊！"朱元璋难得有空，而且心情大好，特意谴退侍从，陪皇后赏花。

"臣妾记得，与皇上的相识就在这样的一个秋天……"皇后触景生情。

"是的，朕一直记得，朕第一次见你时，野菊花开遍军营，你一袭粗布衫，手里拿着两个面馍，向朕款款走来……那个时候，朕最大的愿望就是每天能有面馍吃……"朱元璋突然动情地拉起皇后的手，"皇后，谢谢你这些年来对朕不离不弃……"

"皇上，我们是夫妻，不离不弃，一起共过患难，一起享受尊荣，这是爱情赋予我们的责任……只是，时间流逝，容颜易改，臣妾老了，只怕……"

"瞎说，在朕的心里，皇后永远是无可替代的……"朱元璋摘下一朵菊花，插在皇后的发间，"等彻底消灭了北元残余，朕就放手让太子主持国事，到那时朕就可以天天陪皇后赏花饮酒，如何？"

"臣妾知道，北元虽然败退，但盘踞在云南的残元势力仍然是我们大明朝最强大的敌人，北元一日不灭，皇上一日难以安心，况且皇上刚刚取消了延续了上千年的丞相制度，朝堂之上的许多事情都要皇上亲力亲为，妾明白皇上的心意，就请皇上安心地处理朝政吧……"

"还是皇后理解朕的苦心……"朱元璋欣慰地点了点头，接着说，"朕今日正好有个好消息要告诉皇后……朕已得到前线加急快报，南征云南的军队已经攻下昆明，迫使元右丞观甫保出降，又一举攻占大理，俘虏首领段明弟段世，彻底剿灭了残元在云南的势力！”

“如此一来，解除了皇上的后顾之忧，彻底消灭北元就指日可待了！”皇后也深感高兴。

“是啊，这次南征，蓝玉的表现尤为果敢，功不可没，等他班师回朝，朕一定要重重地封赏！”

突然玲珑慌里慌张地向这边跑来，看到皇上正和皇后说话，虽然心急如焚，又不敢上前。

“玲珑，何事慌张？”皇后和蔼地问。

“回皇后，公主，公主她出宫去了……”玲珑连忙跪下，诚惶诚恐地回答。

“什么，她竟敢又偷偷溜出宫去！”朱元璋大怒，“说，这是怎么一回事？”

“公主说她累了，想要睡一会儿，让奴婢们不要打扰她……可等奴婢再次去公主寝室时，才发现公主已经不见了，奴婢觉得事关重大，不敢隐瞒，特来报告皇上皇后……”

“那你怎么就知道公主是出宫去了呢？”皇后看了一眼盛怒的朱元璋。

“因为，因为公主这几天一直念叨着没意思，要出宫去玩，奴婢劝她再忍耐几天，等皇上解禁……所以奴婢以为……”

“简直无法无天了，竟然把我的旨意当耳边风，来人，传我旨意，下令全城戒严，给我把公主抓回来！”

“皇上！”皇后连忙阻止，“你不是一向鼓励孩子们多出宫去了解民间疾苦的吗？”

“朕是希望孩子们能多出宫走动，了解民生，不要养尊处优，可是安庆她是我们的公主，如果再像上次，有什么意外……”

“皇上，安庆毕竟还是一个孩子，爱玩、爱热闹是天性，我们以关心和爱的名义关了她三年，这本来就不公平……”

“那依皇后之见？”

“臣妾以为皇上洪福，应天现在一片歌舞升平，治安良好，就让她随着性子放纵一回吧！即使会遇到一些麻烦，但她也要自己学会承担……”

朱元璋仍在犹豫不决。

“皇上，你看，这皇宫里满眼的花团锦簇，百媚千娇，看似颜色各异，形态万千，可是细看，却不过都是一片媚态而已，少了当年我们军营内外野菊花的傲气与野性，难道你希望我们的安庆也只是一朵很容易就被淹没在花海、分不清自我的花吗？”

“唉，皇后，安庆这丫头啊，都是被你宠坏了！”

“皇上，我只是想让我们的孩子自由地成长……”

“好吧，从今日起，朕就撤销她禁止出宫的旨意。”

“臣妾替安庆谢谢皇上！”皇后起身谢恩。

“皇后不必多礼，安庆是我们的孩子，朕也希望她能过得快乐，然后找个好人家，幸福地过一生！”朱元璋温和地说。

此时的安庆，就像是一只飞出笼子的小鸟，快乐无比地朝着一个目标飞去，牵引着她的，是对一个人的想象。从十三岁他救起她的那一刻，这种想象就开始模糊地出现在安庆公主的思绪里，直到他真切地出现在她的世界里，她的想象开始变得真切，她迫切地需要让想象变得更加清晰和触手可及。可是，在过去的这个漫长的夏日里，虽然她无数次地希冀在皇宫的某一处再与他相遇，可是，她竟然没能如愿。她不想再等下去了，所以今天，纵使她知道违背父皇的旨意偷偷出宫会受到惩罚，但此时，她的心情是愉悦的，甚至是甜蜜的，当然，还有些许的紧张和不安。

安庆站在颜府外，朱漆大门敞开着，据说，欧阳伦就住在这个院子里。一个家奴正在仔细地清扫着门前的落叶，他甚至没有看到一个衣着光鲜的少女已在爱的感召下，提起裙裾，轻手轻脚地溜了进去。

前院里静悄悄的，安庆轻盈地穿过静寂的前堂，像彩蝶一般地穿过回廊，穿过层层叠叠的假山……义无反顾。突然，她猛然停下了脚步，愣在了那里。

细细的叶子如一弯弯蛾眉在风中轻舞，柳枝低垂的荷塘边，一个修长的身影，伸出同样修长的胳膊，将一个娇弱的女子轻轻地揽在怀里，另一只手轻轻地拂去女子眉角的发梢，低下头在她耳边低语，而那个女子，则以浅笑回应……真像是梦里的情景啊！安庆不敢相信地瞪大眼睛看着眼前的一幕。

林溪看到有人来，连忙从欧阳伦的怀里挣扎出来，羞赧地冲着安庆点点头，“姑娘，你找谁？”

欧阳伦转过头来，“公主！”他深感意外。

“公主？”林溪不相信地把询问的眼光投向欧阳伦。

“欧阳伦参见公主……”欧阳伦连忙拉了拉林溪，一起下拜。

安庆拼命地摇了摇头，她真希望眼前的这一幕只是自己的幻觉。

“林溪参见公主……”林溪诚惶诚恐。

“你……你们……”安庆直指着欧阳伦和林溪，却不知道说什么，她一反身，向外跑去。

欧阳伦和林溪不明所以地对视一眼。

“她真是公主吗？她这是怎么了？”

欧阳伦点了点头，又一脸茫然地摇了摇。

颜府的门丁看着一个姑娘泪流满面地从里面冲了出来，更是一脸的疑惑，嘴里嘟嘟着，她是什么时候进去的呢？

安庆一路狂奔，泪流满面。没有什么事会比发现自己喜欢的人竟然喜欢着别人更让人觉得哀伤的。

应天的街道，车水马龙，热闹非凡，安庆梦游一般地夹杂其中，神思恍惚。

“让开，让开……”前面一阵骚乱，几匹战马横冲直撞而来，行人纷纷惊叫着避让，刚才嘈杂的街道已然是空空荡荡，一阵杂乱的马蹄踩起大街的烟尘……安庆茫然抬头，自己正孤零零地站在街道中央，几匹高头大马直逼而来……

那些躲在屋檐下的行人们眼睁睁地看着残忍的一幕即将上演，甚至有些妇人连忙捂住身边孩子的眼睛……

突然，一个身影如娇龙潜渊，腾空而下，一把抱起不知所措的安庆，又掠身飞起……战马嘶叫着疾驰而过……

“姑娘，下次走路可要小心点！”颜擎苍稳稳地落地。

“不用你管！”安庆猛然推开他，转身就跑。

颜擎苍一愣，好奇怪的女子！

“这人怎么这样啊，人家救了她的命，她竟然连声谢谢也不说……”

“这人可能脑子有问题吧，不然怎么马匹来了都不知道躲避……”

“也许是刚才受了惊吓，还没有回过神来……”

行人议论纷纷。

安庆径直向秦淮河畔跑去……

一直到跑到河水边，安庆才骤然停下脚步，透过被泪水模糊的双眼，秋天的秦淮河畔略显萧瑟，河水一如多年之前，无声无息地流淌，一个女孩，手里拿着花灯，正在水边虔诚地许愿……安庆仿佛看到多年前的自己……嘴角不由地露出一丝笑来。

“姑娘，你没事吧！”颜擎苍看到这个奇怪的姑娘站在河边又哭又笑，

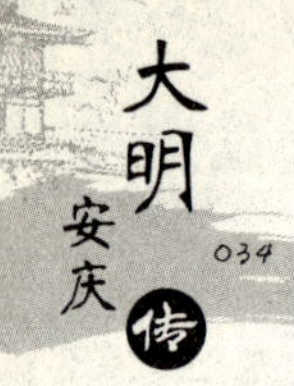

着实不放心。

安庆连忙用手擦了擦眼泪，转过头来，狠狠地瞪了颜擎苍一眼，“你是怕我跳河吗？”

“难道你不是想……投河自尽……”颜擎苍实在想不出一个女孩子奋不顾身地往河边跑，然后又魂不守舍地看着河水又哭又笑，还能有什么别的目的。

“我投河自尽？”安庆简直要被眼前这个不知所谓的男人气晕了，冷笑两声，“我就是要投河自尽，你管得着吗？”

“姑娘三思啊！”颜擎苍闻言大惊失色，连忙一闪身拦在安庆的前面。

安庆一愣，看着眼前这个陌生人竟然一脸紧张，安庆觉得不忍心捉弄他了，她缓了口气，“你放心，我不会自杀的，我只是想随便走走……”

“真的？”

“真的！”安庆不耐烦地说。

颜擎苍这才半信半疑地让开，却并未离开。

“你怎么还不走？”安庆皱了皱眉头。

“我也想随便走走……”颜擎苍突然一副游兴大发的模样，对着秦淮河就差吟诗作赋了。

“无赖！”安庆扔下一句话，转身离去，留给颜擎苍一个冷漠高傲的背影。

看着安庆上了河岸，颜擎苍总算松了一口气。

突然，安庆停下脚步，转回头来说：“喂，你，愿意陪我喝酒吗？”

颜擎苍左右看看，不确定地指指自己，“是在说我吗？”

秦淮河畔最不缺的就是酒楼。

颜擎苍带着安庆选了一个清淡优雅的酒楼，透过云母窗屏，秦淮河两岸

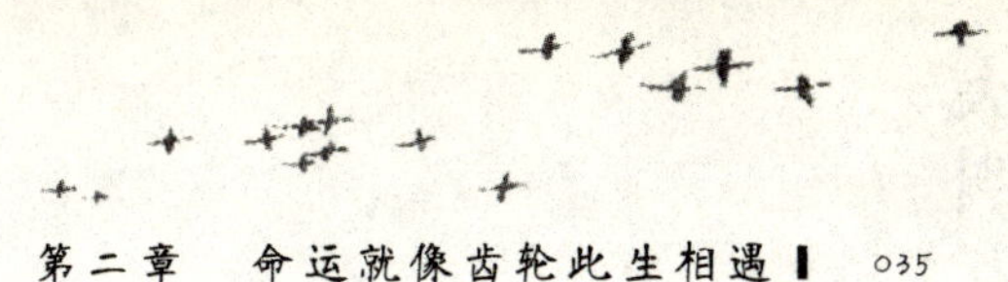

的白墙青瓦，飞檐画栋，红船花舫一览无余。

“姑娘，在下颜擎苍，敢问姑娘如何称呼？”

“我叫安——你叫我安安好了……”安庆举起眼前的酒杯，一饮而尽，顿时辛辣的酒味刺激得安庆连连咳嗽，眼泪都咳出来了。

“你没有喝过酒？”

“谁说我没喝过酒了？”安庆可不想被别人小瞧了，“我只是刚才喝得太快了，不信，我们俩比比？”她挑衅地瞪着颜擎苍。

颜擎苍摇了摇头，含笑地看着眼前这个分明被酒呛得眼里含着泪花，嘴上却不甘示弱的女子。

“哼！”安庆撇了撇嘴，把目光投向云母窗外，不知道什么时候外面竟然下起了如丝细雨来，秦淮河笼罩在了淡烟之中，不远处的青石拱桥上的青石栏杆泛着冷清清光泽，“烟笼寒水雾笼沙”说的就是这种境界吧！安庆想。一把油纸伞从青石拱桥的西岸出现，伞下，是两个轻轻相拥的身影，相依相偎着，走过石桥……多么温暖的画面啊！安庆竟看得出神了，唇角由衷地露出一抹浅笑……

“安安姑娘……”颜擎苍奇怪地顺着安庆的目光看去。

“你看，他们多美好，多幸福……”安庆的眼里满是羡慕。

颜擎苍像是明白了什么，“安安姑娘，你一定也会找到属于自己的幸福的！”

“不，我的幸福已经在别人的手里了……”安庆幽幽地说。

“不，安安姑娘……其实每个人的幸福，都掌握在自己的手里，与别人无关……”

“真的吗？”

“真的！”颜擎苍的眼睛亮晶晶的。

安庆突然觉得自己的心赫然开朗，她举起杯，“谢谢你，颜擎苍，你真

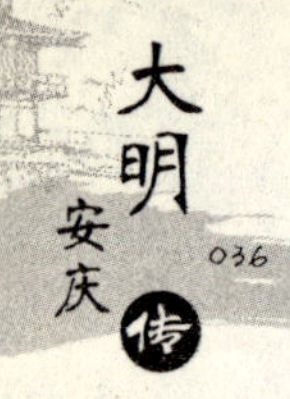

是个好人，认识你我真高兴！”

“我也是！”

两人相视一笑，一饮而尽。

“安安姑娘，还是让我这个好人早点送你回家吧！”颜擎苍起身，“不然你的家人会担心的……”

“不，我才不要这么快就回去的，也许这是我最后一次跑出来玩了……我难得出来一次，又遇到你这么个好人，我们今天不醉不归……”安庆拉住颜擎苍，硬把他按回座位去。

“小二，再拿壶酒来……”

“安安姑娘，你不能再要酒了……”

“人生得意须尽欢……放心，本姑娘请客，你尽管开怀畅饮……”安庆一副大侠风范。

颜擎苍只好坐了回去，“好，既然安安姑娘如此豪爽，擎苍就陪姑娘喝个尽兴！”

几杯酒一下肚，两人就像多年未见的好朋友，一见如故。

“颜擎苍，你，你知道喜欢一个人是什么感觉吗？安庆的口齿开始有些不清了。

颜擎苍想了想，“喜欢一个人就希望看着那个人过得快乐幸福吧！”

“不，不，你说得不对，喜欢一个人就是想和这个人在一起，每一分每一秒都在一起！”安庆挥了挥手，使劲儿地瞪着一双醉意蒙眬的大眼睛，“嘿嘿，我知道了，你肯定没有喜欢过什么人！是不是？像你们这种大男人，根本就不知道如何去喜欢别人！唔唔，我的头好晕啊……”

颜擎苍一怔，随即轻轻一叹，“也许吧……安安姑娘，我还是送你回去吧，你醉了……”

“等等……我告诉你一个秘密啊……”

"擎苍愿闻其详……"

"其实，我……我根本没有钱请你喝酒……"安庆声音越来越低，到最后竟然趴在桌子上睡着了。

颜擎苍苦笑着摇了摇头，从口袋里摸出一些碎银子，放在桌子上，"安安姑娘，我们走吧！"

颜擎苍扶着站立不稳的安庆，刚出得酒楼来，外头的清冷让安庆不由得打了一个寒战，颜擎苍连忙脱下自己的长衫披到安庆的身上。

"安安姑娘，你的家在哪儿？"颜擎苍这才想起最重要的问题。

安庆睁开眼睛，眼前到处一片陌生，她瞪大眼睛，茫然地摇了摇头。

"什么，你不记得你的家在哪里？"颜擎苍大惊，"那在什么方向应该知道吧！"

"在……那边……"安庆拼命地让自己清楚一点，可是，她发现，自己的大脑根本就不听自己的，手胡乱地一指。

安庆迷迷糊糊，一会儿指这边，一会儿又指那边，颜擎苍很快就发现了一个严重的问题，这个丫头要么醉得太厉害了，要么就是根本不知道自己住在哪里！

"安安姑娘，你家倒底在哪儿啊？"

安庆嘴里不知道嘟嘟着什么，颜擎苍连忙俯身把耳朵贴在安庆的嘴边，却发现人家是在说梦话。

这下颜擎苍心里真的着急了，自己总不能抱个大姑娘，满大街打听这是谁家的姑娘吧！

"嗒嗒嗒……"身后传来急促的马蹄声，颜擎苍连忙抱起安庆向一边闪让。

一个身影闪电般地从马上一跃而下，一掌就推开了颜擎苍，把安庆抢了过去。

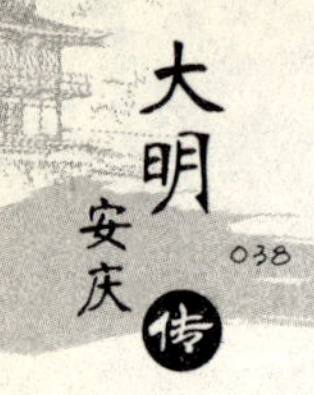

还没等颜擎苍拔出剑来，一把寒气逼人的宝剑已直逼他而来。

就在这时，安庆突然醒了，醉眼蒙眬地看着眼前的架势，想阻止已经来不及了，她急中生智，张大嘴巴狠狠地咬住那人的胳膊，蓝玉只觉是胳膊钻心地一痛，手一软，颜擎苍趁机拔出剑来，扬起一挡，两把寒剑迸射出火星来……

“放开她！”虽然一出剑颜擎苍已经知道自己不是眼前这个人的对手，但他誓死都要保护安安姑娘的周全。

蓝玉一声冷笑，“就凭你！”话语刚落，他一手抱着安庆，一手挥剑又直逼对方而去。

安庆轻轻地拉了拉蓝玉的衣衫，嘴里嘟嘟着：“蓝玉哥哥，是你吗……”

“安安……”蓝玉连忙收剑，看着因喝酒太多，脸色潮红的安庆，心里莫名地一软，抱起安庆，跃身上马。

“放下安安……”颜擎苍拦在马前。

“安安是你叫的吗？”蓝玉冷着脸，却不想与他再做纠缠，“让开！”

“除非你留下她！”颜擎苍寸步不让。

“真是找死！”蓝玉终于忍无可忍了，一朵剑花就如菊花一般在寒剑之尖绽放……

“别伤了他……”经过这一折腾，安庆的胃里早就翻江倒海，但想吐又吐不出来，痛苦地干呕几声……

蓝玉无奈地叹了一口气，只好收手，“小子，你的脑袋先寄着，如果安安有个好歹，我就来取你性命……”说完，他调转马头，疾驰而去……

“玉儿，你怎么搞的，怎么让公主喝成这样子啊？”蓝玉的姐姐常夫人一边心疼地替安庆擦拭着脸，一边责怪蓝玉，“玉儿，你刚胜利归来，姐姐本不该说你，但你也太不懂事，公主千金之躯，你怎么可以带她去喝酒，这让皇上皇后怪罪下来，可如何是好？……”

“姐姐，这丫头……”蓝玉一迟疑，“正因为如此，蓝玉没敢直接送她回宫，才来姐姐府上，给她醒醒酒，换件干衣衫……”

“夫人，醒酒汤熬好了……”丫头端来一碗汤。

蓝玉连忙小心地扶起昏昏睡着的安庆。

“给我……”他一手搂着安庆，一手接过汤勺，舀一勺放到嘴边吹了吹，才小心翼翼地给安庆喂到嘴边……

“姐姐，她怎么还不醒来啊？”看着一直昏昏沉沉的安庆，蓝玉坐立不安。

“什么事情都要有一个过程，你别太着急了，你刚远征回来，先去休息吧，这里有我照顾……”常夫人劝道。

“不行，我要看着她醒来……”蓝玉轻轻地抓起安庆的手，放在自己的手心。常夫人怔怔地看着眼前的一幕，心里生出一种深深的担忧。

“蓝玉哥哥，我怎么在这里？”安庆终于缓缓地睁开了眼，一脸茫然地看看四周。

“我正要问你呢，你怎么会和一个陌生的男人一起喝酒？”蓝玉不悦地问。

“陌生的男人？”安庆瞪大眼睛想了想，“哦，你是说颜擎苍吗？他真是一个有趣的人呢……咦，蓝玉哥哥，你不是在打仗吗？你怎么知道我在喝酒……”

蓝玉的脸上露出一丝苦笑。唉，像这么个心无城府的傻丫头，怎么就让自己这样心心念念地牵挂呢？自己日夜兼程、快马加鞭地赶回来，还不是为了能早点见到你这个傻丫头！

“我回来见过皇上，听闻你偷偷出宫了，放心不下，所以……”

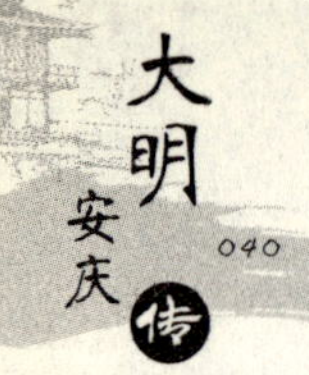

“什么？”安庆大惊，“你是说父皇已经知道我出宫了……这可怎么办，我违背了他的旨意出宫，他肯定又要惩罚我了……”

“知道会受到惩罚，还往外跑！”

“我，我在宫里实在无聊吗……”安庆撅起小嘴，“蓝玉哥哥，你帮我想想办法啊……”安庆可怜兮兮地说。

看到安庆可怜巴巴的样子，蓝玉实在于心不忍，“好了，你也别太担心，据我所知，皇上已经允许你出宫了，只是你在外面喝酒，恐怕……”

“蓝玉哥哥，你可千万别告诉父皇我在外面喝酒啊……”

蓝玉叹了一口气，“放心吧，我已经让人给宫里报信，就说你在常府，你就好好地再休息一会儿，等酒气散尽，我就送你回宫，回宫后你就说一直在常府，如果皇上皇后知道你只是在常府玩，相信他们不会怪罪的……姐姐，如果以后皇后说起此事，还请帮忙圆了这个谎……”

“明白！”常夫人叹了一口气。父母早亡，蓝玉是她一手带大的，小小年纪就跟随常遇春东征西战，饱受人间冷暖，残酷的战争让他养成了冷傲的性格，只有在这个公主的面前，他才一改平日的孤傲……蓝玉看安庆的眼神柔情越多，她心里的担心就越多……她的担心不是没有道理的，谁都知道，虽然安庆称呼蓝玉为哥哥，实则按辈分，蓝玉该是安庆的舅舅才对。年纪小的时候，大家都不在意，可是随着年纪的增长，再这样下去，势必会引起人们的各种猜测，公主是当今皇上最宠爱的公主，别人自然不会说公主什么，但如果蓝玉再不收敛，必定会影响到他的前程。不行，我不能让这种事情再发展下去！

细雨还在纷纷扬扬地下着，葡萄架上的雨珠淅淅沥沥地滴到树下的石缸里，滴答滴答，声音甚是空灵。

“姐姐……”蓝玉穿过回廊。

“玉儿，你回来了……公主怎么样，有没有受到责罚？”

“姐姐放心，皇上和皇后听说公主只是在常府逗留就没有多追究，而且这丫头竟因祸得福，皇上特许她以后自由出入皇宫了……”一说到公主，蓝玉的嘴角就不由得轻轻上扬，一抹由衷的微笑不易察觉地浮上他的面容。

“玉儿……”常夫人欲言又止。

“姐姐想说什么？”

“玉儿，你也老大不小了，姐姐近来一直在盘算着该给你说一门亲事了……”

蓝玉微微一笑说道：“这事我自有打算，姐姐就不用费心了……”

“玉儿，有些事姐姐一直都想和你说说了……你现在已经长大成人，况且你现在被皇上封为永昌侯，言行举止一定要符合一个侯爷的身份，千万不可做出有违礼数的事来啊……”常夫人循循善诱。

“有违礼数？姐姐是觉得玉儿有什么地方做得不妥吗？请姐姐明示！”

“好吧，玉儿，姐姐也不跟你打哑谜了，你和安庆都不是小孩子了，以后不要和她那么亲密了！”

“为什么？”

“这会让别人说闲话的！”

“我才不管别人怎么说呢，我喜欢她，我要娶她为妻！”蓝玉那双墨玉般的双眸里又荡起了满满的柔情。

“玉儿！”常夫人一声轻斥，“你知道自己在胡说什么吗？”

“我知道我在说什么！姐姐，玉儿正要向您说此事，你知道吗？我从小南征北战，众人都当我是英勇果敢，无畏生死，其实我心里只有一个信念，那就是等她长大的那一天，我有资格站在金殿之上向皇上请婚……”

“闭嘴！”常夫人如临大敌一般地断喝一声，“你，你知道你是什么身份吗？”

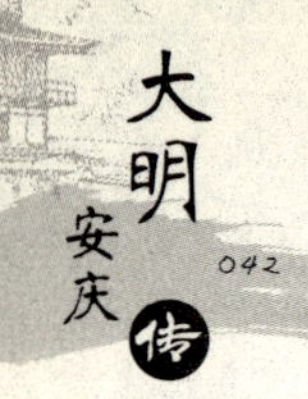

“我是大明朝的将军，我有资格和公主成婚！”

“是，你是大明朝的将军，但你别忘了，你是我的弟弟，我女儿的舅舅，太子朱标的舅舅，安庆也理应称你一声舅舅！”

“那又如何？在公主的心里，我只是他的蓝玉哥哥而已……”

“你……”常夫人气得脸色苍白，浑身发抖，扬起手来就要朝着面前这张倔强而英俊的脸打去，却又缓缓地放了下来，“玉儿，即使安庆和你年纪相近，但这终究是有违常伦，会被人们所不齿，你有没有想过，你的前程，我们家族的荣耀……”常夫人痛心疾首。

“难道在姐姐的心里，蓝玉的幸福和快乐就不重要了吗？姐姐，你知道吗，她是蓝玉一次次凯旋的全部意义，在一个个血流成河、横尸遍野的战场上，是她的笑靥给我温暖，给我希望，给我必胜的信念，如若没有她，也许我早就战死沙场，何来前程，何来家族的荣耀！”

常夫人惊愕地看着这个情绪激昂的弟弟，她只知道这个整日沉默寡言、潜心研习兵法的弟弟有着一颗超乎常人的坚韧的心，她却不知道支撑着他内心的，竟然是一个小丫头！她惊恐地发现，事情的严重性远远地超出了她的想象。

第三章 如果时光消去了记忆

御花园。

“安庆，我发觉你自从那日回宫之后就一直闷闷不乐，你看，你原来丰腴的身体现在变得单薄，原来圆润的脸庞写满了憔悴，我都好久没有听到你那能让整个皇宫都为之动容的笑声了，你能告诉母后发生什么事了吗？”皇后在一丛花前停下脚步，静静地看着自己心爱的女儿。

“母后，我……”安庆不知道如何开口。

“说吧，我是你的母后，你是我最疼爱的女儿，我们骨血相连，我们母女之间还有什么是不能说的呢？”皇后轻轻地拉起安庆的手，鼓励她说下去。

阿衍和玲珑不远不近地跟在后面。

“母后，你知道喜欢一个人的感觉吗？”安庆突然突兀地说。

“喜欢一个人的感觉？”皇后若有所思，却也释怀，“呵呵，原来我的公主有心人上了啊……”

“母后……”自己的内心被母后一眼看穿，安庆满脸绯红，不好意思地轻轻一跺脚，低着头，手里不停地绞着丝帕。

“这没有什么可羞赧的，女儿，喜欢上一个人，然后想念他，甚至愿意为伊消得人憔悴，这是人性里最美好的品格，这也是每一个少女都需要的一份情愫，在青葱的岁月里，有一个可想可念的人，才不会辜负如花的年纪……”皇后仔细地打量着眼前的女儿，高挑的个头，白皙的皮肤，粉雕玉琢的脸庞，清澈明净的双眸……这一切，都有理由让她在最美的年华里享有这人世间最美好的爱情。

“那么，你能告诉我，谁会让我高傲的公主为之倾心呢？”

“母后，您还记得我十三岁那年出宫溺水的事吗？我给您说过，当时有一个少年救了我，从那时起，他英俊的面孔就一直出现在我的梦里，我的想象里……当然，我从来不知道这就是爱情，直到他又一次真切地出现在我的面前，虽然他的眉角多了一些成熟，脸部的棱角更加的分明，但他的双眸却还是如一弯秋水般深邃，让人怦然心动……母后，你不觉得这是上天对我的眷顾吗？”

“你这次出宫又遇到他了吗？这世上真有这么巧的事情！”

“不，母后，我不是出宫遇上他的，我是在皇宫里遇上他的，母后，你知道他是谁吗？他就是欧阳伦！被父皇赐进士出身的欧阳伦……”安庆无法抑制自己的喜形于色。

“欧阳伦……”皇后认真地回想，“嗯，听你父皇说过当朝进士里的确有个叫欧阳伦的……既然他对你有救命之恩，我们理当重赏才对！”

“不，母后，他不想让你们知道他曾经救过我的事……”

“为什么？”

“他说他想凭借自己的能力为朝廷效力……”

“哦，如此说来，这个欧阳伦倒是有几分骨气……”皇后赞许地点了点头，“难道你出宫就是去找他？”

安庆难为情地点了点头。

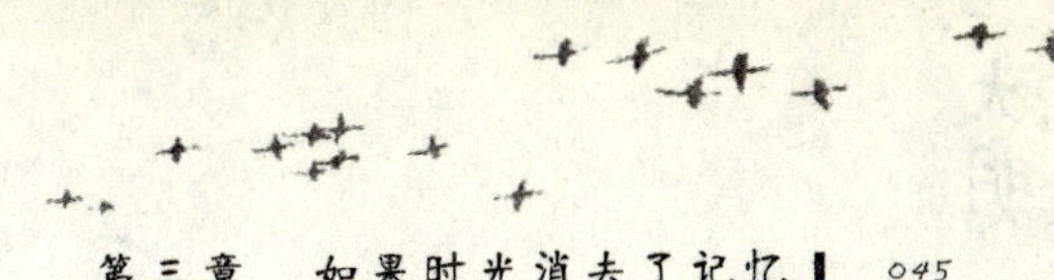

“傻丫头，你贵为公主，喜欢上什么人都是他的福气，你若喜欢，以后母后就让你父皇多召他进宫，让你们多接触……”

“可是他……”想起当日看到的一幕，安庆眼圈一红。

“怎么了，他让你受委屈了？”皇后一惊。

“母后，我觉得他，他好像已经有喜欢的人了……”

这太出乎皇后的预料了，她有点回不过神来，“既然你已经知道他有喜欢的人，为什么还要对他念念不忘？”

“我……”

“庆儿啊，我并不想剥夺你去追求爱情的权力，但我觉得你如果再这样错误地坚持下去，就是在拿自己的幸福冒险……”皇后的神情凝重起来，意识到自己刚才犯了一个严重的错误，现在，她不得不重新修正自己所犯的错误。

“可是我喜欢他……”

“你要明白，爱情从来都不是一个人的事，两情相悦才是爱情最牢固的基础，即使你贵为公主，也无法逃脱这一法则！”

“那我该怎么办？”安庆可怜巴巴地看着母后。

“很简单，忘了他！”

“如果我忘不了呢？”

皇后怔在那里……

没有人知道，此时，就在距她们母女不远的一棵树后，一个人的心如刀铰一般地疼痛。安庆的每一句话，每一个眼神，就像一把锋利而精致的小刀，一下一下地将他那颗坚韧的心凌迟。

蓝玉的手紧紧地扣在大树粗壮的树干上，指甲已经深陷进厚厚的树皮，指尖渗了出血来，染红了树皮……即使这样，也难掩他心上尖锐的疼痛。

梅驸马府。

“安庆，自从你被父皇禁止出宫，有好多日子没有来玩了，今天难得来姐姐的府上，怎么一幅没精打采的样子啊，你是不是有什么心事？”对这个和自己一母同胞的妹妹，宁国公主向来是关照有加。

“没有啊……我很高兴……”安庆心不在焉地接过姐姐递过来的葡萄放进了嘴里，还不忘冲姐姐傻笑一下。

“还说没事，你看，你平时吃葡萄总要将葡萄皮剥了才肯吃，今天竟然看都没看一眼就放进嘴里……什么事会让我们的小公主这样魂不守舍呢，说来让姐姐听听？”

“真的没事啊，咦，我那个精通经史，堪为儒宗的姐夫呢？”安庆打了个哈哈，故意扯开话题。

“他和一个朋友在后花园聊天呢……哦，对了，你还记得三年前你栽的那棵菊花吗，它已经长得枝繁叶茂了，而且还是极为珍贵的瑶台玉凤，现在正开着花呢，你要不要去看看？”

“真的吗？”安庆眼睛一亮，“当然要去看了，它可是我的劳动成果哦！”

安庆欢快地穿过一道道雕栏玉砌的回廊，向花园深处跑去。突然，前面一阵爽朗的笑声，令她猛然停了下来。

“没事，走吧，那是你姐夫和朋友聊天呢……”宁国公主亲热地挽起安庆的胳膊。

果然，那边的亭阁里，有两个男人正在品茗赏菊，开怀畅饮。

“欧阳兄，你这次在殿试之上出口成章，得到皇上的首肯，想来再过些时日便可获得封赐，加官晋爵……”

“其实荣华富贵于我如浮云，我只想为大明尽我的微薄之力，可是你也看到了，中榜至今，朝廷却并未启用几人……”欧阳伦无奈地摇了摇头。

安庆脱口而出：“欧阳伦！”

“妹妹认识他？”宁国公主略显诧异。

那边喝酒的两个男人听到说话声也同时回过头来。天啊，和驸马梅殷喝酒聊天的人竟然真的是欧阳伦！

“安庆公主来了……”梅殷亲热地招呼，“欧阳兄，这位是安庆公主，她可是我们大明皇上的掌上明珠……”

“欧阳伦见过宁国公主、安庆公主……”欧阳伦连忙起身下拜。

“欧阳大人快快免礼，我和妹妹前来赏花，不想打扰了你们的雅兴，你们请随意……”宁国公主携了安庆的手就要离开。

安庆一阵恍惚，为什么，难道是天意，让他们一次次地相遇？她呆呆地傻盯着欧阳伦，只看得欧阳伦心里发慌，梅殷夫妇更是面面相觑。

“安庆……”宁国公主轻轻地拉了拉妹妹。

“哦……”安庆如梦初醒地回过神来。

梅殷看在眼里，浅笑一声，“宁国、安庆，今天菊香满园，难得大家遇到一起，就在一起小酌几杯吧……”

“也好……”宁国公主若有所思地看了一眼安庆，携了安庆的手一起款款步入亭阁落座。

“安庆，这位欧阳兄，素来满腹经纶，这次又被皇上赐进士出身……”

“我知道！”为了掩饰自己的慌乱，安庆拿起桌上的菊花摆弄，心里却是柔肠百结。她听从了母亲的劝告，一直在试图忘记，可是，为什么，一看到他，她的心会如此的慌乱。

“哦？这倒稀奇了，我们这个一向只知道玩的安庆公主什么时候也关心起朝堂之事了？”梅殷奇怪地问，“难道你们认识？”

“说来惭愧，公主曾替在下解过围……”欧阳伦于是说了当日公主如何

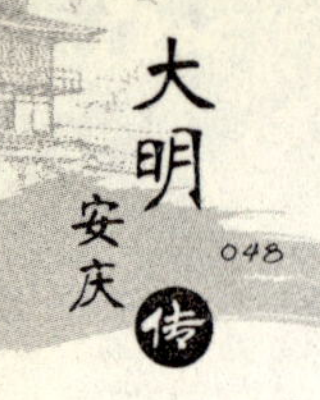

以水代酒，让他不至于喝醉失态之事。

“哦，没想到你们竟然有这样的趣事，大明国最尊贵漂亮的公主给大明国最风流倜傥的才子解围，欧阳兄，这可是一段佳话啊……”梅殷取笑道。

“梅兄就别再取笑在下了，都怪在下不胜酒力啊，要不是公主聪慧在下不知要闹出多少笑话呢……”

安庆抬起头，正好看到欧阳伦看着她，她勇敢地将自己的盈盈目光和他的目光对上……

这一切都被梅殷看在眼里，他哈哈一笑，“欧阳兄，你看眼前菊花如此绚烂，如若用一句诗词来形容，你觉得那句最能形容菊花的娇美……”

“轻肌弱骨散幽葩，更将金蕊泛流霞。”欧阳伦略一沉吟，脱口而出。

“哈哈哈，欧阳兄，千古绝句中，的确也只有这一句最能体现菊花的媚态，让人心生爱怜……”梅殷话题一转，“不过，欧阳兄，那你觉得是菊花美呢，还是我们的安庆公主美呢？”

“这……”欧阳伦没料到梅殷会问这样的问题，“在下以为公主既有菊花的典雅风韵，又有牡丹花的雍容华贵，更有三月海棠花的热情芬芳，自然比菊花更美了！”

“那你喜欢我吗？”安庆突然开口。

梅殷大吃一惊，尤其是宁国公主，手里的茶杯都差点掉了。

“你喜欢我吗？”安庆的双眸里充满了一个少女对爱情全部的希冀，一字一句。

“我……”欧阳伦的额头有细密的汗珠渗了出来。

“安庆，快别闹了……”宁国公主连忙出来打圆场，“欧阳伦，你别介意，我这个妹妹啊，就是喜欢这样做弄人……安庆，你不是要看你亲手栽的菊花吗？就在那边，我们去看吧……”宁国公主拉着安庆匆忙离开。

安庆步履沉重，他既然如此称赞她，为什么就不愿意承认喜欢自己呢？

难道他真的不喜欢自己？

一池碧水里有几只鸳鸯在将尽的残荷间追逐，安庆突然脚一崴，身子一斜，重重地向池塘里倒去……

“安庆……”宁国公主大惊失色，伸手去抓，可只扯到安庆的一丝衣衫。

亭阁里的梅殷背对着池塘，并没有看到刚才的一幕，倒是欧阳伦眼疾手快，几步窜到池塘边，跳进了池塘，托起安庆……

“公主，公主……”欧阳伦紧张地盯着安庆的眼睛。

安庆双目紧闭，手臂紧紧地搂在欧阳伦的脖子上，在他耳边低语：“你喜欢我吗？”

“公主……”

此时的欧阳伦顾不上讨论这个话题。

“你还记得你第一次救我的情形吗？就像现在这样，你抱着我，我能听到你急促的呼吸，感觉到你强烈的心跳，感觉到你的担心，然后，我就不再惧怕……从那个时候，我就一直渴望着再一次能够在你的怀里触摸你的心跳……”

“谢谢你再一次救我，当我落入水中的那一刻，我就在想，如果你救我，说明你其实是在意我的……可你为什么就是不愿意承认喜欢我呢，欧阳伦……”安庆如梦一般地在欧阳伦的怀里呓语。

“公主……”欧阳伦抱着安庆，愣在了齐腰深的水里，九月的池水已然是寒凉透骨。

“我就是不明白了，为何你一出宫就会掉到水里，难道水和你有仇啊？”皇后心疼地坐在安庆的床沿，“我看我还是让你父皇下旨，命你以后不许出宫才好！”

“不吗，母后，我以后再也不会了……”安庆撒娇道。

“宁国，你也是，怎么好端端的，她就会掉到池塘里去呢，你不是和她在一起吗？”

“妹妹知道母后喜欢菊花，本想为母亲采摘几朵她亲自栽的瑶台玉凤，没想到站立不稳，就……”

“哎，难得你们一片孝心，可是这丫头啊，就是让人操心，我看，得赶紧给找个好人家嫁出去，免得老让我提心吊胆……”

“母后……”安庆不满地嚷了起来，“我才不要你们给我找呢，我的夫婿一定得是我自己选的，就像姐姐选梅姐夫一样，他不但要英俊、儒雅，而且多才又多情，你说是吗？姐姐……”

宁国公主含笑不语。

“你们两个丫头都是我的掌上明珠，我当然希望你们都找到自己喜欢的夫婿，夫唱妇随，幸福一辈子……安庆，既然现在宁国是你的典范，那你就好好向她学习，以后给我安安分分地待在宫里！宁国，你既然来了，就在宫里多住几天，也好给安庆讲讲作为一个公主该遵守的礼仪与风范，免得以后嫁出去让人家笑话……”

“是，母后……”宁国公主欣然领命。

“安庆，告诉姐姐，你今天究竟是怎么回事？”

“什么怎么回事？”

“你别给我装傻，你干吗问欧阳伦喜欢你吗？你是不是喜欢上了人家？”

安庆羞涩地点了点头。

“难怪你魂不守舍的，竟然掉进池塘了……”

“姐姐，其实……其实是我自己故意掉进池塘的……”

“什么，你故意的，为什么？”宁国公主大惊。

“谁让他不回答我，所以我就想看看他到底在意不在意我……姐姐，你看到他紧张的神情了吗？他是如此的在乎我……他应该是喜欢我的吧？”

“傻丫头，你怎么这样傻啊，你贵为公主，天下的英俊潇洒的男人多得是，你又何必较真呢？”

“天下的男人是很多，可是我只喜欢他一个！姐姐，你相信缘分吗？既然老天让我和他一次次相逢，我觉得他就是我命中注定的归宿……可是他不喜欢我……”

宁国公主看着这个被爱情冲昏了头脑的妹妹，仿佛看到了当年的自己，每一个沉陷于爱情的女子，注定都是卑微的。

“安庆，你是尊贵的公主，是全天下所有男人倾慕的对象，能得到你的垂青，是他们梦寐以求的事……”

“真的吗，那他一定也是喜欢我的，对吗？”安庆的眼里泛起了欣喜。

“这个……这不能确定，但我可以确定的是欧阳伦是一个有着自己的骄傲的人，所以，他即使喜欢你，也是不愿表露的……”

“公主，蓝将军来了……”香云话音刚落，蓝玉已一脸焦灼地走了进来，“你怎么这样不小心，总要往水里掉呢？”

“舅舅……”宁国连忙起身向蓝玉行礼。

“姐姐，你别叫他舅舅，他那么年轻英俊，怎么可以做我们的舅舅呢？他顶多也只能做我们的哥哥……”安庆笑嘻嘻地说。

“安庆，别胡乱说，舅舅就是舅舅，怎么可以称为哥哥！你小的时候不懂事，现在大了，可别再这样称呼，不然会让别人笑话的……”宁国公主轻斥，“舅舅，你说是吗？”

蓝玉尴尬地笑了笑，不置可否。

安庆不悦地噘起嘴，“蓝玉哥哥，你说，你是想让我叫你舅舅呢，还是叫你哥哥？”

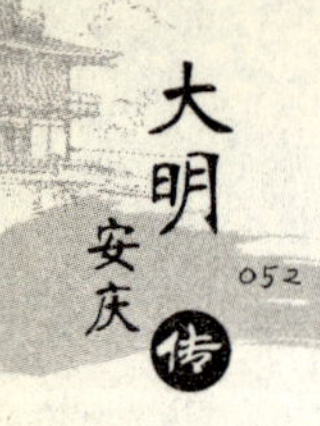

"当然是哥哥喽，这样听起来我也年轻吗，不然感觉我有多么老似的……"蓝玉难得风趣了一次。

"看，姐姐，我就说吗，你以后就只管叫他蓝玉哥哥就行……"

"我才不呢，这整个皇宫也就只有你敢不遵守规矩，也只有你即使不遵守规矩也不会受罚，我又没有你这种待遇……"宁国公主佯装嫉妒地笑着说。

"谁让你是姐姐呢？嘻嘻……"安庆得意地笑了起来。

"唉，你这样没规没矩的，也只有舅舅不介意，我看，这都是舅舅把你宠坏了……"

"是蓝玉哥哥……"安庆抗议道。

蓝玉看着这两姐妹斗嘴，心里涌起一阵阵难言的苦涩。

"丫头，不管是舅舅还是哥哥，今生，我都会一直宠着你的……"蓝玉在心里默默地说。

朝堂之上，朱元璋龙颜大悦，"众位爱卿，从止正二十七年开始，为了推翻元朝的暴政，各位爱卿跟随我南征北战，我们付出了艰苦卓绝的努力，最终将元赶出中原，建立了大明帝国，可是，来自北元的威胁从来就没有停止过。北元，一直是我们大明的心头之患，尤其是盘踞在云南的残元势力，严重威胁着我们大明的边界……而就在这次远征中，元右丞观甫保投降，又俘虏了首领段明弟段世，一举肃清了元朝在云南的势力，这是一次圆满的南征……"

"皇上洪福……"群臣齐呼。

"在这次远战中，蓝玉深知用兵之道，连夜奔袭昆明，夺得先机，最终迫使观甫保投降，论功为蓝玉最多，增禄五百石……"

"皇上圣明……"群臣再次齐呼。

“谢皇上恩典……”蓝玉趋步上前谢恩。

“蓝玉，明日朕和皇后设宴专门为你庆功，你可要想好要什么封赏啊，哈哈哈……”朱元璋一阵豪爽的大笑。

“小姐，今天皇上和皇后为蓝将军设宴，就连常夫人都进宫去了，你难道不想去看看？”玲珑跟在安庆后面小心翼翼地问。

“父皇又没有准许我参加，我还是不要自找没趣的好……”安庆没精打采地说，不过她很快又想到一个实质性的问题，“这样说来他们今天又没工夫管我，我们就索性多逛逛再回宫……”

“可是小姐……”

“好了，别什么可是了，我今天保证不往水边走，总行了吧……”安庆不耐烦地说。

“可是，可是这里已经在河边上了啊……”玲珑指了指眼前。

果然，秦淮河如玉带一般地横呈在眼前，安庆竟又鬼使神差地来到了秦淮河。

此时，林溪也是心事重重，漫无目的地走在街头。自从欧阳伦金榜题名，又对她表明心迹后，最初她只顾整日沉浸在对美好生活的憧憬里，看花花也柔情，赏月月也娇媚，只等着朝廷任命欧阳伦后，建立一个属于自己的温暖而幸福的家。可是，朝廷的任命左等不来，右等不来，从春光明媚到落叶扫秋风。她知道欧阳伦是一个有抱负的人，她目睹了这几年来他在颜府夜以继日奋发图强，就是想着能有一日为朝廷效力，光宗耀祖，虽然他常在她的耳边低语，说这一生有她相伴足矣，但林溪知道，作为一个有着雄才大略的男人，总是希望能在仕途上一展身手的。眼看着欧阳伦一天一天地消沉下去，眼中的热情越来越黯淡，她却无能为力。昨夜，她去花园散步，正好欧阳伦和颜擎苍在花园喝酒。

不知道从什么时候开始，本不胜酒力的欧阳伦已经习惯借酒浇愁了。

“欧阳兄，别气馁，你既被赐进士出身，相信不会赋闲太久的……”

“呵呵，颜兄，你就别安慰我了，以前只顾埋头苦读，总想凭借自己的真实才学谋得一官半职，我现在才发现我以前想得太天真了，十几年的寒窗苦读，换来的也不过是候补一个八品县丞的机会而已……呵呵，就连这也不知道要等到何年何月……”清淡的月光下，欧阳伦一脸的落寞。

“欧阳兄，你不是和宁国公主驸马梅大人交好吗？你何不让他在皇上面前举荐一下……”颜擎苍想出一个办法。

“梅驸马虽然深得当今皇上喜爱，但皇上是个多疑之人，尤不喜欢以权谋私，如果梅驸马举荐，恐对梅驸马心生间隙……”

“难道就这样一直等下去……”

“像我们这种只想凭借自己真才实干为国家效力的文人，宿命向来如此，只是委屈了林溪，我曾想可以给她荣华富贵，可现在……”欧阳伦扬手将一杯酒一饮而尽，“我真不甘心啊……”

“其实我从来不在乎什么荣华富贵，我只是想和你安安稳稳地过一生……”林溪在心里默默地说，可是如若这样，欧阳伦他真的会快乐吗？

林溪茫然举目，大街上人来人往，没人能体会她内心深处的纠结无措，不知不觉竟来到秦淮河畔。突然，一个似曾相识的身影进入她的视线。

“怎么是她！”林溪暗自思忖一番，赶紧几步上前，一把拉住安庆。

“公主！”

“你是什么人？”玲珑大惊，连忙挺身拦在安庆的前面，“你想干什么？”

“林溪参见公主……”林溪自知唐突，连忙下拜。

“是你？”安庆认了出来，这个女子就是当日在颜府和欧阳伦在一起的那个女子。

“欧阳伦呢？”安庆惊喜地向后张望。

林溪被安庆莫名的热情吓了一跳，“他有事在身……”

“那你找本公主有什么事？”安庆不由得一阵失望，冷冷地说。

“公主，我有一事想请公主帮忙……”

“找我帮忙？”安庆冷漠地把目光从林溪身上移开，“我能帮你什么？”

“我听欧阳伦说……”

“他说什么？”一听到欧阳伦，安庆立马来了精神。

“他说公主和他曾经有过一面之缘……”

“哦，他只是这样说的吗？”安庆有点失望。

“是……”林溪突然觉得这个公主似乎有些神经质，不过为了欧阳伦的前程，她款款垂首，“所以，我今天冒昧打扰公主，就是想让公主在皇上面前替欧阳伦美言几句，让他早日任职……”

“其实，我和他岂止只是一面之缘，就在这里，他救过我的命！”安庆顾左右而言他，突然幽幽地说。

“什么？”这回轮到林溪大吃一惊了，对这些过往，欧阳伦对她只字未提。

“就在前几日，他还说我有菊花的典雅风韵，又有牡丹花的雍容华贵，更有三月海棠花的热情芬芳……他甚至再次救起了落水的我……”安庆陷入了回忆，嘴角竟露出一抹笑意来……

那抹由衷的笑意先是让林溪惊愕，然后就是莫名的恐慌，最终，成了一种刺痛，直扎林溪的心底……良久，林溪开口：“恕我直言，既然如此公主就更应该帮帮他才对！”

“是他自己不愿意再提起此事的……”安庆突然一阵恼怒，“你是他的什么人，凭什么在这里对我指手画脚！你就这样想做官夫人，真不明白，欧阳伦怎么会喜欢上你这个贪图荣华、爱慕虚荣的女人！”

看着眼前这个充满敌意的公主，她分明看到了一个少女不可遏制的情怀，也许，她应该明智地选择离开，打消那个可怕的念头，可是，难道就这样让欧阳伦一直没有出头之日地等下去吗？

“公主，你误会了，欧阳伦和林溪之间不是公主想象的那样……”林溪缓缓开口。

“真的吗？”欣喜在安庆的眼里一闪而过，却随即黯淡了下来，“我那天分明看到你们……”

“那天……只是个误会，你想，公主，欧阳伦博学多才，又有报国志向，终有一天会飞黄腾达，而我只是一个卑微的丫头，怎么可能得到他的垂怜呢？”

“真的吗？”

“嗯……”林溪点了点头，却分明有一丝难言的酸楚从眼神里划过……

金殿之上丝竹阵阵，舞女们长袖轻舒，婀娜的舞姿在众人面前尽显盛世风情……蓝玉一如既往地面色沉毅，可是心里，却是抑制不住的喜悦，甚至有些许的紧张，他的喜悦与紧张都无关荣耀，无关恩宠，而是从今天起，他所有隐秘的心思都将告白于天下的迫切和激动……他等这一天等得太久了。

一旁的常夫人忧心忡忡地看着自己的弟弟。

一曲舞罢，朱元璋挥了挥手，舞女们退了下去。

“今天是朕和皇后专门为蓝玉设的庆功宴，大家不必拘于礼节……”朱元璋的心情好久没有如此的轻松了，“想当年常遇春、徐达、汤和跟着朕一起打天下，我们几乎是赤手空拳、单枪匹马，凭借我们的勇气和决心赢得了天下，他们建立了不朽的功勋，他们的威猛勇敢至今让朕历历在目，只可惜遇春英年早逝，来不及与朕共享荣华……朕始终对当年意气风发，金戈铁马的岁月不能忘怀……”朱元璋感叹道，“长江后浪推前浪，我们的时代结束了，但我欣慰地看到，新的时代到来了，这就是属于年轻的一代的……蓝玉深得常遇春用兵精髓，这次不负众望，消灭了残元在云南的势力，为朕解决了后顾之忧，大功不可没，蓝玉，你要什么封赏，朕今天都会答应你！”

蓝玉起身离席，“皇上……”

“玉儿……”情急之下常夫人连忙起身拦住蓝玉，“玉儿，身为将军，自当为国家效力，切不可居功自傲……”

“常夫人，朕知道你一向是深明大义，但朕一向是奖罚分明之人，蓝玉替朕解除了心头之患，况且他一向是朕最器重的将军，朕特许他一个封赏，你就不要拦着他了……”朱元璋大手一挥。

事已至此，常夫人只好退坐下来。

“皇上……”蓝玉下拜，“末将不要封赏，只请求……”

“父皇、母后……”安庆突然气喘吁吁地跑了进来，打断了蓝玉的话。

“什么事，这样慌张？”朱元璋不悦。

“我，我有事请求父皇、母后给我做主……”

“今天是蓝玉将军的庆功宴，你这样没规没矩地闯进来，成何体统，下去，有什么事以后再说……”

“皇上，公主如此慌张，肯定有什么要紧事，不妨就听公主说说……”蓝玉转身向皇上求情。

“好吧，既然蓝将军不介意，你说说吧，有什么要紧的事要我和你母后做主？”朱元璋的神情有所缓和。

蓝玉回转到桌前坐下，端起一杯酒，脸上又浮现出一丝柔情，丫头，你不是问我远征的意义吗？今天，我就告诉你我一次次浴血奋战的全部意义就是今天能够站在这里，向世人宣告我对你所有的爱意！

“请求父皇和母后下旨宣召欧阳伦为女儿的驸马！”

安庆的声音清晰而坚定。

众人大惊，皆面面相觑。

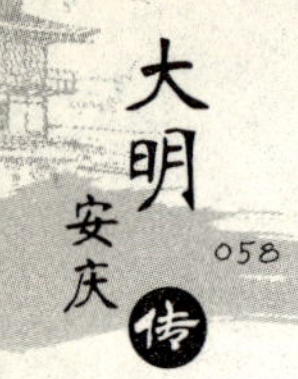

“呼——”蓝玉手里的玉杯应声而碎。

“胡闹！大庭广众之下，一个女儿家竟然这样不知羞耻，下去！”朱元璋恼怒地斥责道。

“父皇……”安庆还想说什么。

“安庆，还不快下去！”皇后连连示意。

“是……”安庆不情不愿地退了出去。

“唉，这丫头，真是被宠坏了，让大家见笑了……”朱元璋挥了挥手，“好了，我们继续，蓝玉，说，你刚才说你想要什么？”

蓝玉目光呆滞，无动于衷。

“玉儿……”常夫人小声地提醒。

蓝玉缓缓地站了起来，“皇上，末将身为将军，自当英勇杀敌，浴血沙场，蓝玉不要任何赏赐！”

“哈哈哈，好，好一个蓝玉，我大明有你，彻底消灭北元指日可待！”朱元璋开怀畅饮。

夜，是如此的凄冷，就连星月都是冷的。

就在公主轻启朱唇的瞬间，蓝玉的心就像他手中的那盏玉杯，支离破碎。此时，那破了的玉杯还紧握在他的手里，碎玉深深地刺进他的指缝、手心、经络……血顺着手指缝流了出来，触目惊心。

“玉儿，求求你，让姐姐看看你的手，好吗？”常夫人苦苦哀求，“你再这样下去，你的这只手就废了！”

“别管我……”蓝玉粗暴地推开姐姐伸过来的手。

“玉儿，你让我如何能不管你，你是我的弟弟啊，我们从小相依为命，多少次死里逃生，才走到今日……姐姐知道你的心思，知道你心里的苦……但你也不能这样不爱惜自己的身体啊！你的这只手，是握剑的手，是杀敌的手，是创造属于自己时代的手，你怎么可以这么轻易地为了一个女人就自暴自弃呢？”常夫人痛心疾首。

“姐姐，我以为这样，我就会忘了我的心有多疼，可是为什么，即使这样，我的心依然还是那样疼痛，就像是被什么东西硬生生地撕裂……”蓝玉幽幽地转过头来，“姐姐，你能告诉我，还有什么办法能让心不这么疼吗？”

冷月寒星之下，多么绝望的一双眼睛，常夫人潸然泪下。

而此时，皇后神情凝重，“安庆，你知道不知道你今日的举止让你父皇有多生气。”

“母后，我知道错了，可是我，我真的喜欢他……”

“可我记得你给我说过，欧阳伦有喜欢的女人！”

“不，母后，那完全是个误会，我今天遇到那个女子了，是她亲口对我说的……母后，我以为我会忘了他的，可是那天在梅驸马府我竟然又遇到了他，您不觉得这是命运之神在冥冥之中将我们牵引吗？虽然他不承认喜欢我，可是当我掉到了水里，他是那么的紧张，他的眼神一如三年前，让我怦然心动，我想，我是真的爱上他了！母后，求求你，我要嫁给他，不管他有没有喜欢的人，总有一天，他会喜欢上我！”关于爱情的想象在安庆公主的眼底绽放成一朵瑰丽的花，摇曳在她初涉红尘情爱的心壁。

“安庆……”皇后看着这个任性的女儿，充满深深的担忧，“你可想好了，你这是在拿自己一生的幸福作赌注！”

“我愿意！”安庆坚决无比。

颜府。

欧阳伦眉头紧锁，站在窗前沉思，有什么比怀才不遇更让一个男人无奈呢？虽说怀才就像是怀孕，总有一天会显露出来的，可是，如若就这样徒劳地等下去，纵使有朝一日封官晋爵，自己也早无今日的雄心壮志了。

林溪隔门站了良久，轻轻地走进来，手里端着几盘小菜和一壶酒来到桌前，一眼看见桌上的一张页笺上欧阳伦刚劲流畅的墨迹，“暗夜挑灯读汉廷，三计初献窥帝心。侯门功颂上林赋，贵胄祸藏未央宫。可怜金纰空射鹿，细柳营中寒士心。千古君王皆如此，空留英雄唱大风。”

“欧阳……”林溪心里一阵酸楚，她懂他的抱负，可是却无能为力。

听到林溪的声音，欧阳伦如梦初醒地忙收起满脸的失落，换上一副明媚的笑颜，转过身来，“林溪……”

“我准备了几个小菜，我们喝几杯，如何？”

“佳人相约，伦自是求之不得……”欧阳伦如戏文里的相公，对林溪深深地做了一个揖。

“少贫嘴……”林溪嗔笑着自顾将酒菜摆到桌子上。

几杯酒下肚，欧阳伦的话多了起来：“谢谢你……”欧阳伦深情款款，“林溪，谢谢你对我这么好，可是我现在什么都不能给你，我是不是很无能……”

林溪轻轻地摇了摇头，“你给我的已经太多了，在我的心里，你已经是无所不能的了，是你让我感受到了爱的喜悦，让我有所期待，有所想念，这一切已经足够了……”

“不，林溪，这远远不够，我要给你幸福的未来，我们要相守一生，不离不弃，这才是我想要的生活！”欧阳伦动情地拉起林溪的手，“相信我，林溪……”

突然，颜家家奴突然慌慌张张地跑了进来，“欧阳大人，圣旨到了，请欧阳大人赶快去接旨……”

“接旨？”欧阳大喜，“林溪，你听到了吗，圣旨来了，一定是任命官职的……”说着就大踏步地向外走去。

林溪突然从后面紧紧地把欧阳伦抱住，头深深地埋地他宽厚而温暖的背上，舍不得放开，好像这一走就再也见不到他似的。

欧阳伦宽厚地笑了笑，轻轻地拍了拍腰间的那双手，回转身，又在林溪的额头亲了一下，“等着我的好消息……”

一丝凄楚的笑在林溪的嘴角绽开……

前堂，一太监手持圣旨，“奉天承运，皇帝召疏曰：当朝进士欧阳伦德才兼备，特赐为安庆公主驸马，并授予都尉四品官职……将择良日完婚，愿二人白头偕老，钦此……”

欧阳伦如雷轰顶，愣在了那里，“这，这不可能……公公，会不会弄错了……”

“弄错？欧阳大人在怀疑咱家办事不力？”

“不，不，欧阳伦不是这意思，只是，只是……”欧阳伦一时语无伦次。

颜府上下也是面面相觑，尤其是颜擎苍，除了一脸的惊愕，更是一脸的不屑。倒是颜父老陈持重，拉了拉欧阳伦的衣角，“贤侄快接旨谢恩……”

欧阳伦只好叩首，“欧阳伦接旨……”

“皇后特意嘱咐，近日欧阳伦大人可以随意入宫面见公主……欧阳大人，你的运气可真好啊，从此荣华富贵可是享用不尽了……”太监讨好地说。

欧阳伦却面无喜色。

太监一脸的尴尬。

“公公辛苦了，请上座喝口茶……”颜父连忙打圆场，起身让座。

“不了，咱家还要回去给皇上复旨呢……”太监轻哼一声，扬长而去。

“你能告诉我，这是怎么回事吗？”颜擎苍冷冷地看着欧阳伦，目光如剑。

“擎苍，我也不知道怎么会这样，我根本就不知道有这回事啊！”欧阳

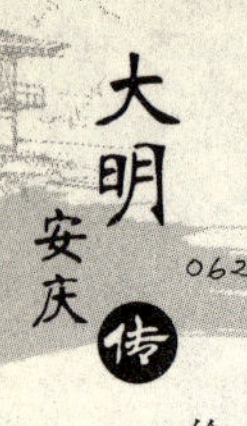

伦一脸的茫然和无辜。

“哼，你不知道，人家都下圣旨要招你为驸马了，这样的好事，你竟然说你不知道，谁相信？”颜擎苍越说越生气，“欧阳伦，我没有想到你竟然是一个薄情寡义之人，前些日子你还信誓旦旦地告诉我，今生只爱林溪一人，可如今你竟然为了名利攀龙附会，我颜某瞎了眼睛，竟然相信你这个阳奉阴违之人！”

颜父惋惜地摇了摇头，暗自叹息。

“颜伯父，擎苍兄，你听我解释……”

“好，那你给我解释，这圣旨究竟是怎么一回事……”颜擎苍恶狠狠地盯着欧阳伦。

“我……”可怜欧阳伦不知道该如何开口。

“你们就别再逼他了……”不知何时林溪出现在大家的身后。

“林溪，你一定要相信我，我从来没有想要做什么驸马，你等着，我这就进宫，向皇上说明心意，请求皇上收回圣旨。”

“别说傻话了，自古圣意难违，再说安庆公主对你早就心生爱慕……”林溪幽幽地说。

“你怎么知道安庆公主对他早就心生爱慕？”颜擎苍奇怪地问。

“前几日我在秦淮河畔遇到了她……”

“她给你说什么了？林溪，虽然我们是见过几次面，但你一定要相信我，我从来没有喜欢过她……”欧阳伦急切地说。

“我知道……但是她能够帮你实现你的抱负，你的理想……”

“不，林溪，我不要什么功名利禄，我只要和你相守一生，我们走，离开京城，我可以教书，足可以养活我们和我们的孩子……”欧阳伦一脸的急切，“林溪，你只要告诉我，你愿意跟我走吗？”

颜擎苍本来阴郁的面容渐渐地缓和下来，“对不起，欧阳兄，是我错怪你了……”

欧阳伦露出一丝自嘲的苦笑，“我能理解，因为我也会看不起始乱终弃的人！”

“可你真的能放弃你这些年的努力吗？欧阳伦，你要想清楚，你有才华，你有抱负，只有留在京城你才有前程……”颜擎苍的手重重地落在欧阳伦的肩膀。

“我想好了，如果一生不能和相爱的人相守，即使每日佳肴，夜夜笙歌，又有何意义？林溪，你愿意跟我走吗？从此远离荣华富贵！”欧阳伦期待地看着林溪。

“不！欧阳伦，我不愿意……”林溪掩面跑开。

“唉，这孩子……”颜父一声叹息。

“欧阳兄，你别怪她，林溪她不是贪图荣华之人，她只是怕圣意难违……”

“我明白……”

第四章　终究是一生孤寂

（我以为我如愿以偿。我又一次以一只蝴蝶的心情飞向那片明媚。等待我的，却是一片我永远也无法逾越的沧海……）

安庆的心情如她身上的衣衫，轻盈而美好，镜子里映出她溢满了期待的娇羞花容，“玲珑，你说我戴这个花簪好看呢，还是这个玉簪好一些？”她拿着两个簪子在如云的发髻间比画。

“花簪活泼俏丽，玉簪温婉含蓄，公主千娇百媚，我觉得，随便戴那个都是别样的风情，一定让他惊羡不已……”

“真的吗？”一丝娇羞的红云浮现在安庆的脸上，“玲珑，那你说他今天约我会所为何事？”

“他都要成为我们最漂亮的公主的驸马爷了，当然是要向你表明心迹了……”

一丝甜蜜的感觉在安庆的心底油然而生。

这是一次真正意义上的约会。

安庆如约而至。一袭淡紫缕金月华裙更显得她端庄清丽，仪态万方，风情款款。

欧阳伦已经等候在那里。

“参见公主……”欧阳伦垂首下拜。

“不必多礼！”安庆连忙伸手扶起欧阳伦，一脸的娇羞，“我们既已有婚约，就不必再拘于礼节……”

“公主，今日下在冒昧约公主一见，只是想请公主收回成命……”欧阳伦却并不起身。

“什么？”安庆瞬间花容失色，“你说什么？”

“公主，在下已有心仪之人，还请公主成全！”

“心仪之人？你是说林溪？”

欧阳伦点点头。

“不可能，是她亲口对我说的，你们之间并没有儿女私情，这不可能的……”安庆一个踉跄，幸好她抓住了桌角，才没有摔倒，“欧阳伦，告诉我，你为什么不愿意接受我，我可以给你想要的功名，可以带给你无上的尊荣，更重要的是，我有一颗爱你的心……”

“公主，人心若一拳，盛下一个人，就盛不下另外一个人，欧阳伦确实是心有所属……”

“你真的喜欢她？”安庆颓然坐到椅子上，“可她为什么要骗我……”

“请公主原谅她的一时糊涂，她只是为了我能有一份功名……”

“呵呵，好一个贪慕虚荣的女子……”安庆冷笑道。

“不，不是这样的，请你不要误解她，她只是不想看我在无望的等待中日日消沉……”

“这么说来，她愿意为了你的前程放弃你们的感情？”

“是的！”

“既然她如此不珍惜你们的感情，你又何苦坚持！”

“这……”欧阳伦微微一怔。

“欧阳伦，你看，当初你就在窗外的这条河里救起了我，你既然救了我，就得对我负责，负责爱我、宠我，让我一生快乐无忧……我不在乎你有没有喜欢别的女人，我只想让你知道，我有多么的想和你在一起……”

欧阳伦缓缓地摇了摇头，“欧阳伦自知福薄，无福消受公主厚爱，还请公主收回成命！”

“你就这么爱她？”安庆的心犹如跌入万丈深渊。

“还请公主成全！”欧阳伦不卑不亢。

“成全？欧阳伦，我抛却一个公主应当遵守的礼仪和规范，以最卑微的姿态当众请求父皇将你赐为我的驸马，你现在却请我成全你和另一个女子！欧阳伦，你不要把我想得有多高尚……”

“还请公主成全！”

“好，收回成命也可以！”安庆的脸上露出一丝残忍的冷笑，“只是一切皆因颜姑娘愚弄本公主而起，安庆定当向父皇秉明原委，至于父皇知道他最疼爱的女儿竟受到如此羞辱，要怎么处置她，那就是她自己的事了……”

“不，公主，求求你放过林溪，她只是为了我能早获功名，没有想要愚弄公主的意思……”

“我没有想要把她怎么样，我既然要请求父皇收回圣意，总得有一个理由吧……如果我不这样说，那你告诉我，我该如何告诉父皇，我抛却皇家公主颜面的请婚只是一场笑话？”安庆步步紧逼。

“这……”欧阳伦步步后退，跌坐到椅子上。

颜擎苍上得酒楼来，临窗而坐，自斟自饮，不知道为什么，这些天他总是会不自觉地来到这里，试图能够再遇上那个叫安安的女子，她的一颦一笑

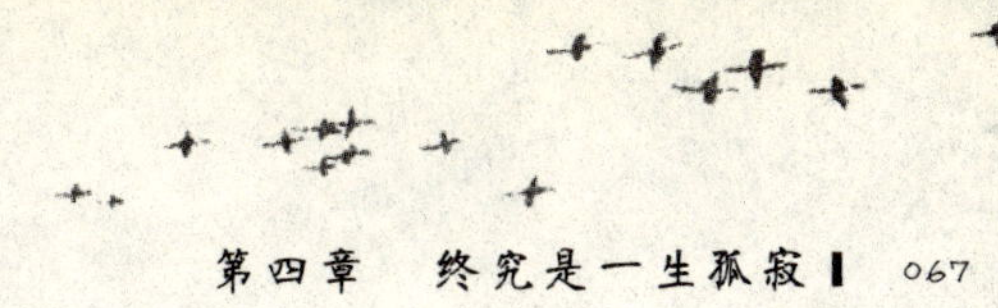

总在他的眼前挥之不去，想起那个如云似雾的女子，颜擎苍嘴角不自觉地露出一丝浅笑……

“客官，你走好……”酒保好心地提醒一位已经醉得东倒西歪的客人。

“滚开……”蓝玉一把推开他，跌跌撞撞地下楼去。

“是他？”颜擎苍从怀里摸出几个碎银子扔到桌上，一把抓起桌上的剑，紧跟了下去。

酒楼外，蓝玉一跃上马，向城外狂奔而去……

直至一片空旷的郊外，骏马一声嘶鸣，戛然而立，蓝玉侧翻下马，一扬手，宝剑出鞘，一朵朵凌厉的剑花在空中飞舞，纷纷而下的落叶犹如一场盛大的散场，凄美而凌乱……颜擎苍被眼前的情形惊呆了，他从来没有见过如此凄厉得让人绝望的剑式。

突然，剑锋直逼颜擎苍而来，颜擎苍大惊，连忙拔剑相挡，两剑相遇迸出点点火星，随之，如蛟龙一般缠绕在一起……

“说，为什么要跟踪我？”蓝玉心中郁闷，正需要发泄，所以剑剑直逼颜擎苍要害。

颜擎苍边挡边退，“我别无他意，只想知道安安姑娘可否安好？”

“安安？”蓝玉的心蓦然一痛，如风的剑像凝固了一样停在空中，脸上露出一缕莫测的表情，随之手一扬，剑已出手，如闪电般地呼啸着从颜擎苍的头上掠过，直插进身后的一棵粗壮的树干……

“她……很好！

颜擎苍暗自松了一口气，“那，就好……谢谢……”转身离去。

“你是不是喜欢她？”蓝玉突然冷冷地开口。

颜擎苍一愣，转身，正好看到蓝玉一脸的嘲弄之情，“我好心提醒你，你最好收起你痴心妄想！”

“为什么？”

“因为她马上就是别人的新娘了……”

“哦……”颜孳苍略一沉思，抬起头来，淡然一笑，直视蓝玉，“祝你们幸福……”

“难道我想错了，你并不喜欢她？”蓝玉皱了皱眉头。

“喜欢一个人，目的不在于占有，而是希望她在漫长的岁月里一世安好，”颜孳苍停顿了一下，“看得出，你很爱她……”

“哈哈哈……”蓝玉仰天大笑，竟然笑出一串泪花来，“好个希望她在漫长的岁月里一世安好！好，就凭你这句话，我请你喝酒！”说着从马上解下一酒囊，咕咚咚一口气灌下去，然后又将酒囊递到颜孳苍面前。

颜孳苍微微一笑，接了过来。

“我叫蓝玉，不知你如何称呼？”

“你就是蓝玉将军！”颜孳苍连忙倒头就拜，“将军神勇，果然名不虚传！”

“你是？”

“在下颜孳苍，早就对将军心怀仰慕，只是一直无缘相见……”

“哦，你就是颜孳苍，在这次南征时，颍国公常提起随他统军十万由文县（今属甘肃）打开入川门户，趁势拔汉州（今四川广汉），围成都，迫夏蜀丞相戴寿出降，屡立战功的颜将军就是你？”

“惭愧，与蓝将军相比，这些都不足一提，南征时因被圣上派出驻防成都，没有能与蓝将军并肩作战，乃孳苍之憾事……看来那日安安姑娘所思所念之人应该是蓝将军你了……”颜孳苍自嘲地一笑，“看来颜某真的是自不量力……”

蓝玉的神情瞬间黯淡下来，“颜将军误会了，我是安安的舅舅，怎么可能对她有非分之想呢？”

“那你说她……”这又在颜孳苍的意料之外。

“是的，她要成亲了，和她所喜欢之人！”一丝苦涩从蓝玉忧伤的眼神里掠过，他从颜擎苍手里拿过酒囊，仰头猛然灌下去……

“安庆，你怎么了？”拥着锦衾的安庆不停地抽噎，一张粉脸已如小花猫一般乱七八糟。

“别管我……”安庆猛然拉过锦被将头包了起来。

“玲珑，公主这是怎么了？”皇后转向玲珑。

“回皇后，欧阳大人今天约公主在宫外见面，公主回来后就这样子了……”

“安庆，告诉母后，究竟发生什么事了，他欺负你了吗？不管有什么事，母后一定给你做主！”皇后心急如焚。

“母后……”安庆掀开被子，哭倒在皇后的怀里，“他、他对我说他有喜欢的女人……”

“什么？”皇后大惊。

“他说他已经心有所属……母后，那我怎么办，我是那么喜欢他，可他一点都不在意，他不想娶我，母后……”

看着泪水涟涟的安庆，皇后的目光越来越凝重，“唉，也怪我太草率了，没有弄清楚状况就请你父皇下了旨……安庆，母后早就说过，作为一个女人，最重要的是有一个爱自己的丈夫，如若他不爱你，你即使把心掏出来捧给他，他也会无动于衷，所以，既然如此，我去求你父皇，让他收回呈命……”

“要让朕收回什么呈命？”话音刚落，朱元璋走了进来。

“参见皇上……”皇后起身迎驾。

“父皇……”安庆怯怯地看了一眼朱元璋，满眼委屈。

“咦，这是怎么了，谁惹我的公主这么伤心？哦，我明白了，是不是丫头要出嫁了，舍不得离开我们啊？”朱元璋打着哈哈，“你看你那天你向朕请婚时眼神里流露的欣喜，恨不能马上就成为别人的媳妇，现在又得了便宜来买乖了……不过庆儿，那天你虽然是有些唐突，可是真有朕敢作敢当的风范……”

“父皇……”安庆一咬牙，跪倒在地，“安庆请父皇收回圣命……”

“为什么？”朱元璋疑惑地看了看皇后。

“皇上，那欧阳伦说他有喜爱的女子！”皇后不安地说。

“那又如何？难道我们的公主比不过一个普通的女子？”

“可是，父皇，他说今生非她不娶……”

“什么？朕已下旨为他赐婚，难道他想抗旨不遵？”朱元璋极为恼火。

“父皇，此事皆因安庆任性而起，安庆请父皇收回圣命……”

“胡闹，你以为朕的旨意是想收回就能收回的吗？当日你当众请求我为你赐婚，今日你又要让朕取消婚约，你身为公主，难道不知道君无戏言这句话吗？”朱元璋大怒。

“皇上，此事不关安庆，是那个欧阳伦他不愿意娶安庆……”皇后连忙护住安庆。

“哼，能娶我朱元璋的女儿，也不知道他几辈子修来的福气，不知道感恩戴德，还推三阻四，我看这个欧阳伦他是敬酒不吃想吃罚酒！”

“不，父皇，此事不关欧阳伦，都是安庆一厢情愿……”安庆看到皇上盛怒，生怕皇上降罪于他，连忙替欧阳伦开脱，“那天安庆听林溪姑娘说她和欧阳伦并无私情，欣喜之余向父皇请婚，欧阳伦对此事并不知情……”

“林溪，她又是谁？”朱元璋眉头紧皱。

“她就欧阳伦喜欢的女子……”皇后回话。

“这么说是她骗了你？”

“这……不，父皇，林溪姑娘只是想让欧阳伦能早日任职，有求于我，她应该也是无心的……”

“大胆，朕生平最恨靠拉扯关系获得功名之举，我看这个叫林溪的女子真是不知好歹……”

“对不起，父皇，母后，是安庆让皇室蒙羞……从今以后，安庆绝不再跨出宫门半步，情愿就此孤老终身，以示惩诫……”安庆的目光里充满了哀伤，既然不能和喜爱的人相守，那么就此了断。

“安庆……”皇后心疼地把安庆搂在怀里，她知道，纵然她们拥有无上的尊荣与权力，可是在爱情的面前却是一样的无能为力。

“一派胡言！我朱元璋说过的话还没有收回过，安庆，此事父皇自会给你做主！”说罢他拂袖而去。

殿内的空气如凝滞了一般。

自欧阳伦进殿参拜，朱元璋就一言不发，自顾埋头看着奏折。

欧阳伦俯首跪在地上，没有皇上发话，他不敢起来。时间就这样过去，欧阳伦一动也不动，似乎在和皇上比谁的耐心更好一些。

终于，朱元璋抬起头来，“欧阳爱卿，朕知你文韬武略，满腹经纶，今天请你来是想问问你，如果有人故意让朕犯下大错，该如何处罚？”

“斩……”欧阳伦略一迟疑，其实从他接到进宫的意旨那一刻起，他就做好了最坏的打算，他冒死也要请皇上收回圣旨，即使死，他也不会娶公主。他本以为皇上会问他若是抗旨不遵该当何罪呢。可是皇上偏偏对赐婚只字不提。

“哦，既然如此，来人啊……”

门外的侍卫应声而入。

“传我旨意，兹有民女林溪胆大妄为，信口开河，戏弄圣上，立即收入大牢，择日处斩！”

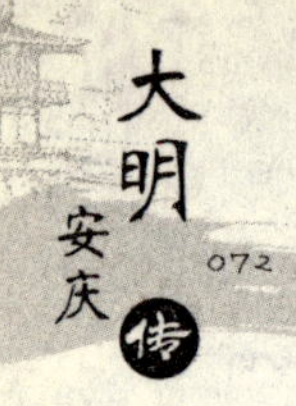

“林溪？”欧阳伦闻言震惊万分，“皇上，请问林溪何罪之有？”

“她告诉公主与你并无私情，致使朕下旨赐你为安庆公主驸马，可我听说她和你情深义重，一个非你不嫁，一个非她不娶，这不是害得朕从此背上了拆散你们的恶名，玷污了朕的一世英名吗？”朱元璋越说越生气，“去，立即将这个让朕犯下大错的女人打入死牢！”

“不，皇上，不是这样的……”欧阳伦连忙扑上去拦住侍卫，苦苦哀求，“请皇上明鉴，林溪她是无心的……”

“是吗？”朱元璋冷笑一声，“那你告诉我，你们可否有私情？”

“这……”欧阳伦的心瞬间跌入绝望，他总算明白了，眼前这个皇上并不是他所看到的这般慈眉善目，他是如此的老谋深算，如果自己承认和林溪今生情深不渝，无疑就是承认了林溪愚弄圣上，那么林溪必将性命不保。

“皇上，您误会了，林溪姑娘说的没错，微臣与她并无儿女私情……”欧阳伦的心从未有过的悲凉。

“哦，果真如此？”朱元璋意味深长地紧盯欧阳伦。

“是！”

朱元璋朝侍卫挥了挥手，“下去吧！”

侍卫退出。

“爱卿如此一说，总算是解了朕心头的疑惑，看来他人言传并不可靠……”朱元璋面露欣慰，“既然爱卿并无心仪之人，想来对朕的赐婚不会拒绝吧？”

“公主尊贵，欧阳伦自是求之不得……”他的眼神里是深深的绝望。

“你确定这是你自己的决定？”朱元璋紧紧相逼。

“是！”欧阳伦知道自己别无选择。

“哈哈哈，好！”朱元璋拉起欧阳伦，亲切地拍了拍他的肩，“安庆是朕和皇后最珍爱的宝贝，虽然任性，但心底单纯善良，你记着，今天的谈话只是一个疼爱自己女儿的父亲想和未来的女婿之间达成某种默契，相信你知道以后会怎么做吧！”

“微臣明白！”

“安庆，从今天开始，你就是别人的妻子了，言行举止一定要得体，万万不可有公主的娇纵……”皇后拉着安庆的手语重心长。

“是，母后，您放心，我不会让皇室蒙羞的！”镜子里，安庆乌黑的头发被拢结于顶，然后分股用丝绳系结，弯曲成鬟，托以支柱，高耸在头顶，有巍峨瞻望之状，其间插着一支恋花金顶簪，顶花以白玉作花瓣，大红宝石作花蕊，傍有金蝴蝶须嵌珍珠两颗，花四周饰红、蓝宝石，簪柄弯处托以古线纹，身上则是一袭华丽的凤冠霞帔逶迤拖地，这身喜服里里外外全部是由素有“寸金寸锦”的云锦制成，上面是金线、银线和孔雀羽等昂贵的材料织成的祥禽瑞兽，锦簇花团，如绮霞绚烂多姿，极为奢华，身形微动便觉流光溢彩，衬托得安庆云鬟浸漆，美目流盼、眉如翠羽，肌如白雪，“从今以后，我不再是任性的公主，只是一个愿意为他倾心的女人……”

皇后的脸上却露出一丝担忧，“安庆，母后知道你虽然任性顽劣，但心性善良，以后如果受到什么委屈，一定要告诉母后，母后一定会为你做主的。”

“母后……”安庆的眼圈一红，扑倒在皇后的怀里，“母后，我舍不得离开你……”

“傻丫头，女孩子总要嫁人的……来，母后看看，我们的安庆是天下最漂亮的新娘子……”皇后仔细地端祥着自己的女儿，强作笑颜，“去吧，别让驸马久等……”

“母后……”一丝娇羞的红云爬上安庆的脸颊。

浩荡的迎亲队伍一路吹打，高头大马之上，欧阳伦胸前的大红花鲜艳得刺目。他的目光空洞地掠过看热闹的人群，突然，一个熟悉的身影出现在攒

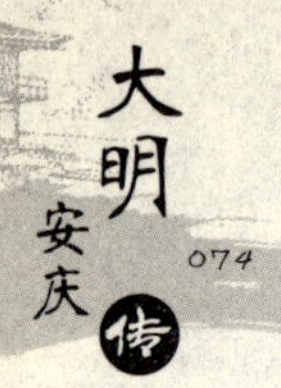

动的人群后面，失神的目光如暗夜的流星划过欧阳伦失魂落魄的心间。

“林溪！”欧阳伦轻呼，心阵阵地发痛，短短时日，她竟如此的憔悴。

林溪本想冲他一笑，泪却不争气地流了下来。这不是她希望的结果吗？她断然拒绝了他浪迹天涯的提议，不是因为爱得不够深，而是她不能自私地为了拥有他，而让他从此漂泊天涯，将一身的才华付于流水。

街角的酒楼上，云母窗前，蓝玉一杯接一杯地猛灌着烈酒，眼睛却死死地盯着那一顶渐行渐远的花轿……

花轿里的安庆，以一个女孩儿最娇羞的姿态憧憬着关于幸福、关于甜蜜、关于恩爱、关于相爱的男人和女人之间该有的一切……

皇上最疼爱的女儿出嫁，自然风光无限，皇上特赐的驸马府张灯结彩，前来道喜的达官显赫们更是络绎不绝，直到掌灯时分，欧阳伦才在侍女的搀扶下跌跌撞撞地走进了洞房。

头顶大红苏绣喜盖的安庆，坐在描金赤凤檀木喜塌上，因为紧张，身体微微地颤抖，两只手不停地绞着手里的金丝攒牡丹绫帕，以掩饰内心的慌张。

“请驸马爷揭开公主的盖头……”老成持重的喜娘满面春色地递上一柄用于挑盖头的喜秤。

欧阳伦觉得自己手里的喜秤似乎有千斤重，可事已至此，他别无选择，迟疑了下，他缓缓地掀起安庆的盖头，随着盖头的滑落，露出一张粉雕玉琢的脸来，两弯似蹙非蹙笼烟眉，一双似喜非喜含情目，红脸如开莲，肤若凝脂，眼帘低垂，楚楚可怜，娇态万千。

玲珑端来两杯酒，“请驸马爷和公主饮了交杯酒，从此永远交好，白头偕老……”喜娘在一旁唱道。

安庆低垂着眼帘，伸出纤纤玉手端起一杯，欧阳伦也伸手端起一杯，却是神情木然，在喜娘的授意下，勉为其难地喝下了交杯酒，心里却泛起阵阵苦涩。

古老的风俗总是喻义着最美好的希冀，在做这一切时，安庆是十分的专注和虔诚，她天真地以为，她的婚姻如同那一对燃烧的红烛，热烈而温暖，而关于以后的岁月，也一定会如同喜娘一道道的祝福，绵长而悠远……终于，喜娘完成了一系列的礼仪之后，带着侍女含笑退下，“时辰不早了，请公主和驸马早点休息……”。

门轻轻磕上的瞬间，安庆的身子又微微地一颤。

房间陷入死一般的静寂，似乎能听到红烛燃烧的声音，风从窗棂里穿进来，拂动一层层的帷幔……时间突然漫长起来……安庆的裙裾已被自己无所适从的手绞得面目全非。

“公主早点休息吧！”欧阳伦终于开口。

“嗯……”安庆含羞地点了点头，她感觉到自己的脸肯定和这一床大红的苏绣织金锦被一样的红了，她顺从地和衣躺到床上，羞涩地闭上眼睛，长长的睫毛却不可遏制地忽闪忽闪地抖动着，出卖着她的慌张和不安。

空气仿佛凝滞了一般，半晌，不见欧阳伦有什么动静，安庆终于忍不住疑惑地睁开眼睛，却正遇上欧阳伦的目光，只是那已不再是曾让安庆感觉温暖的目光，此时，欧阳伦的目光泛着阵阵的冷意，夹杂在他看她时那莫测的眼神里，让安庆的心里蓦然一个激灵，猛然坐起，“你，你想干什么？”

“今天是我们洞房花烛之夜，你说我想干什么？”欧阳伦干脆坐到塌上，直逼安庆而来，眼里露出一丝阴冷的笑，揶揄道，“你从十三岁起，不是就在想着这一天吗？”

“我……”安庆顿时羞得脸色绯红，就差找个地洞钻进去了。

“你不是说我是你今生命中注定的男人吗？”欧阳伦恶狠狠地抬起安庆的下巴，“今天，我就成全你！”说着，他疯了一般地把安庆压倒在床，粗暴地撕扯着她的衣服。

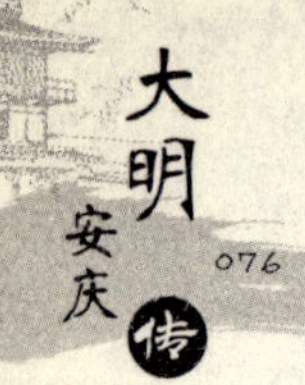

恐惧、委屈和疼痛迅速地在安庆的体内蔓延，她紧闭眼睛，强忍着泪水幽幽地说，“我现在是你的妻子，你想干什么，我自然是会顺从的……”

欧阳伦陡然停下自己粗暴的动作，身下的安庆衣服凌乱，美目紧闭，身体不停地颤抖，睫毛上的泪珠颤颤巍巍……他心里轻叹一声，起身为安庆拉好衣服。“你休息吧！”他说着向外走去。

“你要去那里？”安庆惶恐地睁开眼睛，不明白又发生了什么状况。

“欧阳伦承蒙公主错爱，下嫁于我，而当今圣上又如此抬爱，授于都尉四品官职，欧阳伦自知才疏学浅，当然不敢有丝毫懈怠，得发奋图强，才不负皇上和公主的厚望，所以从今日开始，我夜夜去书房看书，公主自行休息吧！”欧阳伦冷冷地说完，转身离去。

安庆愕然地看着他如此决绝地离去，泪水终于泛滥成海……原来，所有关于婚姻的想象，只是她的一厢情愿。

桌上的红烛摇曳着，散发着令人绝望的烟香……

白天来临时，安庆用粉装掩盖了昨夜的泪痕。而坐在餐桌前的欧阳伦，一改昨夜的冷漠，成了天下最温柔最体贴的夫君。

“安庆，这是我专门向御厨询问了你的喜好，特意吩咐厨房为你做的枣熬红米粥，快来尝尝……”欧阳伦拿起勺子亲自为安庆盛了一碗殷红的米粥放到安庆面前，然后满眼柔情地看着安庆。

多么一双温柔而多情的目光，安庆一阵恍惚。难道昨夜的一切只是一场噩梦？或者，他是在为他昨夜的行为表示歉意……这样想着，安庆赶紧舀了一口粥喂进嘴里，天啊，这是什么粥，怎么如此的苦涩？安庆刚想吐出来，却正迎上欧阳伦盈盈的目光，“怎么样？可否合你的口味？”

他如此用心，安庆怎么忍心拂了他的一片苦心呢？她一副满心欢喜的样子，点了点头。

“只要公主喜欢就好……”一丝嘲弄的目光在欧阳伦的眼底不经意地

泛起。

“驸马对公主真好……”整个驸马府的人们都目睹了这动人而温馨的一幕。

竟管粥是苦的，但安庆的心头漾起一丝甜蜜，关于昨夜的不快已经烟消云散了。

夜晚再次来临时，安庆坐在镜前，解开高绾如云的发髻，顿时乌黑的长发如瀑布一般地直垂腰际，更加衬托得她肤色如雪，妩媚动人。

“你真漂亮！”欧阳伦对着镜子在的安庆说。

一丝娇羞又开始在安庆的体内漫延。

“公主早点休息吧！”刚才还柔情似水的目光突然变得冷酷无情，让安庆措手不及。

“你呢？”

“我说过，我要夜夜温书，才不负皇上和公主您对我的厚望……”欧阳伦推门而出。

手中的玉梳无声地滑落，清晰地破碎成一地的碎玉，如同安庆的心。

一连几日，白日里欧阳伦总是柔情似水，而到了夜里，却是冷若冰霜。安庆悲哀地发现，他白日里所有的柔情都是为了让他夜晚的冷酷更加邪恶。

安庆站在窗前，怔怔地看着一弯冷月在云朵间穿梭。

“公主，驸马他……”聪明的玲珑已经意识到了问题的严重性。

“玲珑，这条路是我自己选的，我愿意承受任何的屈辱……”安庆幽幽地说。

“可是公主……”

“玲珑，明日回宫，这件事千万不要对母后提起，知道吗？我不想让她担心……”安庆的目光如月色一般寂寞。

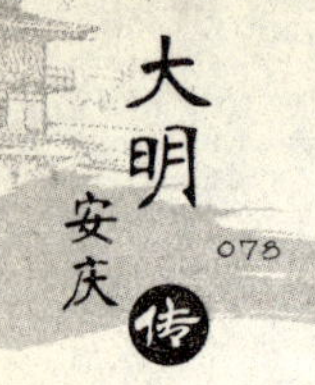

坤宁宫，皇后已经望眼欲穿。

“这才几日时间没见那丫头，你怎么就这样着急啊？”朱元璋假装生气地皱了皱眉，“早知道你这样对她不舍，朕就应该下诏让她不要出嫁，永远留在你身边才好……”

“公主出嫁这几日，想来皇后应该是度日如年吧……”常夫人笑着说。

“不瞒你们，这几日我真是夜夜难眠，你说，她一个任性的丫头，怎么突然就成了人家的媳妇呢？也不知道宫外的生活还习惯不，受没受什么委屈……”皇后的担心溢于言表。

“公主聪明伶俐，谁见谁疼，驸马怎么舍得让她受委屈呢？这点皇后大可放心……”常夫人宽慰道。

“母后，欧阳伦素来和我交好，温文尔雅，也是性情中人，他断不会让公主受一丁点委屈的，这点母后不必担心……”大公主的驸马梅殷替欧阳伦说好话。

“这丫头平日娇纵，连蓝玉都不称声舅舅，我看啊，只要她不让驸马受委屈就万幸了！”朱元璋轻哼一声，目光却不至一次地瞟向殿外，“蓝玉，你说我说的对吧？”

“皇上所言甚是……”蓝玉的嘴角露出一丝不易察觉的苦笑，扬手将面前的一杯酒一饮而尽。

正在这时，安庆和欧阳伦并肩款款而来。安庆身着水红彩绣并蒂莲素软缎秋衫，雪青弹墨凤纹古香缎月华裙，发髻上插着一支金累丝衔珠梅花钗，体态端庄轻盈，面带微笑，低眉颔首，眉目间洋溢着初为人妻的幸福。

“安庆参见父皇、母后……”安庆款款下拜。

“欧阳伦参见父皇、母后……”欧阳伦随着安庆一起下拜。

“免了免了，庆儿，快来，坐母后身边，让母后看看，这几日时间，怎么就消瘦了呢？”皇后拉着安庆的手上上下下地打量。

“没有啊，我没有觉得消瘦啊，我倒觉得这几日神清气爽呢？”安庆掩饰地摸了摸自己的脸颊。

“真的吗，我怎么觉得你这下巴越发地尖了呢？”皇后疑惑地说。

“可能是因为太想母后的缘故吧……”安庆俏皮地冲着皇后做了一个鬼脸。

“我看这丫头是越发地没了规矩了，也不知向常夫人和蓝将军问安！”朱元璋佯装生气。

“姨母好……”安庆起身颔首问安。

“好，好……”常夫人疼爱地说。

“蓝玉——舅舅好……”安庆略一迟疑，轻启朱唇。

舅舅？多么陌生的一声舅舅，如一把利剑直刺蓝玉的心底，阵阵疼痛袭来，他失神地看着眼前那个曾经那么执着地喊他为哥哥的小公主，今天，终于称他为舅舅了……

“玉儿……”常夫人连忙悄悄地拉了拉他。

“好，舅舅，呵呵，舅舅很好……”蓝玉如梦初醒地想用笑意掩饰心里的痛，“公主的这一声舅舅让蓝玉真是受宠若惊……”

“哈哈哈，这丫头终于懂规矩了，欧阳伦，你是用什么办法让这个刁钻古怪的丫头懂得礼数的？”朱元璋龙颜大悦。

“是公主天姿聪慧，深知自己的一言一行是我们大明的典范，作为夫君，欧阳伦只能对公主倾心相爱，不敢有任何说教之辞……”欧阳伦谦逊地说，并意味深长地看了一眼安庆。

“母后，你看她们小两口在大庭广众之下都这般卿卿我我，有什么比倾心相爱更能让人感动呢，这样的驸马难道还会让我们安庆委屈？”宁国公主打趣地说，“你说是吗？安庆！”

安庆脸上露出一抹红云，娇羞地点了点头，一副满足的样子，心里却生起一丝凄楚，化成嘴角一丝难言的浅笑。

就这样一抹稍纵即逝的浅笑，并没有逃脱蓝玉的目光。不知道为什么，这一抹微笑在他的眼里竟充满了无奈和苦涩。不，也许是自己多虑了，你看她，正满面含春，笑靥如花，仿佛是要告诉所有的人她嫁给欧阳伦是多么幸福的一件事……

“看到你们能如此恩爱，我也总算是放心了……”皇后如释重负地长舒一口气。

“父皇、母后，我想去看看御花园里的菊花……”

“你啊，在皇宫里面的时候天天想着往外跑，真到外面去了，才想起这里的好了……去吧，去吧，到底还是孩子天性，喜欢花花草草的……”皇后疼爱地说。

“我陪你一起去吧。”欧阳伦殷勤地站了起来。

“我自小在宫里长大，难道还会迷路不成，有玲珑陪我就行，驸马难得进宫，还是在和大家说话吧……”安庆冲着欧阳伦莞尔一笑，起身退出。

“没想到安庆这丫头也会变得如此端庄懂事……”朱元璋赞许地点了点头。

“玲珑，你不用跟着我，我想自己走走……”

“是！”玲珑乖巧地停住脚步。

御花园里依然是花团锦簇，却再也看不到当初那个快乐无忧的小公主了……安庆的泪终于落了下来。欧阳伦在众人面前的每一次神情凝眸，都让她心惊胆战，因为她悲哀地发现，即使自己明明知道这一切不过只是一种假象，但她却宁愿沉迷在这种假象里，而自己愈是沉迷，夜晚来临时她的心就会愈痛，所以，她不得不逃离。

“你还好吧……”身后一声迟疑的问候。

安庆连忙拭了拭眼泪，回过头来，“蓝玉哥……舅舅……”

看到安庆未干的泪痕，蓝玉大吃一惊，“丫头，你怎么了？”

“呵呵，没什么了……”安庆掩饰地一笑，“我突然想起了自己小的时候，那个时候无忧无虑的，一朵花，一只蝴蝶，实现一个小小愿望，都可以让自己快乐一整天……你说，人要是永远不长大，多好……”安庆的目光掠过秋天的花园，眼底是难以掩饰的无奈。

“你现在不快乐吗？”蓝玉的心里一痛，这个快乐的精灵，什么时候这样多愁善感起来了呢？“丫头，告诉我，发生什么事情了吗？”

“没有啊，我只是觉得时光易逝，有点伤感而已……蓝玉舅舅，你什么时候给安庆娶回一个舅母啊？”安庆怕自己所有的心思被蓝玉的目光看穿，连忙扯开了话题。

蓝玉露出一丝苦笑，“丫头，如若不是相爱之人，娶回来也是貌合神离，又有何用？”

安庆的心微微一颤，还不及开口，却听到身后传来欧阳伦的急切的声音：“原来你在这里，安庆，真让我好找……”

蓝玉缓缓转过身来，直视欧阳伦。

看到蓝玉，欧阳伦一愣，随即俯身下拜，“欧阳伦见过蓝将军！”

“驸马不必多礼！”蓝玉淡淡地点了点头。

“安庆，时辰不早了，我们是不是该回家了？”欧阳伦体贴地询问。

“嗯……”安庆迟疑了下。

“蓝将军，那我们先出宫了……”欧阳伦彬彬有礼地告辞。

蓝玉颔首。

看着欧阳伦携了安庆的手越走越远，蓝玉的心里默默地说：“丫头，看来是我多虑了，只要你幸福，就好……”

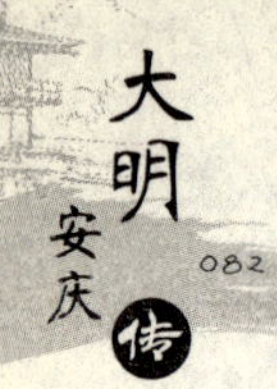

慈宁宫内，皇后不舍地拉着安庆的手，“母后本想留你在宫里住几日，可眼见你们小两口如此形影不离，如果真把你留下来，驸马恐怕得骂母后了……”

“母后……”安庆的眼圈一红，低下头去。

“这有什么好害羞的，一个女人，被丈夫疼是一件值得骄傲的事，怎么还难为情起来了……”皇后拍了拍安庆的手，“看到你们恩恩爱爱，母后一颗悬着的心啊，总算是落地了……”皇后备感欣慰，“好了，时辰也不早了，你们就早点出宫去吧！”

安庆到嘴边的话又咽了回去。

轿子行至宫外，安庆忍不住撩起帘子，落日的余晖将整个皇宫映射得更加辉煌，就连那些宫外河边衰败的杨柳也被涂上一抹金色，迷离而虚幻，可是在夜里，它们又是该是多么的冷清呢……

欧阳伦突然勒住马，回转头来，安庆连忙慌张地放下帘子。

“你们先送公主回府！”欧阳伦面无表情地吩咐。

“驸马不回府吗？”玲珑斗胆问道。

欧阳伦并未作答，掉转马头策马而去。

“公主，驸马他……”玲珑替安庆感到委屈。

“算了，我们走吧……”安庆放下轿帘，一丝哀伤弥漫开来。

欧阳伦上得酒楼来到一间雅阁，颜擎苍正在自斟自饮，看到欧阳伦进来，他漠然地看了他一眼，自顾喝酒。

“林溪呢，她怎么没来，她还好吗？”欧阳伦一把上前抓住颜擎苍紧握酒杯的手。

“你现在关心的人应该是你那娇贵的公主吧！”颜擎苍冷冷地说。

欧阳伦一怔，缓缓地放开他的手，一脸的失落，“擎苍兄，难道我在你眼里真是个薄情寡义人吗……"

"难道不是吗？是谁信誓旦旦地说要带着林溪浪迹天涯，又是谁放弃了承诺摇身一变成为了尊贵的驸马？"颜擎苍的眼里尽是不屑。

"擎苍兄，如果我告诉你，我是有苦衷的，你信吗？"

"苦衷？你的苦衷就是你无法拒绝那个公主的柔情！"

"呵呵……"欧阳伦露出一丝惨淡的笑，"如果我告诉你，为了我心中不渝的爱情，结婚至今我并未与公主洞房，你还会说我是因为无法拒绝她的柔情吗？"

"什么？"颜擎苍一惊，刚喝到嘴里的酒都差点喷了出来，瞪大了眼睛，不相信地说，"你说你竟然没有和公主洞房？"

欧阳伦点了点头。

突然，屏风后传来小声的抽泣声，欧阳伦疑惑地看了一眼颜擎苍，"谁在那里？"

颜擎苍不及回答，林溪从屏风后缓缓走了出来。

"林溪！"看到朝思暮想的人突然出现在眼前，欧阳伦喜出望外。

"欧阳！"林溪泣不成声，一下子扑了过来，紧紧地抱住欧阳伦，"你何苦要为难自己？"

"林溪，在我的心里，你早就是我的妻子了，你将是我今生唯一的女人，我是不会背叛我们的爱情，虽然我今生不能名正言顺地结为夫妻，但谁也无法阻止我继续爱你……"欧阳伦在林溪耳边低语。

"你们慢慢聊吧，我出去走走！"颜擎苍叹了口气，很识趣地退了出来。

风刮了起来，颜擎苍抬头看看暮色中的酒楼，发出一声轻叹，问世间情为何物？为何总有这么多的人为了爱情心甘情愿地沉沦……他翻身上马，信步前行，不知不觉竟来到秦淮河畔，杨柳依稀，河水依旧，却不见那个叫安安的女子的身影，颜擎苍蓦然一惊，自己这是怎么了，为什么会对一个萍水相逢的女子念念不忘，况且，听蓝将军说她已经是别人的妻子了，自己还在奢望什么呢？颜擎苍自嘲地摇了摇头，目光散漫地掠过秦淮河，试图赶走脑海里那个时而颦眉，时而浅笑的面容……突然，他瞪大了眼睛，目光落在不远处的石桥上面。

“公主，哦，不，小姐，天凉，我们还是早点回去吧……”玲珑小心翼翼地劝安庆。

“我不要回去……”安庆闷闷不乐道。

“可是如果驸马回去不见小姐，他会担心的……”

“你说，他会担心我吗？”安庆的心里一动，追问玲珑。

“这个……”玲珑躲避着安庆希冀的目光，安庆的目光一点一点地黯淡下去，“我想一个人待会儿，你不要跟着我……”

安庆缓缓地走过石桥，石桥下面的河水边上，有人在放着河灯，能看到她们一脸的虔诚，犹如多年前的自己，那些花灯真的能实现愿望吗？安庆一脸的迷茫。

“安安姑娘，是你吗？”颜擎苍略微有些紧张。

安庆回转头，上上下下地打量着眼前这个因期待而略显紧张的面孔。

“安安姑娘，真的是你啊！”颜擎苍喜出望外。

“你是？”安庆皱了皱眉头。

“你不记得我了吗？”颜擎苍掩饰了自己的失望，“你可请我喝过酒，嗯，还说我是一个好人哦……”

“哦……”安庆终于想起来了，“你叫颜擎苍，对不对？”

“难得安安姑娘还记得在下……”颜擎苍开心地说。

“呵呵，有些相遇，不过是萍水相逢，如过眼云烟，而有些相遇，却是一生的死结……”安庆幽幽地说，“你知道吗？我讨厌相遇！”

颜擎苍微微一怔，小心翼翼地说："安安姑娘有心事？"

安庆却展颜一笑，"我记得上次是我请你喝酒，这次是不是你也应该请我喝一次酒呢？"

秦淮河畔，落日高楼酒旌悬。

依然是临窗的桌前，安庆的目光不自觉地看向窗外。夕阳把秦淮河染成一截流动的彩缎，凌波的画舫，金粉的楼台，掩饰了多少不为人知的光年往事和忧思？在薄凉而又迷离的晚风中，河水发出低沉凄婉的叹息向远方流淌……也许，这就是宿命！

颜擎苍发现，只有短短的时日，面前的安安姑娘竟然憔悴了不少，蓝将军不是说她嫁给了她喜欢的人了吗，为什么从她的眼神里看不到初为人妻的喜悦与幸福？如果说初次见她时，她眼里的忧伤如一条浅浅的河，尽管充满了迷茫，但却依然能看到她眼底的希冀，但此时，她的眼里，除了迷茫，更多的是悲凉！

"安安姑娘……你近来还好吗？"颜擎苍略一迟疑，还是说出了心中的疑惑。

"我？"安庆如梦初醒地回过头来，看了一眼一脸疑惑的颜擎苍，略一沉吟，竟粲然一笑，一双明净的眸子紧紧地盯着颜擎苍，"我找到了属于我的幸福，如愿以偿嫁给了我所爱的人，从此我们朝朝暮暮，举案齐眉，相敬如宾，你觉得是好，还是不好？"

看着刚刚还在颦眉深思的安安突然嫣然巧笑，颜擎苍不禁一呆，有些语无伦次："哦，如此……如此当然是甚好、甚好……"

"是吗？"可安庆却并没有就此罢休，把玩着手里的酒杯，一幅怡然自得的样子，继续追问，"你觉得好在哪里呢？"

"这……"颜擎苍定了定神，"一说起夫婿，安安姑娘立刻美目流盼，桃腮带笑，擎苍断定在安安姑娘的心里，能和自己喜欢的人相守，必定是人

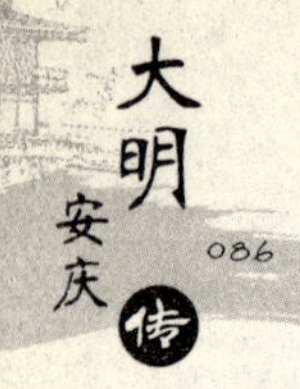

世间最大的好了……”他故作轻松地调侃。

“这有什么不对吗？”

“没，没什么不对的，只是人生总有太多的情非得已，相爱的人不见得就一定能相守……”颜擎苍突然想起欧阳伦和林溪来，他们明明相爱，却不得不分开，可是即使他们不能相守，却也没能阻止他们继续相爱！

“也许你说的对，相爱的人不一定相守，相守的人也不一定相爱……”安庆突然幽幽地说。

“你怎么了？”颜擎苍实在不明白，眼前的这个叫安安的姑娘为何刚刚还是明眸善睐，现在却是美目凝愁，究竟是什么让她的心思如此跌宕沉浮？

“来，我们喝酒吧……”安庆将手里的酒一饮而尽。

“好吧……”

两人再度陷入沉默。

直到安庆再一次把手伸向那把翠玉酒壶时，颜擎苍先一步将酒壶握在了手中，“安安姑娘，你不能再喝了……如果喝多了，你又找不到回家的路了……”

“我怎么会不记得回家的路呢，那里是我注定的归宿……”安庆将目光转向窗外。此时，秦淮河正是华灯初上，流光溢彩，隐隐传来笙歌……她嘴角突然露出一丝浅浅的笑……又一杯酒一饮而尽。

那抹笑颜里是苦涩还是温暖，颜擎苍看不懂，也只能陪着她默默地喝酒。

眼看天色将晚，玲珑一路寻来，看到安庆和陌生的男子一起喝酒，大吃一惊，连忙冲上前去拿下安庆手里的酒杯，生气地指责颜擎苍：“你是谁，你怎么可以让……让小姐和你一起喝酒？”

“玲珑，不得无礼……”安庆轻斥一声，“他是我的朋友……”

“哦……”玲珑不情愿地退到一边，瞪了一眼颜擎苍，“可是，小姐，我们该回家了……”

“哦，对了，我是该回家去了……”安庆猛然站了起来，冲颜擎苍莞尔一笑，“我深爱着的夫婿正等着我呢……”

“安安姑娘住哪里，我送你们回去吧……”颜擎苍掏出一些碎银子放在桌上，随手拿起桌上的剑。

“不劳烦颜公子……”安庆匆匆地冲他点了点头，拉过玲珑摇摇晃晃地走下酒楼。

谜一样的女人！颜擎苍轻轻地叹一口气。可以肯定，她不快乐，但她为什么要极力隐藏她的忧伤呢？

街道冷清，颜擎苍远远地尾随着她们，看风吹起她单薄的衣衫……他无意窥探她们的出处，只是像这样两个貌美的姑娘在夜里行走，着实让他放心不下。踩着斑驳的影子，直到看着她们走进了一座府邸。

看着她们进府，颜擎苍转身往回走，刚走了两步，突然，他像想起了什么似的，又缓缓地回过头，目光紧紧地盯住了那座纵使在夜色里也依然富丽堂皇的驸马府。

“她……是公主！”颜擎苍无法形容自己此时心里的震惊。“安安……对了，蓝玉将军说过他是安安的舅舅，自己怎么就没有想到安安就是安庆公主呢？”

颜擎苍怔怔地呆在那里，原来，她口中所说的幸福就是欧阳伦，向皇上请婚，拆散了欧阳伦和林溪的竟然就是她！欧阳伦成亲至今仍不肯与之圆房的公主就是她！这么说自己念念不忘的，竟然是好兄弟欧阳伦的新婚妻子！那个试图用笑颜掩饰心中悲凉的女人竟然是大明最娇宠的公主！

一阵马蹄声由远及近而来，颜擎苍想躲避已然来不及。看到颜擎苍，颇感意外的欧阳伦翻身下马，“擎苍兄，你怎么在这里？”

“我……闲来无事随便走走，不知不觉走到你欧阳驸马的府邸，真是富丽堂皇啊……”颜擎苍掩饰地说。

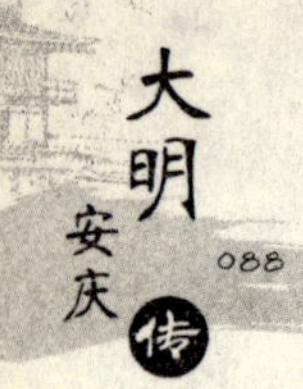

“擎苍兄，你应该知道，如果不能和喜爱的人一起，富丽堂皇的府邸也不过是精美的牢笼而已……”欧阳伦叹了一口气，“进去一起喝杯酒吧……”

“不，我还有事……”颜擎苍急于离开这个让他措手不及的真相。

“擎苍兄……”欧阳伦却不让他就此离开，看得出，他喝了不少的酒，应该是和林溪一起喝的吧，颜擎苍这样想着，心里竟有丝苦涩，也不知道这种苦涩究竟来源于何处。

“擎苍兄，麻烦你帮我照顾好林溪……”欧阳伦眼里顿时闪出一种绵绵情意，“我知道我对不起她，但我对她的情定是此生不渝，今生我虽然不能娶她为妻，但我的心中却始终只有她一人……”

“林溪是我的表妹，我会好好地照顾她的……我还有事，先告辞了……”颜擎苍仓促地逃离。

公主的寝室，安庆正在换着衣衫。

“玲珑，我身上可还闻得见酒味？”安庆不安地问。

“公主，你已经喝了醒酒汤，而且衣衫已经全部换了，根本闻不到一点酒味……”

“真的吗？”安庆还是不相信地闻了闻自己的身上。

“公主，不就是喝了点酒吗？在皇宫时，每逢家宴，皇上皇后也是特许你喝酒的，你现在怎么这么小心翼翼的……”玲珑不满地嘀咕着。

“可是我现在是为人之妻，如果让驸马知道我在外面喝酒，他会不高兴的……”

“驸马？哼，他把公主扔到半路自己离去，到现在也没有回来，他可曾想过公主你高不高兴，公主倒处处考虑他的感受……”玲珑自小和公主一起长大，目睹了公主的娇宠与任性，可现在，居然要对这个不知好歹的驸马如此小心谨慎，她真为公主觉得不平。

“他可能真的有重要的事吧……”话还没说完，只见帘子一掀，欧阳伦一身酒气地走了过进来。

“驸马，你，你回来了……”从铜镜里看到欧阳伦进来，安庆欣喜地站了起来，刚想迎上去，可一触及欧阳伦漠然的表情，她的心又猛然一沉。

“你下去吧！”欧阳伦朝玲珑挥了挥手。

玲珑不安地看了看安庆，安庆点了点头，她乖巧地退了出去，顺手关上了门。

屋子里顿时陷入死一般的静寂，安庆突然一阵莫名的紧张，身子紧紧地靠在梳妆台上。

“怎么，你怕我？”欧阳伦坐在桌前，自顾斟了一杯茶，冷眼看着这个拆散了他和林溪的女人，要不是她，此刻，他应该正和林溪花前月下，他对林溪的爱有多深，就对眼前的这个女人有多厌恶，可他的脸上，却分明呈现出一种暧昧的表情，“我的公主，你不是口口声声说爱我吗？难道这是一个女子对自己深爱的男人应有的表情？这让我如何相信你是爱我的？”

“我，我是真的爱你……”安庆顾不上一个公主应有的矜持，抛开羞涩，急切地表白。她似乎看到了自己盼望的那一刻终于到来，他的眉角轻挑，唇角轻轻上扬，脸上有着微微的笑意，这样的男人，本该是温暖而多情的！就像此刻，他的眼里，盛满了她的影子……

“可是，你知道我爱你吗？”欧阳伦紧紧地盯着那个因欣喜而面颊潮红的安庆，一字一句地说，脸上却依然是那种邪恶的笑意，让人分不清真假。

安庆低垂着眼帘，“你既然愿意娶我，说明、说明心里还是喜欢我的……”

“是吗？”欧阳伦眼里掠过揶揄的笑，“当然，能娶到我们大明最尊贵的公主，也不知道是我欧阳伦几世修来的福气，我怎么会不愿意呢？”他

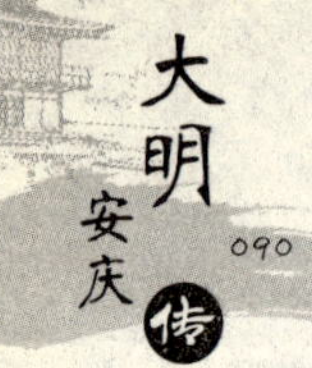

轻轻地扳起安庆的下巴，“况且，公主又有倾国容颜，那个男人不会为之心动呢？”

“驸马，从我嫁给你的那一天，我就不再是尊贵的公主，我只想做你最心爱的女人……”安庆轻轻地依偎在欧阳伦的身上。

“不，公主，你尊贵的身份是我欧阳伦今生的荣耀……所以，我尊贵的公主，为了不玷污你高贵的血统，我得去书房温书了，您早点休息吧！”欧阳伦冷冷地推开安庆，转身离去，心里掠过一阵残忍的快感。

“欧阳伦，如果我公主的身份是阻止你爱我理由，我宁愿我从来不是公主……”泪水冰凉地从安庆的眼角跌落，夜风从掀起的帘子里挤进来，寒彻心骨。

一桌的菜肴已经微凉，玲珑看在眼里，虽然心痛，却无能为力，“公主，菜已经凉了，您先吃吧……”

“这是我第一次做饭，我要等他回来一起吃……”安庆已经以同一姿势在窗前坐了许久，她的目光散乱地落在那些即将要衰败的残菊上，纵然它们有高洁的品质，耐得住秋霜的欺凌，但终究是敌不过衰落的结局……

玲珑摇了摇头，端来一杯茶，“公主请喝茶……”

“你知道我不喜欢喝茶的……”

“公主，这是蓝将军特制的花茶……”

“哦……难得你们出宫时还记得带上……”

“公主，蓝将军之前送的在宫里已经喝完了，这是他昨日让人新送来的茶……说是可以提神，你喝喝看……”

安庆略一沉吟，接过茶盏，揿开茶盖，一股菊花的清香缭绕开来，她浅酌一口，果然有丝丝的菊花气息直沁心底……

“蓝将军还差人送来了几支上好的人参，特意嘱咐要给公主补补身子，说是那日在宫里看到公主消瘦……”玲珑絮絮叨叨，“没想到一向叱咤风云的蓝将军竟然心思如此缜密，他对公主可真好，如果驸马对公主有他一半的心也就好了……”

“蓝玉哥哥……听说他前些日子已成婚了……”

“是的，听说蓝夫人胡氏也是出身名门，天生丽质，典雅贤淑……”

安庆幽幽地说：“她一定会是天下最幸福的女人……”

“公主……”玲珑知道公主一定是觉得自己的悲凉，她不平地说，“我觉得公主不应该想着如何讨好驸马，而应该将驸马的情形告诉皇后，让皇后为公主做主……”

“不，绝对不能告诉母后，我不能让她担心，况且，驸马为了我大明夜夜温书、勤勉用功，这又有什么错呢……”安庆心里浮出一丝苦涩的自嘲，随即，眼底却出现一抹倔强，“总有一天他会知道我有多么的爱他，他一定会喜欢上我的，玲珑，你说，他不会嫌我做的饭不好吃吧……”

“公主……”玲珑真替公主感到委屈，“公主千金之躯，在皇宫时吃饭都要由奴婢们伺候，现在居然为了驸马亲自下厨，如果驸马嫌不好吃，就真是太不识好歹了……”

“玲珑，我现在既然嫁给驸马，就只是天下最普通的妻子，妻子给丈夫做饭是天经地义的事……”

“可你是公主！哪一个公主会亲自下厨？”

“我要让他知道，从我决定嫁给他的那一刻起，我就不再是那个高不可攀的公主，我愿意用卑微的姿态成全他的骄傲与自尊……玲珑，你明白我的心思吗？”

颜府。

“欧阳兄，天色不早了，你是不是该回府了？”几经迟疑，颜擎苍还是

忍不住提醒和林溪相谈甚欢的欧阳伦。

“这是在下逐客令吗？”欧阳伦自顾浅饮，目光却落在一旁默默斟酒的林溪身上，“擎苍兄难道不知道在我的心里，这里才是我的家吗？”

“我只知道你现在是别人的丈夫！”不知道为什么，看到欧阳伦和林溪情深意长，颜擎苍的眼前就会浮现出安安强颜欢笑的面容，心里莫名地烦乱。

欧阳伦闻言，脸色微微一变，“擎苍兄，我知道你对我娶了公主的事一直耿耿于怀，但请你放心，虽然我娶了公主，但我今生决不会负了林溪……”

“当你娶别的女人的时候，就已经负了她！”颜擎苍冷冷地说。

欧阳伦顿时语塞。

“你们不要再说了……”林溪眼圈一红，“表哥说的对，你是该回去了……”

“林溪，不管别人怎么看，你一定要相信我！”欧阳伦拉起林溪的手，“我和公主只是貌合神离，我根本不爱她！”

“我一直相信你……”林溪轻轻地点了点头。

颜擎苍心里却突然一痛。

欧阳伦回府时，桌上的菜已经冰凉。

“驸马，你可回来了……”玲珑迎了上去，“公主一直在等着你一起吃饭……”

欧阳伦漠然地看了一眼局促不安的安庆，淡淡地说：“我累了，要先休息了，你们伺候公主吃吧……”

“可是这是公主亲自为你做的……”

“哦，是吗？”欧阳伦回身饶有兴致地看着满桌菜肴，“这真是公主亲自做的？”

一丝欣喜在安庆的脸上浮现，她满怀期待地点了点头。

“欧阳伦何德何能，竟然劳驾金枝玉叶的公主为我做饭……”欧阳伦突然一副感动万分的样子。

“我说过，我现在只是你的妻子，为自己的夫君做饭是理所当然……”

“可是，我已经吃过了……”欧阳伦眼底泛起一丝戏谑，“看来欧阳伦福薄，注定无福消受公主的盛情！”

“没关系，从今天起，安庆会天天做好饭，等你回来……”安庆迎着欧阳伦的目光，平静地说。

欧阳伦微微一怔，他没有料到安庆竟然会如此平静，“好吧，随你……”

“公主，驸马真是不识好歹，您这么辛苦为他做了饭，他却根本不领情……”玲珑看着欧阳伦的背影生气地说，“如果皇上、皇后知道你竟然为了驸马亲自做饭，不知道会有多心疼……”

“玲珑，此事千万不可让父皇和母后知道……”

“知道……可是公主，你不会以后真的每天都做饭吧……”

“玲珑，我唯有尽心做好一个妻子的本分，才可以让驸马消除对我的偏见……他总有一天会明白我有多么的爱他……”安庆幽幽的声音难掩她骨子里的倔强。

深夜，欧阳伦秉烛夜读，心却莫名的烦乱。

安庆一袭轻纱，端着茶盏轻轻地推门而入。

“不是告诉你们我在读书时不许有人打扰吗？”欧阳伦头也没有抬。

“我，我来给驸马送杯茶……”

“是你？”欧阳颇感意外。

“安庆深知驸马为了大明社稷夜夜用功，所以特意熬了参茶，提神

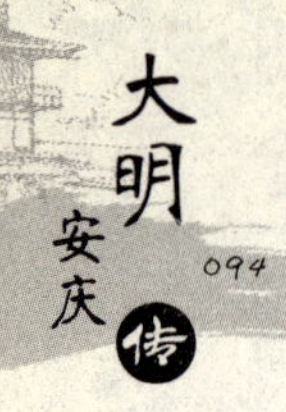

醒脑……”

“谢谢公主厚爱，欧阳伦感激不尽……”可他的脸上分明看不出半点感激之情。

“如今你我已是夫妻，为夫君端茶递水是妻子应尽的责任……”

“我还要读书，请公主早点去休息吧……”欧阳伦突然烦躁地打断安庆的话。

安庆一愣，默默将茶盏放在桌角，“请驸马慢用……”转身的瞬间，身后茶盏落地的声音清越而绝决……

安庆像受到惊吓一般，猛然回头，愕然地看着零落一地的茶盏碎片……

“对不起，让公主受惊了……”欧阳伦却若无其事不慌不忙地站起来，“都怪欧阳伦毛手毛脚，竟然不小心把茶盏打翻了……看来欧阳伦果真是福薄，连一杯公主的参茶都无法消受……公主大人大量，不会怪欧阳伦吧……”

“呵呵，我怎么会怪你呢……”突然之间，安庆觉得自己的心犹如那盏茶杯，支离破碎……却倔强地将要夺眶而出的泪咽了回去，“我去为驸马再沏一杯来……”

欧阳伦愣在原地。

天气越来越冷，如安庆的心。虽然她愿意放下公主的骄傲与矜持以最卑微的姿态去讨好欧阳伦，试图消解欧阳伦心里的坚冰，但欧阳伦却用逃避的方式拒绝融化。从那夜起，他用早出晚归的形式避免和安庆相见。安庆不得不承认，她对婚姻的轻率是无法逆转的错误，她就像一只贪恋花海的蝴蝶，任她怎么努力，都难以飞越面前的沧海……

虽然京都处在南方，历来冬天都没有那种让人寒彻肌骨的冷，但这个冬天，注定是个例外。果然，当大地上千里冰封，万里雪飘，黄河上下江顿失滔滔之即，一场前所未有的大雪款款而来。

轻灵的雪花中，颜擎苍手握长剑奋力疾舞，雪花随着剑气上下翻飞……突然，一个身影从回廊处向这边走来。

“林溪……”

“表哥早……”林溪身着淡紫提花缎面交领夹袄，水影红色合欢花长裙，外披一件木青色的斗篷，撑一把紫色的伞，看样子是要出去。

“林溪，雪下得这么大，你要去那里？有什么需要的东西让下人们去置办……”

“欧阳伦约我今日去玄武湖踏雪寻梅……”林溪眉眼低垂，眉角却是抑制不住的欢欣。

“林溪……”颜擎苍收起飞舞的剑，看到林溪一脸的喜悦之态，欲言又止。她不过是去见自己心爱的人，这有错吗？

“表哥有什么事吗？”

“算了，没什么，你去吧……”颜擎苍挥了挥手，突然举剑起舞，把满腔的心思舞成一簇簇纷繁的剑花……

驸马府内，安庆站在回廊下，伸出手去，雪花落入她温热的掌心，瞬间就融化成模糊不清的水迹。

玲珑拿来一件雪狐领芙蓉镶花斗篷给安庆披在身上，“公主，回廊下冷，还是回屋去吧……”

“驸马还没有起来吗？”

“公主，驸马一早就出去了……”

“哦……”安庆的心里一声无言的叹息，抬起迷惘的目光，漫开的雪花婉若飞蝶，或者说更像盛开的花，一朵朵，一簇簇，争先恐后，无边无际地飘落……

“玲珑，你说这些雪花知道它们的命运会如何吗？它们明明知道在落地的瞬间就注定了终究会化成一摊污水，为什么还要义无反顾地扑向大地呢……”

“这……”玲珑不知该如何回答。

“这也许就是命中注定吧！”安庆缓缓地走下回廊，站在纷飞的雪中，张开双臂，抬起头，任冰凉的雪花顽皮地落在她的脸上，钻进她的脖颈之中……一种久违的感觉突然在安庆体内蔓延，“玲珑，玄武湖的梅花该开了吧……”

“按说这个时节应该开了……”

“玲珑，我想去玄武湖看梅花……”也许是轻盈的雪花触动了安庆压抑许久的心思，她突然有种想要出去走走的冲动。

“我这就去安排……”

“不，玲珑，不要惊动其他人……”

雪，不知疲倦地飘落。所有可见和不可见的忧伤都因一场雪而显得美丽。

颜擎苍骑着马缓缓前行，这样的天气，这样的心情，很适合找家酒楼温一壶酒，然后坐在临窗的桌前，想一些平日里刻意淡漠的人、淡漠的事……

街道上行人稀少。

“冰糖葫芦……卖冰糖葫芦……”街角传来断断续续的吆喝声，苍老的声音如同穿过一段漫长的岁月而来，安庆寻声看去，街角，买冰糖葫芦的老人躲在屋檐下，袖着手，等待着有人光顾，红艳艳的冰糖葫芦在白雪的映衬下更加娇艳欲滴……

“小姐想吃冰糖葫芦吗？”玲珑乖巧地说，“奴婢去买串来……”

安庆轻轻地摇了摇头，“算了，我们走……”那些渴望冰糖葫芦的年华已经远去了，犹如她那些娇纵的日子，再也回不来了……

她没有注意到，就在刚才，一个人骑着马和她们擦肩而过，迟疑了下，又调转马头折了回来。

“安安姑娘……”颜擎苍略一迟疑。虽然自从知道安庆的身份后，他就时时提醒自已，她是公主，是欧阳伦的妻子，是她今生难以企及的梦……可是，他终究无法做到和她形同陌路。

伞盖轻移，露出一张粉雕玉琢的脸来，纵然眉黛如山，秋水剪瞳，可难掩她眼底的那抹落寞，颜擎苍的心蓦然一痛。

安庆颇感意外，“颜公子……”

“这么大的雪，安安姑娘是要去那里？”颜擎苍翻身下马。

“玄武湖……”安安淡然地说。

“你要去玄武湖？”颜擎苍心里一惊。她难道知道了欧阳伦和林溪去了玄武湖赏梅？

“怎么了？”安庆奇怪地看着颜擎苍，“那里的梅花开了，这样的天气去踏雪寻梅再合适不过了……”

“没，没什么……”颜擎苍暗自思忖，看她的神情好像并不知情，如果她此时去玄武湖遇到欧阳伦和林溪，必然会引起一场轩然大波，不行，绝对不能让她去玄武湖……

“在下觉得如若踏雪寻梅，玄武湖却不是最好的地方，如果安安姑娘有兴致的话，擎苍倒可以带姑娘去一个更好的去处……”颜擎苍翻身上马，伸出手发出邀请。

“哦，真的吗，在什么地方？”

“去了自然就知道了……”颜擎苍故作神秘。

“好，我就跟你去看看更好的地方……”也许因沉闷了太久，也许因颜擎苍清澈明净的眼睛，或者，只是因为这一场不期而至的雪……安庆略一沉

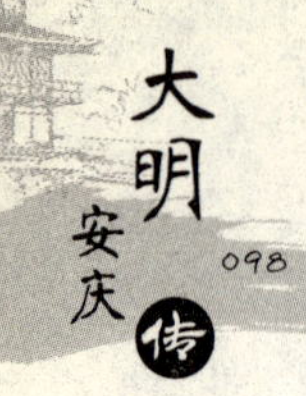

吟，伸出手去，颜擎苍只稍一用力，便将安庆稳稳地拉至马背。

“玲珑，你先回去吧……”

“可是小姐……伞……”玲珑话音未落，马已疾驰而去，溅起的飞雪如花。

颜擎苍策马一路疾驰，出城，向西南而去……

安庆单薄的身子紧紧地贴在颜擎苍宽大而温暖的背上，任碎雪横飞……

突然，一阵暗香袭来，马一声长嘶，放慢了脚步。

“到了……”

安庆抖落一身的雪花，从颜擎苍身后探出头来。

“哇……”安庆一声惊叹，她的眼前已然是一片如云似雾的花海，只见梅林逶迤，梅枝掩映，依山傍水，隐约可见其间有几座低矮的茅屋，在纷扬的雪花下，雪似梅花，梅花似雪，如梦如幻……

颜擎苍微微一笑，“这里的梅林和玄武湖相比，如何？”

“玄武湖亭台楼阁、湖光水色，纵使梅花品质高洁，也难免染上红尘俗世之气，而这处郊外山野，池塘清浅，更合乎梅花冰肌玉骨，明霜傲雪、娇而不艳的性情……”安庆目光里露出久违的欢欣，“难怪古人诗云：香闻流水处，影落野人家……”

“只要安安姑娘不要怪在下骗了姑娘就好……”颜擎苍侧身下马，拉起缰绳，信步而前，安庆坐在马上，低垂的梅枝掠过她的头顶，花瓣和雪花便一齐落到她的头上、身上，暗香浮动……她恍惚置身于梦境。

“真美啊……”安庆由衷地赞叹，半晌却没听到颜擎苍的回应，她才发觉原本牵着马的颜擎苍竟然不见了。

“颜擎苍……颜擎苍……”安庆慌了，她举止四眺，可

除了密密匝匝的梅花，就是漫天飞舞的雪花，天地一片苍茫，她的喊声空落落地在梅林深处回荡……

马在原地打着转，偌大的林海，没有人回应她的喊声，安庆的心里紧张起来，“颜擎苍，我喊一二三，你再不出来，我就永远也不理你了……”

四周依然寂静。

“一……二……”

“我在这里……”随着一个响亮的声音，一个雪球从梅树后面飞了出来，安庆躲避不及，眼睁睁地看着一大团雪直扑门面而来……

“啪……”话还未说出口，安庆的眼睛、嘴巴便被松软的雪封了个严严实实……

“哈哈哈……”颜擎苍看着安庆的狼狈样，笑得前仰后合。

“你，你竟敢戏弄本……本姑娘……”安庆三两下抹去脸上的雪，抬手抓起身边梅枝上的雪，“我让你见识下本姑娘的厉害……”她使出浑身的力气朝颜擎苍掷去，颜擎苍只轻轻一闪，雪球就从身边擦肩而过，无力地落在雪地上……

安庆岂能就此罢休，她探身又向另一树梅枝上的雪团抓去……她连发数弹，可都被颜擎苍轻而易举地躲了过去……

“哈哈哈，你是打不中我的……”眼看着颜擎苍在地上上蹿下跳，马背上的安庆突然重心不稳，身子向后倒去，“啊……”嘴里惊呼连连。

颜擎苍大惊失色，连忙纵身跃起，凌空把安庆从马背上抱了起来，一个回身，稳稳地落回地面。

安庆软软地靠在颜擎苍的怀里，双目紧闭。

“安安，你怎么了，安安，吓着你了吗？”颜擎苍一时手足无措。

突然，安庆美眸一睁，以迅雷不及掩耳之势把手里的一团雪向颜擎苍的嘴里塞去……

“哈哈哈，你上当了……”安庆一把推开颜擎苍笑着跑开……

颜擎苍猝不及防，满脸满嘴是雪不说，还一屁股坐到了雪地上，“你骗

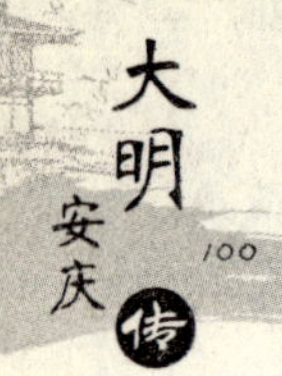

我……”他就势抓起一团雪就向安庆掷去……

“哈哈……”安庆左躲右闪，身旁梅树上的梅花和雪花一起漱漱落下……雪地上留下深深浅浅的足迹，她都不记得自己多久没有这样开心过了。

安庆像是初入仙境的小仙子，欢快地在梅林里穿梭，拂了一身的雪花与梅香，颜擎苍牵着马，跟随在身后，原本，她该是如此的简单快乐吧?

渐行渐深，直到梅林深处，突然，在千万株白梅之中，出现了一株红梅，就像一团落霞燃烧在粉妆玉砌的世界，零落的花瓣在雪地上如一滴滴殷红的血，触目惊心。安庆伸出手，一如枚血的花瓣便晃晃悠悠地落入她的手心……

颜擎苍的眼里也流露出一抹惊艳，“没想梅花竟然也会开得如此妖娆……”

“你不觉得这株红梅开得越是妖娆，便越发显得她的寂寞吗？在这不为人知的角落，它在为谁绽放，为谁美丽？”安庆的目光一点一点地黯淡了下来，“有谁会在乎它的盛开和零落……”

“不要说得这么伤感吗，也许为之倾倒的人很多，只是她只顾为一个人绽放，别人的在乎它并不稀罕而已……”

“也许吧……”安庆的目光久久地落在那些如胭脂一样点染在白雪上的花瓣。

“喝点酒暖暖身子吧……”颜擎苍从马背上解下酒囊，递了过去。

安庆仰头喝下一口，一股热流伴着辛辣从喉咙直至心肺……

而在另一处，同样是在暗香涌动的梅树下，欧阳伦一手撑着伞，一手折下一枝梅花，插在林溪的发间，“林溪，今生我给不起你任何关于相守的承诺，委屈你了……”

“不，在林溪的心里，没有委屈，有的只是无尽的意外与感激……”

“林溪……”欧阳伦轻轻地将林溪揽入怀中，林溪温顺地将头倚在欧阳伦的胸前。

“欧阳，只要你的才华能得以施展，为大明效力，实现心中的抱负，林溪不求什么名分……”

“唉……”欧阳伦闻言心中不由得升腾起一股莫名的苦楚。

“你怎么了？”林溪奇怪地抬起头来。

欧阳伦的嘴角露出一丝苦涩的笑，“林溪，你想错了，当今皇上为了防止外戚干政，对我们这些驸马都只是委派一些闲散的官职，我现在虽然被封为都尉，但却没有一点实际的权力，我现在每天能做的，就是上上朝，做做样子，那些朝官们表面虽然对我们恭敬，但他们从骨子里却看不起我们这些驸马，如此境地，我又何来机会施展理想抱负？”

“什么？”林溪不可置信地瞪大了眼睛，她万万没有料到，自己处心积虑想成全欧阳伦为国效力的抱负，却不料让他身处如此尴尬的境地。“对不起，欧阳，是我害了你，若不是当日我去向公主求情，告诉她我们没有私情，公主也许不会向皇上请婚，也不会让你陷入如今这般境地……”林溪轻轻地啜泣着。

“傻瓜……”欧阳伦一声轻叹，将林溪重新拉入怀中，“只要你在我身边，这一切对我来说都不重要的……”

如若此时有丹青妙手，一定会绘出一幅绝美的画卷：以漫天飞雪为背景、以摇曳的红梅为烘托，以已落了一层雪的伞盖上殷红的花瓣为点缀，伞下，一对有情人儿相依相偎，互诉衷肠……

“林溪，如果可以，我宁愿时光永远地停在这一刻……”欧阳伦低语。

突然，从梅树后缓缓走出一个人来，手握长剑，清俊的面容上仿佛凝结了千年寒霜。

“好美的一幅踏雪寻梅图啊……”分明是赞美的话语，却冷得让人不寒而栗。

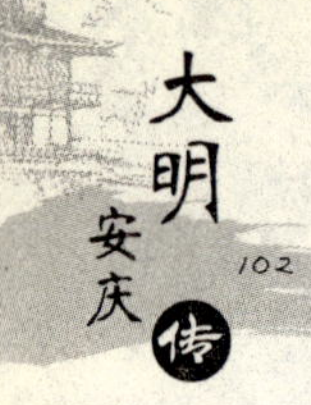

“蓝将军……”欧阳伦下意识地松开林溪，林溪也是羞红了脸，虽不知来人是谁，却也懂事地低眉垂手退到一边。

“如果我没有记错的话，这位应该是我大明朝的欧阳驸马吧……”蓝玉目光凌然。

“欧阳伦见过蓝将军……”欧阳伦不卑不亢。

“蓝将军！”林溪心里一惊，“安庆公主的舅舅！”

“欧阳驸马好兴致，携佳人在此踏雪寻梅，却不知将我大明公主置于何处？”

“这是欧阳伦家务事，不劳烦蓝将军挂心……”欧阳伦拉起林溪，“如若蓝将军没有其他事，欧阳伦告辞……”

“驸马的家务事，蓝玉管定了！”蓝玉长剑一挥，剑鞘直抵欧阳伦胸前，“身为驸马，不能全心全意地爱公主，却和别的女人存有私情，你让我们尊贵的公主情何以堪，我今天要你为自己的行为付出惨痛的代价！”说着，手一扬，寒光一闪，剑已出鞘。

林溪大惊，一把推开欧阳伦，伸开双臂拦在欧阳伦面前，“蓝将军息怒，都是林溪不好，是民女林溪贪慕驸马荣华，勾引驸马，这一切都与驸马没有关系，你要责罚就责罚林溪一人好了，求你别伤害他……”

“林溪……”欧阳伦心痛地拉过林溪，“我不要你自轻自贱为我开脱，林溪，这不关你的事，你走吧……”

“不，我不走，我要和你在一起……”

“你们谁也走不了……”蓝玉冷冷地说，“我决不容许让公主蒙羞的人活在这个世上……”

“不，蓝将军，求求你，这真的不关他的事，求求你，他是爱公主的，是我缠着他不放，只要你肯放过他，林溪愿意以死谢罪……”林溪跪倒在蓝玉面前苦苦哀求，“蓝将军，公主对驸马情深意长，若驸马有个闪失，恐怕公主也难以心安……"

"你竟然敢拿公主威胁我？"蓝玉大怒，心里却一沉。

"林溪……"欧阳伦拉起林溪，轻轻地拭去她眼角的泪，"不要求他，今生我们不能相守，如若能死在一起，未尝偿不是一件好事……你说是吗？"

"你们既然如此相爱，为何还要娶公主？"蓝玉突然幽幽地说。

"你觉得我能抗旨不遵吗？"欧阳伦眼里泛出一丝恨意，一个人若抱着必死的信念，就无所畏惧，"想来蓝将军一直高高在上，无法体会什么是身不由己，什么是相爱却不能相守的无奈与苦涩……"

"好一个相爱却不能相守！"蓝玉突然仰天大笑，随即目光一凛，"不管你出于什么原因，既然你娶了公主，就得全心全意地去疼她、爱她，就得让她一生幸福快乐……"蓝玉把剑指向林溪，"至于这个女人，如果你想让她好好地活下去的话，最好选择忘了她……"身形凌空一闪，人消失在梅影深处。

红梅树下，安庆已然微醉。

"颜擎苍，我给你讲个故事吧……"

"擎苍洗耳恭听……"

"嗯……该从什么地方说起呢……哦，对了，颜擎苍，你知道什么叫只缘感君一回顾，从此思君朝与暮吗？呵呵，你一定没有这种感觉，对不对？哦，我还是给你说故事吧……那年，有个女孩，在秦淮河畔遇到一个男子，从第一眼看到他，她就再也没能忘记他，他的那一双眼睛常常出现在她的梦里，她的脑海里，挥之不去，如此温暖，如此多情……所以，当命运再次让他们重逢时，你知道那个女孩有多么的感谢上苍，她迫不及待地成为他的新娘，即使她知道他有喜欢的女人，可是，她以为只要她足够的爱他，他就一定会爱上她的……”安庆不动声色地，缓缓地诉说着“别人”的故事。“她终于如愿以偿地成了他的妻子，纵然她百般柔情，却发现幸福依然是一件遥不可及的事情，他冷漠地将她拒在心门之外……她悲哀地发现，那曾经温暖了她无数梦境的眼神再也不会出现了……”

“安安姑娘……”一抹心痛袭过颜擎苍的心，却不知道该如何安慰她才能减少她眼里的悲凉。

“呵呵……被我的故事感动了吗？”安庆指着颜擎苍的鼻尖笑了起来，“哈哈哈，看你的傻样子，这不过是一个故事而已……”

“擎苍只是希望每一个故事都能有一个美好的结局……”

“美好的结局？”安庆的嘴角划出一丝不易察觉的笑意，这笑里，分明喻义着一种无奈的自嘲，“我至今还记得是你说过，每个人的幸福，都掌握在自己的手里，与别人无关……是不是？

“擎苍当日是说过这句话……”

“你错了，颜擎苍，让我来告诉你，这句话只是自欺欺人罢了！”安庆扬了扬手里的酒囊，“颜擎苍，看在你总是陪我喝酒的份上，我告诉你……如果从来不在乎，幸福就不会存在，你的幸福，其实掌握在你爱的那个人的手里！”

第五章　一意孤行的悲凉

（我只能在梦中呢喃着他的名字……）

欧阳伦携了一身的酒气归来。眼前，是他的府邸——驸马府，里面住着大明朝最漂亮、最尊贵的公主，这是天下多少男子梦寐以求的归宿。此时，在无月无星的雪夜，高大的门楣上，那一对高高悬挂着的大红灯笼，像一对深情的目光，等待着晚归的人……欧阳伦突然弯腰，从地上抓起一大团的雪，狠狠地砸向其中的一盏，雪团准确无误地击中其中的一盏，红色的灯罩上留下一抹雪迹，灯笼晃动起来，晃动的光影里映出他无奈而不甘的悲愤。

一个身影出现在他的身后，“欧阳兄……”

欧阳伦转身，身后，是拂了一身雪花的颜擎苍。

“颜兄！你怎么在这里？”颜擎苍的出现让欧阳伦深感意外。

“我在等你……”

“怎么了，是不是林溪出什么事了？”欧阳伦的酒醒了大半，一脸的紧张。

“不，不是林溪……”颜擎苍突然不知道该如何开口。

“哦……”欧阳伦舒了一口气，“那不知是何事，劳烦颜兄雪夜等欧阳伦？”

“我送公主回府……”

“公主？她去什么地方了？”

“她原本要去玄武湖赏梅……”

“玄武湖！”欧阳伦心里一惊。

“你放心，擎苍知道你约林溪去了玄武湖，所以带公主去了别的地方……”

“谢谢颜兄帮再下解围！”欧阳伦双手抱拳。

“欧阳兄，擎苍之所以在这里等你，不是想让你感谢我，只是擎苍觉得有必要提醒欧阳兄……”

“什么？”

“欧阳兄现在既然已经成为驸马，这是无法改变的事实，所以，擎苍觉得欧阳兄应该试着去爱公主，也许你会发现，她是一个值得让欧阳兄去疼爱的女人……”

“你让我去爱公主？”欧阳伦瞪着一双醉眼，“你让我去爱一个破坏了我和林溪幸福的人，一个让我所有的才华、梦想付诸东流，只能在王亲国戚的荣耀光环下苟且偷生的人，我没听错吗？”

颜擎苍一阵语塞，他对当朝驸马们的生活也略有所闻，皇上可以给驸马风光的生活，却不允许他们参政，不给他们施展才华的机会，一个男子若做了驸马，虽是荣耀有了，但也意味着仕途的终结。这对于一些想攀缘附会借机腾达的人来说无疑是几世修来的福气，但这对于满腹经纶、一心只想凭借自己的才能为朝廷效力的欧阳伦来说，是有些太不公平了。

“可她现在是你的妻子，爱她是你的责任！”颜擎苍苍白地说。

“那你告诉我，林溪怎么办？她可是你的表妹，你曾要我不许负她，现在，你却告诉我让我去爱别的女人！”

“林溪……也许有一天，她会遇到比你更适合她的人……”颜擎苍觉得自己的话有些苍白。

“没有人比我更适合她！”欧阳伦醉眼猩红。

“可你现在是有妻室的人！”颜擎苍不觉提高了音调。

“你是说公主吗？是的，我是有妻子的人，可是我不爱她！”

“可是她爱你！”

欧阳伦一怔，冷酷地说：“这是她的事……”

颜擎苍缓缓地摇了摇头，“你何必要如此残忍，她的错误只是不可救药地爱上了一个不该爱的人而已……”

“为什么，为什么你们都要替她说话，只因为她是公主吗？是公主就可以把自己的幸福建立在别人的痛苦之上吗？”

“可是，欧阳兄，你不觉得你这样是在玩火吗？公主可以因为爱你而选择隐忍，但你有没有想过，如若你再不收敛，万一有什么风言风语传至皇宫，你和林溪的私情大白于天下，不光你会受到责罚，更会牵连到林溪，而公主，在知道了自己深爱的丈夫背叛了她，你让她情何以堪！”

“公主，公主，你们口口声声说公主是受害者，你有没有想过，其实林溪才是最无辜的受害者，她眼睁睁地看着自己深爱的男人成了别人的丈夫，你让她情何以堪？你现在居然还要我去爱别的女人，颜兄，你没有爱过，你不会明白，爱不是说爱就能爱，也不是说不爱就能不爱的……”

“即使你不爱她，至少你应该善待她……”颜擎苍说得有些艰难，他知道自己没有任何理由去替公主争取幸福，“你好自为之吧！”

望着颜擎苍的身影离去，欧阳伦伫立良久。

欧阳伦轻轻地推开门，玲珑看到驸马进来，正思忖着要不要叫醒公主，

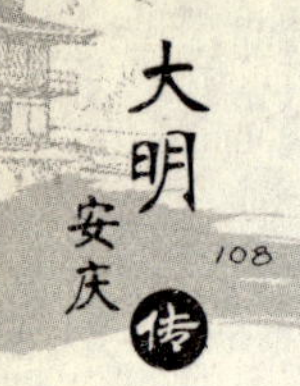

欧阳伦却摇了摇手，示意不要吵醒公主，“你先下去吧……”

玲珑退了出去。

屋内睡鸭金炉里弥散着缕缕温热，夹杂着百合花的香气，妆台上的红烛映在床上垂下的海红帐帏，微露出些湖色轻纱里，欧阳伦缓缓地走到床前，轻轻地撩起帷幔，默默注视着大红蜀锦鸳鸯被下已然熟睡的安庆。她微微颦着眉，鼻息轻微，也许是喝了点酒，或者是摇曳的红烛映衬，脸颊有些绯红，却难掩她的憔悴与苍白，欧阳伦蓦然想起当年在秦淮河畔初见，她的手里举着一块玉要换一盏许愿灯时是如何的珠圆玉润，那眉目，那神情，竟越来越清晰……

“欧阳伦……”安庆突然喃喃低语。

欧阳伦一阵慌乱，连忙收回凝视的目光，却发现原来是安庆在梦中呓语。

“欧阳伦，为什么你不爱我……”安庆喃喃着裹着被子翻了一个身，红色锦被下露出她白湖绸的寝衣，半弯玉臂压在锦被外面，上面有浅浅的几道压痕……

如此容颜、如此尊贵、如此多情的公主，如若不是嫁给他，也许她会是天下最幸福的女人，可是……欧阳伦叹了一口气，也许颜擎苍说的对，她的错误只是爱错了人……

“即使你不爱她，至少你应该善待她……”欧阳伦的耳边响起颜擎苍离去时的话语，他轻轻地将安庆露在外面的胳膊置于锦被之下，眼神里流露出一抹难得的温情。

第二天晨起，雪虽然停了，但天却并未放晴，天空还是青灰青灰的，好像还在酝酿着一场更大的雪。安庆手里捧着个紫金浮雕小手炉，毫无心绪地看着镜子里的自己，一身淡粉彩绣牡丹织锦棉衫，外面是桃红色的镂金并蒂莲妆花缎小夹袄，越发衬托得肤光胜雪，却也更显得她娇弱无助，她轻轻地一声叹息，任由玲珑拿起一件又一件的簪子在她如云的发髻间比画……

丫头香云满面含笑着掀起帘子向里张望，一股冷意便乘虚而入。

“快把帘子放下来，香云！”玲珑轻斥道，“越发没了规矩，这大冬天的掀起帘子，小心冷气进来让公主着凉……”

“哦……奴婢该死，奴婢是想看公主收拾妥当了没有……”香云连忙进来放下帘子，躬身请罪，眉角的笑意却并未收敛，“公主，驸马爷在等公主一起用早膳……”

安庆身子微微一怔，仿佛没有听清香云在说什么，猛然回头，紧张地盯着香云，“你，你刚才说什么？”

“驸马爷一早起来就在等公主一起用早膳……”

“快，玲珑……你看这个云鬓花颜玉簪好看呢，还是并蒂玉莲步摇好一些呢，还有这个耳坠，桃形红珊瑚的耳坠他会不会觉得太过艳丽了……”安庆一时有些慌乱，突然，她又怔怔地静了下来，这些天，他一直对她敬而远之，每每她晨起时，他都已经离去，即使看到她，眼神里也尽是拒之千里的客气与漠然，她似乎都要习惯这种淡漠了，可今天他竟然在等她一起用早膳……安庆心里又开始忐忑不安起来。

欧阳伦已经坐在桌前，看到安庆落座，也不言语，自顾吃起来。安庆也默默地拿起一块茯苓糕轻轻地咀嚼，用眉角暗自打量着欧阳伦，只见他一脸的清淡，看不出任何的表情……香云端上来一樽琉璃盏，放在安庆的面前，“公主，这是驸马爷特意吩咐厨房做红枣血燕粥，可以补身益气……”

驸马特意吩咐的！安庆心一紧，手一晃，茯苓糕差点就掉了，新婚第一天早膳时的清晰地出现在脑海里，难道他又要作弄她了吗？

安庆心里蓦然生出一种怒气，她真想把手里的茯苓糕砸到对面那张深不可测的脸上去，可是一抬头，正遇上一双如玉般清冷的目光，心下不由得一

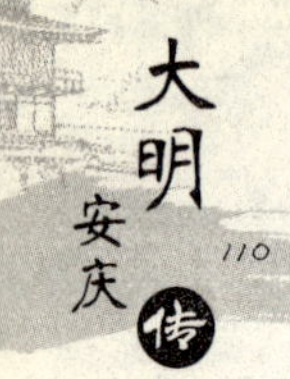

阵慌乱，面颊微红，不自觉地就把茯苓糕送到自己的嘴边去……

“红枣血燕空腹食用最好……”欧阳伦突然不冷不热地说。

安庆一怔，心里不由地升出一阵苦涩，看来，他今天是决意不放过她了！安庆的目光幽怨地落在对面欧阳伦的身上，为什么，如此温润的面容下，却是一颗任她怎么样也感动不了的心！安庆的唇角突然牵出一丝倔强的笑意，她的目光紧紧地盯着欧阳伦，嫣然一笑，一字一句地说：“既然是驸马的情意，我怎么能不吃呢？”说完，她竟不顾女儿家的端庄淑雅，端起那樽琉璃盏大口大口地吃了起来。

对面的欧阳伦风轻云淡地像是什么事也没有发生，只顾埋头吃饭。

风卷残云般地几口咽下去，安庆突然放慢了速度，目光里露出几丝疑惑来，她又用眼角偷偷打量了一下欧阳伦，英朗的面容上依然是看不出任何的表情。安庆收回目光，一小口一小口地细细品味，入口即化的香甜经久绵长，一直暖暖地滋润到她的心间……原来，他并没有想要作弄她，他是真的在体贴她，安庆的心里泛起一阵甜蜜而温暖的感觉……也许这就是爱的感觉吧！

突然，管家在门外高声道：“公主，驸马爷，蓝将军差人送东西来……”

欧阳伦闻言，却并未理会。安庆看了一眼欧阳伦，只好站起身来走向外面，玲珑赶忙拿起一件银狐斗篷给她披上。站在门口的香云看她收拾停当，连忙拉起软帘，一阵暗香便从软帘里挤了进来，“哪里来的香味，似乎是梅香……”安庆的话刚说了半截，就惊异地咽了回去，眼前一亮，院子前，正是十几株怒放的梅花！

“好漂亮的梅树！好香的梅花啊！”安庆激动起来。

“常听闻有折枝送梅花的，但这连整株梅树都送来的，可从未听闻啊……”玲珑也是惊叹。

欧阳伦此时也走了出来，一看究竟。

“公主，蓝将军说公主素来喜欢花树，思量着驸马府新建，并未植多少花树，尤其是冬天，若没有几株梅花点缀，似乎有点冷清了……”来人是蓝将军的侍从双顺。

果然，原来略显冷清阴郁的府内因这些梅树的出现顿时感觉明艳起来。

“蓝玉舅舅从哪儿弄来的啊？”安庆好奇地围着梅花树打转，“这肯定要花费不少的工夫的！”因为每株梅树都带巨大的根茎和泥土，装在大大的木箱里，这无论是挖掘还是运输，都不是一件简单的事。

“这是从玄武湖梅林里挖来的……”双顺毕恭毕敬地回话，“蓝将军还说，驸马爷是个性情中人，若喜欢赏梅，以后就可以在自己府内和公主尽情观赏了，天寒地冻的，也没必要再去别的什么地方了……”

欧阳伦闻言，心里猛然一沉。

安庆却满心欢喜，“还是蓝玉舅舅想得周到……可这些梅树栽在哪儿好呢？嗯，如果栽在前庭，虽然每天出出进进都能闻到花香，可是却少了一点韵味……哦，对了，我觉得栽在驸马的书房外，驸马用功累了的时候，只需抬头就可看到这一树的冰清玉洁，每晚看书时也能闻到暗香浮动，岂不是好？”她边说边将流转的目光转向欧阳伦。

此时的欧阳伦面色却早已恢复了曾有的漠然，他的目光空洞地掠过眼前这些梅树，淡淡地说：“公主想栽到哪儿就栽到哪儿，但凭公主做主……我今日还有事在身，就不陪公主了……”说完，人大踏步向院外走去。

安庆没料到欧阳伦会是如此反应，愣在原地半晌没回过神来。

“公主，这些梅树……”管家李福在一旁小心翼翼地问。

“哦，让我想想……全部栽到后花园的墙角去吧……”望着欧阳伦离去的身影，安庆神色黯然地挥了挥手。

管家引着一帮差人抬着梅树向后花园走去，刚扫过雪的潮湿的地面地上疏疏落落地零下一些殷红的花瓣，凄美得让人心疼……

“公主，这么漂亮的梅树栽到后花园去真是可惜了，也枉费了蓝将军的一片苦心，也只有蓝将军念着公主喜欢踏雪赏梅……”玲珑边往暖盆里添火边念叨。

“可是驸马不喜欢……玲珑，你有没有发现，他好像很讨厌这些梅树一般……”安庆坐在榻上，双膝抵着下腭，眼神里满是困惑。

看到安庆目光呆滞，半晌不说话，玲珑在心里轻轻地叹了一口气，这还是当初那个无忧无虑的、尊贵的、娇宠的公主吗？她拿起紫金浮雕小手炉走过去塞到安庆的手里，假装随意地扯开话题，“公主，你都不知道，昨天看着你被那个叫颜擎苍的人带上马飞驰而去，我都后悔得差点要撞墙了，我怎么可以让你跟着一个只见过一两次面的人就那样走了呢，如若公主的千金之躯有个什么闪失，我就是有十个脑袋也不够掉的……”玲珑后怕地说。

安庆闻言，嘴角露出一丝笑意，“你放心好了，虽然我和他只见过几次面，但我相信他是一个好人……”

“哼，谁知道呢，公主，你也太单纯了，不说你如此娇美的容颜让男人怦然心动，就你公主的身份更是让那些居心叵测的男人趋之若鹜，公主还是小心点好……”

“玲珑，你不要把人心想得有多坏，他根本就不知道我的身份……”突然，安庆像是想起什么要紧的事来，猛然打住。

“怎么了？”玲珑疑惑地看见安庆猛然间眉头紧锁。

“玲珑，昨天他送我回来时，一路上也并未问起我住哪里，就径直往驸马府这边走来，只是快到府上时，他才说还有事在身，恕不远送……我因有些微醉，况且心思也没在这上面，现在想来，他似乎早就知道我住这里，可他为什么又要假装不知道呢？”安庆似在回忆，又像在思索。

“也就是说他早就知道公主你的身份，却还假装什么也不知道！”玲珑也不觉倒吸了一口凉气，“公主，此人肯定有什么不良居心，公主以后可再别和他见面了……”

安庆猛然站起，提步向暖阁外走去，眼里全是被欺骗后的不甘。

“公主是要去哪里？”玲珑连忙回身去取安庆的披风，“外面冷，公主若要出去走走也得等披上披风啊……”

“我要去找他，当面问个清楚！”安庆一把推开还在絮絮叨叨的玲珑，疾步走了出去……

老天似乎承受不住这如铅般的沉重，又一次扯开厚厚的天幕，开始零落一些雪粒，细碎的雪粒像是一颗颗紧裹着心思的花蕾，迟疑着、徘徊着、步履凌乱着纷纷扬扬……不一会儿，眼前的秋千架上已落了薄薄的一层雪沫。蓝玉默然地站在廊下。当初他亲手搭建的这个青萝缠绕，花满枝头的秋千架如今已像是一位备受冷遇的迟暮女子，委屈地在风雪里静寂着……

蓝玉的贴身侍从双顺穿过回廊向这边走来，待走近蓝玉身边，还未开口，蓝玉却已开口：“事情办好了吗？”

“连夜挖起的十二株梅树已经全部送到了欧阳驸马的府上，并栽植妥当……”

“哦，公主可否喜欢？”

“公主很是高兴，欢喜得很……”

“哦……”蓝玉眉角略有舒展，“驸马呢，他可说什么？”

“驸马……”双顺略一迟疑，“看驸马神情好像并不高兴……”

蓝玉冷哼一声，“希望他能好自为知！”

“可是……”双顺欲言又止。

“说！”

“因为驸马不悦，所以公主命人将那些梅树栽植于后花园墙角，奴才觉得公主好像很是在乎驸马……”

“公主的事也是你等能乱讲的！”蓝玉恼怒地打断了他的话。

双顺连忙噤声，低头垂手立于一旁。

“你先回府，告诉夫人一声，我今天要在姐姐在这里用膳，不用等我回去……”蓝玉头也不回地吩咐道。

双顺忙答应着退去，一回身，看到不知何时已静立于身后的常夫人，连忙要下拜，常夫人挥了挥手，示意他退下。

“恐怕又有一场大雪了……”常夫人看着雪粒越下越紧，叹了一口气。

“姐姐……”蓝玉回头，看是姐姐连忙说，“天气这么冷，姐姐怎么不在暖阁里歇着？”

常夫人却并未答话，只是和蓝玉并肩站在廊下，看着漫天散乱的雪粒，“玉儿，自从你被封为永昌侯，圣上就赐你专门的府邸，可你担心姐姐一人凄惶，所以常常宿在这里，姐姐有你能时常陪着说说话也备感欣慰，可是现在不一样了，你有了夫人，既然你娶了她，就不要冷落了她……回去吧，以后也不要时时来这里，至于这个秋千架，姐姐早就觉得有些碍眼，明日就着人拆了它……”

蓝玉并未答言，只是缓缓移步走到秋千架前，伫立良久，“姐姐，在这个世界上，只有姐姐一人明白蓝玉的心事，这个秋千架不过是我唯一的一点念想而已，姐姐都不肯成全吗？”一抹哀痛划过蓝玉深不见底的双眸。

“一个人心里若没你，你即使把心儿掏给她，她也会假装看不到，因为她不需要……玉儿，既然她选择了别人，你这样做还有意义吗？”

“我说过，她就是我蓝玉今生全部的意义！”蓝玉的口气如同雪粒划过脸颊时瞬间的清冷而坚硬。

一两片雪花钻进安庆的脖颈，安庆不由得缩了缩脖子，心中的怒火消散后，安庆才感觉到天气是如此的冷。她紧了紧衣衫，抬头看了看前面，一面红底子黄边儿的酒番正在风雪中招摇……酒楼！安庆心中一动。

秦淮河两岸的建筑原本是清一色的白墙青瓦，如今，青色的瓦片上也是一色的白，衬出飞檐上悬挂着串串大红灯笼和红底子黄边儿的酒番这两道鲜艳的色彩来。

安庆抖了抖发间的雪花，进入一家酒楼，这个时候的酒楼客人很少，只有几张桌前有客人低低地谈笑，掌柜一手抱着个暖炉一手在敲着算盘，噼啪作响，一个大大的火盆周围煨了几个酒壶，酒香已然四溢而出……

不及店小二招呼，安庆就径直向楼上走去。

果然，在临窗的那个桌前，她看到她要找的那个人正在自斟自饮，目光望向窗外，背影里莫名地透出一股落寞来。安庆心里冷哼一声，他那日曾说在有雨有雪的日子里，他喜欢找家酒楼，温一壶酒自斟自饮，看来，这句话倒是真的！

颜擎苍的目光飘忽不定地掠过窗外，雪已如抽绵扯絮一般，下得越发得紧了。他轻轻地叹了一口气，一扬手灌下一杯温酒，又顺势倒了一杯，正要再度端杯时，一个冷冷的声音传来："颜公子真是好雅兴啊！"

他蓦然抬头，安庆已身在面前。

"安……安安，这么冷的天，下着这么大的雪，你怎么来这里呢？"颜擎苍很是意外，脸上却掠过一丝欣喜。

安庆板着面孔，只是一言不发，径自在颜擎苍的对面坐了，伸手端起擎苍刚刚斟好的酒，一饮而尽，顿时一股辛辣的灼热从嗓子眼直达心窝，升腾起一股暖意来，一双秋水般的眸子紧紧地盯着颜擎苍，似乎要看到他的心里去。

颜擎苍何曾被女子如此盯着看过，一时局促起来，"安安姑娘，您，您这是怎么了？"

"你是谁？"安庆眉角一挑。

"我，我是颜擎苍啊……"颜擎苍不明白安庆为什么会突然问起这个。

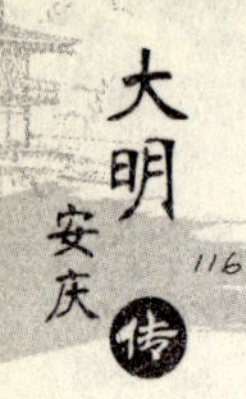

“你到底是谁？”安庆目光紧逼。

“我……在下颜擎苍，字文焕，祖籍甘肃文县……”颜擎苍顿了顿，看安庆还是目光紧逼，为了彻底打消她的疑虑，只好接着说，“颍国公傅友德部下，当今圣上所作《平西蜀文》中所言将军，就是在下……”

“什么！”安庆颇感意外，面部的表情随即松驰下来，“我从来没有想过被世人盛赞的颜将军会如此年轻英俊，我一直还以为他现如今该是满头华发呢……你为何不早告诉我？”

“安安姑娘也没问过在下啊……”颜擎苍微微一笑，招呼酒保往火炉里添了一些木炭，又添了一壶酒、一个酒杯来，“况且，我大明是一个名将如云的时代，与徐达、常遇春、甚至当今的蓝玉将军相比，我不过只算得一介武夫而已……”

“那……那你可知道我是谁？”安庆突然眼波一转。

“在下只知道姑娘当日自称安安……”颜擎苍轻抿一口酒。

“是吗？”安庆的嘴角轻轻一扯，露出一丝讥讽，“仅此而已吗？”

看着安庆咄咄逼人的表情，颜擎苍暗想，她既如此发问定是有所疑虑，索性也不隐瞒，“擎苍还知道姑娘贵为公主……”

“呵呵，很好，很好……难怪你从不问起关于我的任何事，只有我傻瓜似的把你当作知心朋友，原来关于我的生活，我所有的一切你其实早就知道，对不对？”安庆的眼里蓦然升腾起一股凌厉的怒火，“用你洞察一切的眼睛看一个自以为是的傻瓜表演，你觉得这样很有趣，是不是？”

“安安……不，公主，不是这样的……”颜擎苍一时不知道该如何解释。

“那你告诉我，是什么样的？”安庆的目光里充满了被愚弄之后的自嘲和悲凉，“你能告诉我，你挺身而出从飞奔的马蹄下救起我，真的只是见义勇为，而不关我公主的身份？我们的一次次相遇真的只是偶然，不是你的刻意设计？”

颜擎苍心里微微一痛，他缓缓地执起酒壶，斟满两杯，一杯握在自己掌心，将另一杯举到安庆面前，“公主，如果在你的心里，颜某是一个想利用公主您尊贵的身份想谋取什么利益的人，那么请喝了这杯绝交酒，从此擎苍永不再出现在公主面前！”

小巧的白瓷酒杯散发着如玉般的光泽。杯口，温热的酒气袅绕，酒香弥散，空气却像凝滞了一般……安庆迟疑了下，伸出手接过酒杯。

在安庆接过酒杯的瞬间，颜擎苍端着酒杯的手微微一颤，心里一阵凄然，唇角不自觉地牵出一丝自嘲的笑，原本神情俊朗的面部轻轻一阵抽搐。

云母窗外，不知疲倦的雪还在下着，一落入河水，便没了踪迹，秦淮河两岸一片苍茫，衰草尖上沾染着白惨惨的雪团，像开出一团团的花，让人看不到它原本衰败在季节里的真实面目，雪花，可真像是充满魔法的精灵，看似洁白轻灵，却可以让大地上平日里所有的纷乱和阴暗变得无迹可寻……

安庆的目光却渐渐变得明澈起来，“一杯酒真可以让曾有的情谊断然抹去吗？”她一抬手，酒杯微倾，玉液便如丝般地倾泻在木质的楼板上，洇成一幅明暗相溶的水墨画……

“公主……”颜擎苍微微动容。

“你还是叫我安安吧……”

“好，安安……”颜擎苍微一迟疑，“安安，其实最初的时候我真的不知道你是安庆公主，只是上次一起喝酒，你离去时天色渐晚，我不放心，所以一直尾随在你们身后直到你们回府，我真的无意窥探……”

“我相信你……”看着颜擎苍因紧张而略显红涨的脸，安庆不由地轻笑出来，“你手里的这杯酒还要喝吗？”

颜擎苍一怔，随即会意地一笑，一扬手，一道漂亮的弧线从杯口倾泻而出……

“颜擎苍，我虽为公主，却得连所爱的人的心都得不到……”安庆的嘴角带着自嘲的笑，“可我却不得不在众人的面前强颜欢笑，假装是这个世上最幸福的女人，你说，我这样是不是一个笑话？”

颜擎苍的心又是蓦然一疼，“擎苍相信，总有一天，欧阳兄会明白公主对他的一片深情的……”

“欧阳兄？你认识驸马！”安庆又一次感到意外。

“实不相瞒，欧阳兄在未赐婚之前一直就住在颜某府上，且与在下关系甚好，以兄弟相称……”

“这么说，你也一定知道林溪？”

“是！”颜擎苍点了点头，“林溪是在下的表妹，因舅舅舅母早逝，自小寄养在颜府……”

“哦……”安庆沉思良久，突然抬眼盯着颜擎苍，“我心中一直有个疑虑，你一定要告诉我实情，可好？”

“安安姑娘请问，擎苍定当知无不言……”

“你告诉我，欧阳伦与林溪可有私情？”

颜擎苍心里一惊，正不知该如何回答时，安庆却幽幽地说：“当日林溪来找我，要为欧阳伦求得仕途，说她和欧阳伦之间没有瓜葛，我欣喜若狂，立即回宫向父皇请旨要求赐婚，可是圣旨刚下，欧阳伦却告诉我，他的心里只有林溪一人……”安庆的脸上露出一抹凄然，“那一刻，我所有关于爱的希冀都化作泡影。可是，可是后来，父皇却又告诉我，欧阳伦亲口向他说，他和林溪之间并无半点儿女私情，能和公主成亲更是他求之不得的事，他之所以拒婚是因为他自觉才不出众，不想给世人留下他欧阳伦攀龙附凤的话柄，林溪不过是他拒婚的一个幌子而已……我虽不十分相信，但却天真地以为，不管真假，只要他娶了我，我愿意以最卑微的姿态来告诉他，他娶的不是大明的公主，而是一个深爱着他的女子，终有一天他会感动，会爱上我……可是无论我怎么做，他对我所做的一切视而不见……他曾说，人心只若一拳，盛下一人，就盛不下另一个，颜擎苍，你知道我有多怕吗，我真怕他的心已被别人塞满了，那我就真的连一点机会都没有了……”安庆无语凝噎。

颜擎苍的心里五味杂陈，他没有料到，这其中有如此的曲折，很显然，是林溪当日为了欧阳伦的仕途说了情非得已的话，才让安庆才犯下了错，至于后来皇上为什么如此说，也许是为了安慰自己的女儿，不管怎么说，在这场错误的婚姻中，安庆是如此的无辜，如果说她有错，那也错在爱欧阳伦太深！

“我现在越来越觉得定是当日父皇骗了我……”安庆的眸子里氤氲起一层薄薄的雾气，“擎苍，你告诉我实情，让我有等待他爱上我的理由与勇气！”

颜擎苍看着这个本该如牡丹一样高贵地开放在枝头的公主，在爱情面前却是如此的低微，心里重重地叹了一口气，若告诉她真相，该是多么残忍的一件事啊，他该如何说，才不至于让她眸中的希冀幻灭。

“安安，你应该知道，欧阳兄是一个有才华，有抱负，又有傲气的人，他一直想凭借自己努力报效大明，我想，你的父皇并没有骗你，欧阳兄如今和你疏离，可能是因为他想尽快在朝堂上有所建树，得到其他人的认同，才没有顾及你的感受……”颜擎苍说得虽然有些艰难，但他依然说下去，“你也知道，和他同时考取进士的人，只有为数不多的几人被任命为地方县丞，多数还在候补，他一下子被任命为正四品都尉，难免被别人议论，所以多花些工夫在公务上也是应该的……”

“那他和林溪之间……”

“不瞒你说，欧阳兄在府中三年苦读，都是林溪侍候，要说没有感情，那是不可能的，但他们之间却没有公主说的那种感情……”

“真的吗？你确定？”安庆的眼里顿时一亮，像暗夜里凌空绽开两朵绚

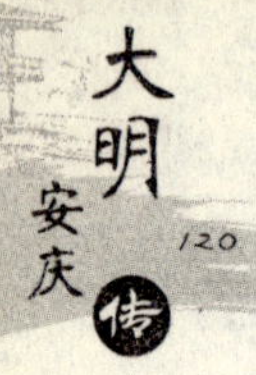

丽的烟花。

颜擎苍点了点头，轻抿一杯酒，他第一次发觉这酒竟是如此的苦涩。

安庆眼底的欣喜被无限地放大，眸子里如同五月的湖水丰盈而波光流转。

安庆的欣喜越是强烈，颜擎苍的心就越是疼得发麻，眼里，却是平静的浅笑，只是一杯接一杯地喝着酒。

突然，安庆的目光错愕地停在某一处，如星光一般明耀的目光瞬间黯淡，嘴微张，似有万分的震惊和万分的难以置信……颜擎苍疑惑地顺着她的目光看去，一下子也呆住了，楼口，赫然并肩站着欧阳伦和林溪。

欧阳伦和林溪原本正在低语浅笑，猛然抬头正迎上安庆不可置信的目光，一时也是错愕，进退不得。空气里弥漫着暴风雨来临前的凝滞……

就在这时，颜擎苍几步上前，含笑着从欧阳伦身边拉过林溪，柔声说，“雪下得这么大，还约你出来，你不会怪我吧……”说着，将林溪冰凉的手捂在自己温热的双手之间，“手都冻得这样冰凉，怎么不带上手炉呢？”他一脸的疼惜，转而对一时无措的欧阳伦说，“劳烦欧阳兄替在下跑了这一趟，约得林溪出来，真是多谢了……”

欧阳伦含糊地点了点头，不置可否。

“我在此等你们，正好遇上公主……”颜擎苍牵着林溪到愕然的安庆面前，“来，林溪，见过公主……”

“公主……”林溪低垂着眉角，面色微红，有些无措。

“林溪，不要那么拘谨，安庆公主根本没有一点公主的架子，不信，你问欧阳兄？”说着，颜擎苍意味深长地看了一眼还在那里木然站立的欧阳伦。

欧阳伦脸上露出一丝尴尬，又含糊地点了点头，心里却暗自松了一口气，缓缓地走过去坐在桌前，“公主，雪下得这么紧，你怎么也出来了？”

“是你让欧阳伦替你约的林溪姑娘？”安庆却并未理会，只是紧盯着颜擎苍。

“是啊，不然我怎么会在这里呢？”颜擎苍瞟了一眼欧阳伦，定了定心，“不瞒公主，虽然林溪就住在府上，可今日的事，却必须是约出来说才显得郑重其事……”

“哦？是吗？”安庆目光里的疑虑不但没有消散，反而更浓，嘴角露出一丝讥讽的笑，“我倒要听听能有什么要紧的事需要这样的郑重其事！”

颜擎苍浅笑一声，转身拉起林溪的手，柔声道：“林溪，我今天约你出来，是想告诉你，我们俩从小青梅竹马，两小无猜，彼此情投意合已久，我今天正式向你求亲……嫁给我，好吗？”他炯炯的瞳仁里，满是期待。

此言一出，安庆虽是讶然，随即便觉得刚才被刺痛的心豁然开朗，之前的种种猜测之心荡然全无，脸上的神情也随即缓和，满怀期待地看着林溪。

欧阳伦和林溪一时面面相觑，虽说颜擎苍是为了解围，但说出如此的话来，也太过出人意料了。

“这……”林溪为难地用双手绞着手里那块绣着并蒂桃花的浣花锦帕，在想着该如何应答，才不至于让公主生疑。

颜擎苍微微一笑，“林溪，我今天这样做也许太过突兀，但请相信我，我能给你安稳的生活，护你一生周全！”

“林溪，你快点答应啊……”看着林溪的唯唯诺诺，安庆有点急不可耐了，转而幽幽地说，“你知道吗，林溪，我也是现在才知道，对一个女人而言，找一个深爱着自己的人，愿意护自己一生周全的人是何等的困难，林溪，你不要错失良缘……”

听到安庆如此幽怨的语气，林溪心里生出丝丝内疚来，又想想自己现在的处境，亦是一阵黯然。

颜擎宽厚地笑了笑，“我有足够的耐心……林溪，等到你同意的那一

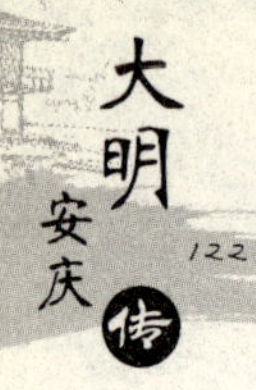

日，我就秉明父亲，为我们完婚！”

也许是戏作得实在是太像了，尽管林溪还没有点头，但安庆心头许久以来的疑虑却早已全部散尽，她斟了一杯酒，递到林溪面前，诚恳地说：“对不起，林溪，看来是我误会你了，不过这都怪颜擎苍，你们的事他也不早点告诉我……”

人生最惬意的事莫过于在这样的雪天围着火炉把酒言欢，况且，一直缠绕在心头的疑虑被化解，安庆心中高兴，不觉多喝了几杯，回去时，步履有些不稳，欧阳伦连忙扶住她，安庆的心里一热，整个身子便软软地倚在他的身上，任她半扶半抱。

“我们也回去吧……”颜擎苍转身往回走，林溪的目光却一直落在欧阳伦和安庆相倚相偎着渐行渐远的身影上，默然无语，直到他们的身影消失在拐角处，才收回目光，几步赶上颜擎苍，“谢谢你，表哥……”

颜擎苍的心头泛起一丝苦笑，摇了摇头，未语，却突然驻足，转过头静静地看着林溪，“林溪，你真的要和欧阳伦这样不清不楚地纠缠下去吗？”

林溪一怔，良久，嘴角露出一抹凄楚的笑，“我还有别的选择吗？”

“有，当然有！”颜擎苍双手放在林溪的肩头，“林溪，只要你愿意，我愿意娶你……”

林溪愕然地看着颜擎苍，“表哥，你知道你在说什么吗？你是不是喝多了，公主已经走了……”

“不，林溪，我很清醒，我一直都很清醒，我今天所说的话并不全是为了给公主演戏……我不想看着你和欧阳伦这样再纠缠下去，林溪，你们这是在玩火，若欧阳伦娶的是别的女子，只要你不计较身份，终有一日纳你为妾也是有可能的，可是，可是他娶的是大明的公主，当今圣上最宠爱的女儿，你觉得他会允许自己的女儿受委屈吗，你也情愿自己就这么一直生活在阳光照不到的地方，委委屈屈过一辈子吗……”

"可是，欧阳即使娶了尊贵的公主，却也不愿负我，我怎么可以负他？"林溪喃喃地说。

"林溪，我知道你和欧阳兄情深义重，但是，今非昔比，你当初为了欧阳兄的仕途宁愿把他拱手让给公主，现在却又如此执迷不悟，你要让他前程尽毁吗！"

林溪迷惘地看着颜擎苍，不明白他说的是什么意思。

欧阳伦叹了一口气，"我们今日骗得了公主，却瞒不了众人的眼睛，总有一天，风言风语会传至皇宫，皇上盛怒之时，你觉得欧阳伦还有什么前程可言吗？"

林溪也许从未考虑过如此结局，顿时脸色苍白，颜擎苍有些不忍，却不得不狠下心来，一字一句，更像是告诉自己："有时候，远离，是更好的一种爱！"

天，终于放晴了，阳光照在墙角、树根堆积的雪上，白惨惨地晃着人的眼睛。

清晨，颜擎苍舞剑刚罢，就听闻身后几声清脆的击掌声，不用回头，颜擎苍就知道来人是谁。待到他气息平复，才缓缓转过身去，一边拭剑，一边淡漠地说："欧阳兄，这么早来府上，有何贵干？"

欧阳伦一愣，随即语气诚恳地说："我今天特意来向颜兄表示谢意，谢谢颜兄再一次替在下解围！"说着，他深深地作了一揖。

"些话怎么讲？"颜擎苍像是已经忘昨天所发生的事，表情依然淡漠。

"昨日在酒楼……"欧阳伦提醒。

"哦……"颜擎苍一幅恍然大悟的样子，"欧阳兄是说我向林溪求亲的事吗？其实应该是我该感谢欧阳兄才对，我一直想对林溪表明心迹，却苦于没有机会，我还得谢谢欧阳兄为在下创造了一个绝好的机会呢？"

“颜兄，我知道你不想让林溪和我在一起，我明白你的苦心，不管你怎么样讥讽我，我还是要谢谢你……”欧阳伦以为颜擎苍在生他的气。

颜擎苍淡然一笑，“欧阳兄，我还忘了告诉你一件事……林溪她已经答应嫁给我了！”

“颜兄，这样的玩笑再开下去可就无趣了！”欧阳伦稍稍正色。

“你看我像是在开玩笑吗？”颜擎苍冷若冰霜，刷地将剑收回鞘中。

“不，这不可能……我要自己去问林溪……”欧阳伦提步就要往后庭去。

“林溪说了，她不想再见到你……”颜擎苍冷冷地说。

“我要她亲口告诉我！”

颜擎苍身形一闪，已将剑鞘横拦在欧阳伦面前，面沉如水，“林溪她现在是我的未婚妻子，欧阳兄请自重！”

“不，这不可能，你根本不爱林溪，林溪也不爱你，林溪，林溪，你出来，我要你亲口告诉我，这究竟是怎么一回事……”欧阳伦完全失却了往日的风度，竟不管不顾地要闯过去。

“这没有什么不可能的，欧阳兄！”颜擎苍脸上露出一丝讥讽的笑，“我可以给她女人想要的名分，你能吗？”

欧阳伦闻言，身子微顿，终于颓然地垂下双手，目光里掠过难言的苦涩，“呵呵，对，我是什么都给不了她……我早该有自知之明的……”他缓缓地转过身，一步一顿地向外走去……

廊柱后，林溪仰着头，背死死地抵住廊柱，用锦帕紧紧地捂住嘴，却依然控制不住潸然而下的泪……

第六章　有一种爱叫刻骨铭心

（无论你过得快乐，还是不快乐，时间总是在不紧不慢地前行，过年的气息越来越浓，驸马府上上下下张灯结彩，迎接着洪武十五年新年的到来，这也是我成亲之后的第一个新年。）

冬日的阳光苍白而无力，像迟暮的美人，不管曾经怎样明媚灿烂过，终敌不过时间的流转，无能为力地黯淡清冷下去……安庆静立在书房之外良久，看着欧阳伦收拾着行囊，她第一次发现，他的身形是如此的单薄，她再也忍不住了，提起裙裾猛然上前，一把扯下他手里正在整理的书，“如果驸马是厌烦安庆，不想看到安庆，安庆自会找个借口回宫去住，让驸马过个清静的年，驸马何苦要远走他乡……”说着，他直直地盯着欧阳伦，心下悲凉，不觉掉下眼泪。

泪，盈盈挂在安庆似乎吹弹即破的粉脸，像是清晨花瓣的露珠，凄美得让人心生战栗，欧阳伦心头一软，目光也变得柔和，伸出手想要拂了去，可伸到半空，却又硬生生地收了回来，目光也随即变得淡漠，“我此次离京只是奉圣上之命前往陕川等地视察茶马司，此乃实属公务，与公主无关……”

“奉父皇之命？好，只要你告诉我，你不想去，我这就去请求父皇收回呈命！”安庆期待地盯着欧阳伦，“今年是我们新婚的第一个年，父皇一定会体谅的。”

“生为男儿，当为国家出力，欧阳伦既为四品都尉，又是公主你的驸马，若为了儿女私情，遇到一点公事就推三阻四，欧阳伦以后如何在朝廷立足？我想公主也不想被别人微词，说嫁了一个没出息的男人吧……”欧阳伦语气虽不是十分的生硬，却字字句句在理，毫无回旋的余地，“请公主给欧阳伦留点男儿的尊严！”

话已至此，安庆无言沉默，良久，她幽幽地说：“告诉我，我该怎么做，才能走进你的心……”

欧阳伦眼眸里闪过一丝愧疚，他缓缓地走到安庆前面，双手按在安庆的双肩，“对不起，公主……也许这次远行，会是我们的一个契机，给我时间，好吗？”

这注定是个寒冷的冬天。年关将至时，欧阳伦离开京都，前往陕川等地视察当地的茶马贸易。此去少则三月，多则半年，世人都称道欧阳大人愿意抛下新婚娇妻远赴他乡苦寒之地为大明的茶马贸易出力，真乃贤良，就连朱元璋也是大加赞赏。

大年三十，朱元璋宴请群臣，特意提及此事，当着众位大外卿大臣和后宫亲眷，朗声说着：“一直以来，茶叶作为战略物资，严禁私商贩运买卖，我大明从开国始就设立了茶政之役，仿照宋代之制，于川、陕的秦州、洮州、河州特设茶马司三处，令其各自负责茶马互市事务，可是茶户私卖茶叶的情况还是时有发生，令朕头痛不已，几次派人前出督察，都是草草了事，年关将至，欧阳驸马主动请缨，为联分忧，欧阳驸马一心为国效力，堪为尔等典范！”

“是……”众人称道。

“主动请缨？”安庆的心轻轻一颤。

“怎么了，庆儿？”皇后心疼地看了一眼安庆，“脸色怎么这样差？自你进宫就一直闷闷不乐……”

“没什么，母后……”安庆连忙掩饰地冲皇后一笑。

“母后，父皇刚在夸奖欧阳驸马，安庆肯定是想在她的如意郎君了呗……”另一旁的宁国公主巧笑。

“姐姐……”安庆瞪了宁国一眼。

“呵呵，庆儿，母亲知道，你和驸马新婚宴尔，这本是你们新婚的第一个年，理应团聚才对，可是驸马为了替你的父皇分忧，主动要求去西北视察，他既有如此心胸如此志向，你该感到欣慰才对……”皇后心疼地拉起安庆的手，“驸马不在，你更要爱惜自己才对，你看，消瘦成什么样子了？”

“嗯……”安庆乖巧地点了点头。

“唉，你看这孩子，怎么一成亲，像是变了个人似的呢，以前话多得没完没了，现在倒是沉稳了不少……”皇后也不知是担忧还是赞许地将头转向常夫人说。

“公主聪慧，既为人之妻，自是知道身份尊贵，沉稳也是应该的……”常夫人笑着说，“这不是皇后一直希望的吗？”

“唉，也是，以前看她在宫里时被我和皇上宠得没个正形，总愁她若嫁了人还是这样，可怎么办呢，现在看到她这个样子，倒让我更不安了……”皇后疼爱地给安庆舀了一勺汤，“来，多喝点，这酸笋鸡皮汤可是你平日里最爱吃的了……”

如繁星一般的灯笼，把偌大的皇宫妆点得如同白昼，大殿内温暖如春，杯起杯落，觥筹交错，热闹非凡，那些平日在朝堂上的明争暗斗，后宫之中的钩心斗角似乎都消解在这浓浓的年夜饭里，安庆却感到从未有过的压抑与寂寞，终于，她向母后低头耳语几声，悄然退席。

夜是如此的深沉，天是如此的寒冷，偶尔，有零星的鞭炮声打破夜的静寂，回府的轿子不紧不慢地穿越一道又一道的巷子，轿子内的熏香散发着百合花的淡香，这样的夜，该是合家团圆的时候吧，一抹哀伤在安庆满是倦意的脸上蔓延开来。

“公主，前面就到了……”玲珑掀起软帘向外张望了下。一股清洌的冷空气夹杂着细细碎碎的硝烟味道挤了进来，夜色中，驸马府显得颇为冷清，因公主特许了下人们回家和家人过年团聚，府中只留了小部分的奴仆，也许平日操劳，今夜难得休息，便早早地入睡了，偌大的驸马府更显得空荡荡的，一如安庆的心。

“玲珑，你说驸马这会儿在干什么呢？”安庆伏在暗紫色的檀木雕花桌前，用一根细长的银针拨了拨烛台上灯芯，烛光的火苗在她漆黑的眼眸里跳跃。

“公主……”玲珑噘了噘嘴，“驸马走了也有些时日了，却未曾有半封书信给公主，公主倒还惦记着他……”转头看到安庆的脸色黯然下去，她转而又安慰道，“今夜是大年三十，是团圆的日子，想来驸马也是孤灯独坐，在想着公主呢……”

“玲珑，驸马临走时说这次远行也许是我们之间的一个契机，你说，他说的是什么意思？”

“奴婢不明白……”玲珑歪着脑袋使劲儿地想了想，还是不解地摇了摇头，突听到外面“嗵”的一声响，吓了安庆和玲珑一跳，玲珑连忙几步上前拉开窗户，还未等开口询问，只见窗外的天空上骤然盛开一朵烟花，四溅的流光璀璨如星……紧接着，一朵又一朵的烟花腾空而起，绚烂至极。

“哇，有人在放烟花啊！公主，快来看……”玲珑高兴地叫了起来。

“烟花！”不等玲珑说完，安庆已经跑到院子里，仰面看着一朵一朵的花在夜空里绽开。

“快看，玲珑，这个是不是菊花……这个是牡丹花……好漂亮啊……”安庆心中之前的郁闷因这些绚烂的烟花一扫而光，眼里露出久违的快乐。

此时，那些早睡的奴仆们听到响动也纷纷起来趴在窗前观看，有人索性披衣走出屋外，赞叹之声不绝于耳。

“这些烟花好像就是在驸马府外呢？”玲珑歪着脑袋自言自语道。

安庆一愣，是谁会在驸马府外放烟花呢？也许因了些美丽的烟花，一直以来被安庆深深压制的好奇心终于占了上风，她拉了拉玲珑，两人悄悄地穿过前庭，悄然推开朱漆大门向外望去。

“蓝玉哥哥……”安庆和玲珑吃惊地对视一眼，大门外，那个正蹲着身子燃放烟花的人竟然是蓝玉。

“蓝玉哥……舅舅，怎么是你？”安庆冲了出去，她无法抑制自己的意外和惊喜。

蓝玉回过头来，一双黑漆似的眼眸如此时天空的烟花一样的明耀，眉目间夹杂着些许的笑意，也不多说什么，只是轻轻地问：“丫头，喜欢吗？”

“喜欢……我好久没有如此欢喜过了……”安庆仰面看着璀璨的烟花，喃喃地说，话刚说完，只觉一阵冷意，“阿嚏……”她不由自主地打了一个喷嚏。

蓝玉连忙脱下自己黑狐领裘皮大氅将安庆严严实实地裹了起来，“天气这么冷，出来也不加件衣服，这帮奴才们真该好好调教调教了……”

“奴婢该死，奴婢这就去给公主拿披风……”玲珑连忙向里跑去。

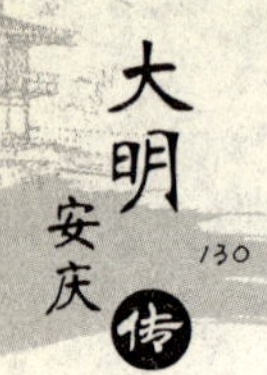

“不用责怪她们，是我自己出来得太急……咦，你这会儿不是应该参加宫里的宴会吗？”

“你这个小丫头都敢提前离席，我堂堂大将军难道就不可以？”蓝玉一本正经地说。

“哧……”安庆笑了起来，“堂堂的大将军不参加皇宫盛宴，却跑到这里放烟花，你就不怕明日朝堂之上被父皇责骂？”

“为了给你放烟花，我又不是没有受过责骂……”蓝玉眉宇间划过一丝笑意，轻描淡写地说。

安庆听他如此说，随即明白过来，“哼，你还说，那一次还没到过年的时候，我想要看烟花，你就带我在御花园后面去放，没想到惊动了父皇，你只是被父皇责骂了几句，可父皇却罚我禁足三天，听你这口气倒还怪我！”

“傻丫头，我怎么可能怪你呢？我只怪自己不能让你一生开怀展颜……”

闻得此言，安庆微微一怔。

蓝玉自觉失言，连忙掩饰晃了晃手里的火折子，“丫头，要不要自己点一个试试？”

“真的吗，我可以吗？”安庆跃跃欲试。

“当然，来，我教你……”蓝玉将手里的火折子递到安庆的手里，他的一只手放在安庆的腰间，另一只手则紧紧地握着安庆拿着火折因紧张而有点发抖的右手，慢慢地下蹲，轻轻地向地上放着的一枚烟花靠近……安庆既紧张又兴奋，“哧……”烟花的引线被点燃，蓝玉拉起安庆起身就跑，没跑出多远，随着“嗵”的一声，一朵烟花腾空而起，天空倾泻出一片斑斓……

“哇，我自己点燃的烟花……我还要放，我还要放……”安庆欢快地跳了起来，她点燃的烟花，天外飞花一般地在暗夜中绽放，也绽放在她的眼底，她的心里……她如孩童一般地欢呼，跳跃……

蓝玉的目光里，盛满盈盈的笑意，他仿佛又看到了那个任性、顽皮、霸道、甚至有点蛮不讲理的小丫头……“丫头，你知道吗，在我的心里，所有的红尘繁华都不如你灿若明星的笑……”心却轻轻一疼，纵然光景绵长，我终无法成为你心中的那个人。

第七章　驸马归来时

（烟花易冷，月影犹寒，欢愉总是短暂的，不经意间，草长莺飞的江南春再一次浸染了秦淮河两岸，我的衣衫一减再减，直到落英缤纷，直到春的色彩即将被浓绿掩蔽……）

屋子正中间的檀木雕案几上，宣纸的左上角被一方墨玉镇着，安庆一手握一管象牙笔，一手轻压在纸上，凝望窗外片刻，阳光下，芭蕉绰约的身姿飘逸动人，她在心底轻叹一声，定了定神继续提笔，一字一句地抄写，“一切有为法，如梦幻泡影，如露亦如电，应作如是观……”

“公主，您已经写了快两个时辰了，休息会儿吧……”玲珑端了杯茶盏过来，白润如玉的茶杯里，舒展的绿茶间，漂浮着几朵小小的白花，婉若碧色莲叶之上开出的白荷既赏心悦目，又清香扑鼻。

“这是蓝将军前日差人新送来的，公主尝尝看……”玲珑殷勤地说，“据说这茉莉花茶，是专门采摘将开未开的茉莉花朵儿，将其放入用春茶制成烘青绿茶中窨制，茉莉花的香气就会融入茶中，这样既保持了绿茶浓郁爽口的天然茶味，又有茉莉花的馥郁芬芳……”

“先放着吧，等我把这几个字写完……”薄薄的宣纸上，安庆的墨迹虽不刚劲，却因了其间女子特有的柔媚之骨，字形端庄娟秀。

“公主以前在宫中时，最讨厌练习写字了，为此没少受皇上的责罚，没想到现在竟然却如此热衷，常常一写就是几个时辰……”

“日子如此漫长，总该有点事来打发啊，况且，《金刚经》以一实相之理为体，以无住为宗，在断疑为用，以大乘为教相，说一切法无我之理，篇幅适中，不过于浩瀚，也不失之简略，历来弘传甚盛，我自抄写以来，心性着实静了不少……”安庆将笔搁下，揉了揉有点酸软的手腕，接过茶盏，杯中汤色黄绿澄明，为其他花茶所不及，轻酌一口，果然，茶叶醇厚含香，直觉有一股春天的气息直沁心脾。

突然，香云满面喜色地跑了进来，“公主……公主……”

“什么事如此慌张？”玲珑呵斥道，“好歹也是宫里出来的人，怎么越发没有规矩！”

香云伸了伸舌头，连忙躬身请安，“公主，驸马爷回京了？”

“你说什么？”安庆的心猛然一颤。

“我听李福说驸马爷从西北回来了，已经进城了……”

“快，香云，快去打开衣箱，多挑几件衣服出来让公主选……公主，您赶紧坐好我给您梳头……”看安庆还在微微发怔，玲珑连忙把公主扶到檀木雕花梳妆台前坐好，“公主和驸马一别数月，今日相见，一定要打扮得明艳些才好……”

明艳的阳光下，安庆着一袭藕荷色镂金蝶纹妆花缎大袖衣，外罩一件薄如蝉翼的月白单罗纱春衫，下身着烟霞紫弹墨如意云纹软烟罗花笼裙，裙摆上全是用金钱绣上去的牡丹花，深浅重叠，身形微动，恰似满园春色尽显妖娆，乌色的发髻间，却是一支简洁的木兰花玉簪，极配她小巧的木兰花耳坠，纤细的玉腕之上，也是简单的一个珊瑚镯子，愈发衬托得她身姿飘逸，超凡脱俗。

“公主，你先回屋坐会儿吧！”玲珑上前劝道，“驸马回来，自有人来通报……”

正说着，却见管家李福领着一个宫中的公公匆匆而来，走近一看，竟是朱元璋的贴身太监王公公。

“公主，皇上请公主立即进宫……”王公公倒头下拜。

“立即进宫？”安庆一愣，“王公公，不知父皇如此紧急召我进宫，所谓何事？”

“皇后病了……”王公公躬身回答。

“什么，母后病了？我前些日子进宫，母后不还好好的吗？怎么会突然就病了呢？”安庆心下一急。

“皇后此病来得突然……公主，轿子已经准备好了，请公主移驾……”王公公毕恭毕敬。

安庆向门口张望了下，“好，我这就随公公进宫……”安庆轻提裙裾快步向门外候着的轿子走去。

一路急行，安庆来到坤宁宫外，就看到几个太医站在门外，见到安庆，纷纷给公主行礼。

“王太医，你们怎么都在这里，母后的病怎么样了？”安庆焦灼地问为首的太医。

“公主不必太过焦心，微臣们已经给皇后瞧过病了，正在商量如何用药……”

坤宁宫内，朱元璋斜坐在床榻边，双手轻抚着皇后的手，“皇后放心，太医们说你不过是略有小疾而已，等开了方子，服上几日药就没事了……”

皇后斜倚在软枕之上，露出一丝温柔敦厚的歉意，“皇上为了臣妾的病竟请几个太医前来会诊，这让臣妾如何担当……”

“皇后，你记着，你什么都担当得起……想当年你跟随朕打天下，无论环境怎样险恶，你都从未后悔过，对我不离不弃，即使我后来得到了天下，而你贵为皇后，母仪天下，可你依然不骄不奢，时常提醒朕不要忘了民间疾苦，让朕怀有愿得贤人共理天下的胸襟……大明能有今天的昌盛，与皇后的贤德不可分，所以，无论朕为你做什么，你都能担当得起！”朱元璋动情地说。

“皇上……”皇后无语凝噎，千言万语都在盈盈相握的手心里。

“皇后，我知你心中一直挂念安庆那丫头，我已宣召她进宫了，让她陪你说说话……”朱元璋体贴地说，话音刚落，安庆已经冲了进来，直扑床塌，“母后，您怎么了？”

皇后伸手抚摸了一下安庆的脸，慈爱地一笑，“也没有什么大疾，是你父皇不放心，如此劳师动众地惊动大家……”

“父皇也只愿意为母后您劳师动众……”安庆一颗焦灼的心总算放了下来，顽皮地冲着朱元璋做了一个鬼脸。

“皇后还说这丫头成亲后性情有所改变，我看也没改到那儿去啊……”朱元璋佯装生气，“不过，这才像是我朱元璋的女儿，不像这宫里其他的女人，都如泥胎木偶一般，没点活气……庆儿，你这几日就留在宫里，多陪陪你的母后说说话解解闷……”

“是……”安庆欣然领命。

宁国公主听说母后病了，也入宫探望，母女三人好久没有在一起好好说过话了，这天下午，她们又一起在慈宁宫用了晚膳。

夜色渐起，皇宫里高大巍峨的宫殿，飞檐挑角的亭台，都被淡淡的月色披上了一层薄纱，少了白日的辉煌和肃穆，却又平添了几分温情。

“安庆，我看你自进宫就有些心神不宁，可有什么心事？”皇后倚在软榻上问。

“没有啊，母后多心了……”安庆忙剥了一颗龙眼递到母后的嘴边，“这是父皇着人送过来的，这个时节这可是稀罕物呢，母后尝尝看……”

“母后，您还不知道吧，今日是欧阳驸马回京之日……”宁国公主在旁边浅笑着说。

“哦，是吗，我怎么把这碴儿给忘了呢？”皇后皱了皱眉头，“唉，都怪母后考虑不周……

“母后切不可如此说……”安庆连忙说，“母后的安康最为要紧，他回来就回来了……”

“傻丫头，你们小两口刚结婚他就为了社稷远赴西北巡查，一别就是好几个月，母后心下也是歉然，却也没有办法，既然今日是他回京之日，庆儿，你该早点告诉母后，早点出宫回府……”

“我不去，我这几日都要留宿宫中陪着母后！”安庆俯身趴在塌沿，手里绞着软锦被的一角。

“又说傻话了，母后也是过来人，知道相思的苦楚，亦知道久别相见的欢愉，庆儿，你此刻就出宫回府，你父皇跟前自有我去说……”

“是啊，俗话说小别盛新婚，况且妹妹和驸马这么久没见，驸马爷这会也正眼巴巴地盼着妹妹呢……”宁国笑着打趣，“妹妹就放心地去，我今夜留宿宫中来陪母后……”

“母后！”安庆轻轻地跺了跺脚，“姐姐老是取笑庆儿，你也不管管！”。

“好了，时辰也不早了，再晚可就出不了宫了，去还是不去，你自己可想清楚了！”皇后正了正色道。

“好吧……那明日一早我就进宫来陪母后……”安庆的眼角露出一丝娇羞。

“去吧……”皇后疼爱地挥了挥手。

浅浅的月痕划过婆娑的合欢树影，落在小巷深处一个幽静的小院内，院落不大，只一所小小的三楹精舍，墙角的一排修竹仿佛也是刚栽下的，倒是几株重丝海棠开得正浓。此时，月光便透过半掩的窗户落在林溪的身上，欲发显得她身姿纤弱。自从搬离颜府，她每晚都用读诗写字来消磨时间，“云母屏风烛影深，长河渐落晓星沉，嫦娥应悔偷灵药，碧海青天夜夜心。”读到此处，林溪不觉微顿，轻叹一口气，抬头看向无边夜色，不免感怀伤神，却听到门外有敲门之声，“嗒嗒嗒……”在静寂的夜里异常清晰。

林溪心下疑惑，表哥这时候来有什么要紧的事吗?

“来了……”林溪起身轻应着，快步穿过石子铺的一条小径，来到门来，轻轻地拉开了门。

当林溪随着缓缓开启的门扉抬起低垂着的眼帘时，蓦然惊呆了，愕然的目光里竟有恍若隔世之感，而门外的那个人，神却情更为复杂，有欣喜、有疲惫、有落寞、有期待。

“林溪……”那人轻唤。

林溪似被这温柔的轻唤惊醒了，她如梦初醒般地连忙去关门，门却被一双有力的手紧紧地抵住，“林溪，真的要一生一世不再相见吗？”话语低沉，满含悲切之意，忧郁的目光似寒星落入了暗夜的清池，映出无限的哀伤，丝丝缕缕直浸林溪的心底……林溪紧握着门缘的手终于无力地垂下……

“林溪，你让我好找啊……”欧阳伦打量着这个虽然简单却又不失典雅的小院，苦笑几声，“颜兄为了不让我们见面，可真是费了工夫……”

“你不要怪表哥，是我自己要搬出来住的……我既不愿嫁他，自然不便再在颜府住下去……”

说话间，林溪去为欧阳伦沏茶，欧阳伦环顾四周，屋子里的陈设虽简单却也样样精细，瞥见桌上摊着几页纸，随手拿了起来，字迹是林溪的，只是不同于以往的流畅轻盈，一笔一画，中规中矩，每次的落笔似乎都满含踌躇与纠结，他轻声念道："长相思，摧心肝。日色欲尽花含烟，月明欲素愁不眠。赵瑟初停凤凰柱，蜀琴欲奏鸳鸯弦。此曲有意无人传，愿随春风寄燕然。忆君迢迢隔青天，昔时横波目，今作流泪泉。不信妾肠断，归来看取明镜前。"

正好林溪端了茶水进来，顿时羞得面红耳赤，一把夺过来，"此乃林溪无心涂鸦，让大人见笑了！"说罢她就要撕掉。

欧阳伦却伸手将林溪的手腕盈盈握住，另一只手从林溪的手里轻轻抽出那一页纸来，转身铺在桌上，提笔蘸了蘸浓墨，挥笔写道："长相思，在长安。络纬秋啼金井阑，微霜凄凄夜色寒。孤灯不明思欲绝，卷帷望月空长叹。美人如花隔云端，上有青冥之长天，下有绿水之波澜。天长地远魂飞苦，梦魂不到关山难。"写罢，凝神片刻，他转目深情地看着林溪，"林溪，你有几分想念我，我定有多你十分想念你！"

"欧阳……"林溪已然泪眼婆娑。

欧阳伦轻轻地揽林溪入怀，"林溪，你知道吗？当那日颜兄告诉我你答应嫁给他了，并且要与我永不再相见，那一刻，我觉得自己从未有过的失败，觉得这繁华的京城里再也没有值得我留恋的，我向皇上请旨出巡，我以为远离就可以忘记你，等我再回来，我们已成陌路……"欧阳伦顿了顿，"可不想，离得越远，思念却愈深……林溪，我想，我无论如何是忘不了你的……我快马加鞭赶回来，甚至没有回府就去颜府找你，我告诉自己，哪怕你已经和颜兄结为秦晋之好，我也无怨，只要能时常看到你就好……"

"表哥宅心仁厚，怕我们如此纠缠下去会惹祸上身，才不得已出此下策，可我，又怎忍心破坏他的幸福，让他娶一个自己不爱又不爱自己的女子为妻？"

“林溪，我到颜府后得知你并未与颜兄成亲，我真是欣喜若狂，林溪，我是不是太自私了……可是，可是我真的怕失去你……”欧阳伦的双臂紧紧地抱着林溪，好像稍一松手她就会消失了一样，“林溪，答应我，不要离开我，不要说不再相见的话，好吗？”

林溪早已是泪光盈盈，轻轻地点了点头，温顺地依偎地欧阳伦温暖的怀里。

“林溪……”欧阳伦轻唤着，双手捧起林溪的脸，在她光洁的额头轻轻地一吻。

“欧阳……”林溪娇羞地垂下眼眸，却难掩她眼里的深情与眷恋。

窗外月影幢幢，树影重重，屋内，似有一种馨香隐隐地迷散在彼此的呼吸之间，林溪满面娇嫩玉光，眼波盈盈，娇喘微微，欧阳伦炙热的目光渐渐迷离起来，一种欲望蓦然从心底升腾，他突然拦腰抱起林溪，林溪一声轻呼，随即娇羞地将头深埋欧阳伦宽厚的胸膛，紧紧地贴在他心壁上，顿时，强烈而凌乱的心跳声直抵她的内心，似在向她诉说着一场恒久的爱恋，让她不觉心荡神迷，“欧阳……”她呢喃，任由欧阳伦把她抱向里间那张低垂着海红纱帐的床榻，解开她豆绿色的缂丝祥云纹雨丝锦罗裳，解开她桂子绿彩绣芙蓉花纹齐胸襦裙，解开她月白蝶纹的束衣……

一夜缱绻，晨曦初露，海红色的纱帐内林溪支着胳膊，手轻轻地抚摸过欧阳伦的眉角、唇角，脸上如笑不笑，似愁非愁。欧阳伦握住她的手，“你后悔吗？”

林溪轻轻地摇了摇头，“欧阳，林溪早就说过，能得到你的眷顾，林溪心中只有意外和感激……”

欧阳伦紧紧地将林溪拥入怀中。

而此时，安庆入宫的轿子正走在青石板铺成的路上，整夜未眠的她一脸

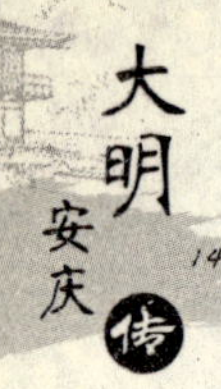

疲倦，然而，比身体疲倦的是她的心。昨夜，她久别的驸马欧阳伦竟然没有回府。

轿子在宫门口停下，玲珑掀起轿帘搀扶着安庆下轿，明晃晃的晨光让安庆稍有些不适应，她不由地眯了眯眼睛。

“公主……”一声略显意外却夹杂着欣喜的声音从身后传来。

“颜将军……”安庆回身，颜擎苍身着铠甲威然立于身后，向公主行礼。“颜将军这是……”安庆虽与颜擎苍早已相熟，但也还是第一次见他身着戎装，手里提着剑，更显得他身姿挺拔健硕。

“因近日京城常有偷盗，昨夜带禁卫巡城，抓住几个小贼送至官府，不想竟在这里遇到公主……公主这么早入宫，有什么要紧事吗？”

“母后病着，安庆前去侍奉……”

“那在下就不打扰公主了，公主请……”颜擎苍恭敬地退在一旁。

安庆微微颔首，携了玲珑而去。

“公主，昨夜驸马整夜未归，你要不要告诉皇后……”玲珑轻问。

“母后病着，我不能让她忧心……”安庆叹了一口气，“你也切记，在母后面前千万不要提起……”

话语虽低，但对于习武之人，耳朵自是比常人聪灵，颜擎苍呆立在原地，什么？欧阳伦昨晚竟未回府！父亲昨日曾说他来颜府找过林溪，难道是……一丝不好的预感迅速地充斥着他的心。

小巷深处，合欢花纤弱的花丝在清晨略带薄凉的风中，如火如荼地盛开着，清香就此弥漫开来……颜擎苍举起欲叩门的手在空中迟疑不决，如若欧阳伦果真是留宿此处，事已至此自己又能如何？就在他犹豫时，院里细碎的脚步声和说话声向门这边而来，颜擎苍连忙身形一闪，躲在一棵大树之后。

门吱呀一声打开，欧阳伦走了出来，回身，执起林溪的手，“林溪，照顾好自己，我会常来看你的……”满眼都是不舍与眷恋。

晨曦中，一袭木兰青弹墨藤纹浣花锦外衫的林溪，就如一株沐浴在晨光中的海棠明艳动人，尽显娇柔，她替欧阳伦理了理衣衫，“欧阳，我不奢望能长相守，能和相爱的人有片刻的欢愉，林溪已然知足……”

“傻瓜……”欧阳伦一伸手从合欢树低垂的枝头摘下一朵嫣红的合欢花插在林溪乌黑如云的发髻间，“合欢是愉悦和欢聚的化身，林溪，我们一定会幸福的！”他疼惜地在林溪的头上轻吻一下，恋恋不舍而去。

林溪在门口看着他渐行渐远，直到他的背影消失在小巷的尽头，一脸的恬静，就像是一个妻子看着自己深爱的丈夫……良久，关门而入。

看着这一切，颜擎苍心里五味杂陈，他颓然地将紧握着剑的手缓缓地松开，情到深处，何来对错！这一切究竟该去怪谁！

是夜，安庆从宫中回府，径直来到欧阳伦的书房。

欧阳伦正在挑灯夜读，看到安庆进来，神情里闪过一丝慌乱，却稍纵即逝，“公主回来了，母后的病可好些？”到底还是心生歉疚，言语之间是往日从未有过的殷勤。

安庆却只是静静地盯着他，“听说驸马是昨日回京的？”

“是……”

“那么昨夜驸马宿在何处？”安庆尽量让口气随意一点，保持着一个公主的风度与修养。

“哦……昨天回京向皇上复命，从朝堂出来正好遇上颜兄，硬是拉我去了他的府上要为我接风，酒逢知己，不觉多喝了几杯忘了时辰……”欧阳伦轻淡地说。

“是吗？”安庆的心猛然一痛，眼里流露出一丝悲凉。

“是啊，我们彻夜长谈……”欧阳伦的目光一直落在眼前的书上，似有

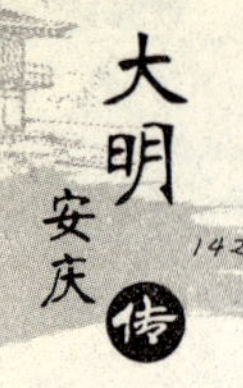

无限的不耐烦。

“昨夜你和他在一起……呵呵……好个彻夜长谈……”心仿佛在突然之间碎成千片万片痛得让安庆说不出多余的话来，她不再多言，缓缓地转身向外走去，尽管每走一步都是步履深重，但她的头仰着，生怕头一低，泪水会泛滥成海……

次日早膳时，安庆的面容已然沉静如水。

“公主，轿子已经准备好了……”候在外面的香云隔着帘子躬身说。

“知道了……玲珑，我们走……”安庆款款起身。

“公主今日还要进宫吗？”欧阳伦在身后淡淡地问。

“嗯……”安庆淡淡地回答。

玲珑赶忙上前掀起帘子，外面天气阴沉，有风雨欲来的潮热和凝滞。

“这天气，昨夜月明星稀，谁都想今天应该是个好天气的，谁知看这样子竟然是要下雨了……”玲珑紧随着安庆出了府门，掀起轿帘，扶安庆坐稳。

轿子晃悠着拐过一个弯，安庆突然开口，“停……”

轿子连忙稳稳地停下，“公主是忘了拿什么东西吗？”玲珑上前。

“玲珑，我突然觉得浑身乏力，你随轿子去宫里，回禀母后我今日身体微恙在府中休养，明日再去请安……”安庆已然掀帘而下。

“奴婢还是先侍候公主回府请了太医瞧瞧再去向皇后禀报吧……”

“不用，这里距府不远，我自己走回去就行，你快去吧，免得耽误太久了母后惦念。”

玲珑领命而去。

天气愈发的阴沉，空气中似乎噙满了忧伤，随时会掉下泪来。安庆伫立在驸马府对面拐角处的一株梧桐树下，紧紧地盯着对面那两扇朱漆的大门，也不知过了多久，门终于打开了，一身青蓝绵绸长衫的欧阳伦走了出来，径直向西走去。

穿过清晨略显冷清的马路、街道，欧阳伦拐进一条青石铺就的小巷，天空如铅块一般地沉重，似在酝酿一场前所未有的大雨，若他此时回头，定能看到在他的身后有一个身影不远不近地跟着他一路而来……但他此时却只有一个念头，他要赶在大雨落下之前赶到林溪的身旁，不然她会怪他不知照顾自己，明知道要下雨也不打把伞……欧阳伦的嘴角不由地上扬，脸上的笑意一层一层地泛了开来，加快了脚步……

小巷的深处，一株高大的合欢树枝繁叶茂花团锦簇，木质的门扉许是浸润了空气中的潮湿，叩门的声音有些迟钝而沉闷，一声一声像是敲在安庆的心上……

门开了，露出一个如花的笑靥。林溪！安庆一个踉跄，退后一步，一只手紧紧地扶在树干上，一只手紧紧地按在心窝，心像是要被谁硬生生地掏走，彻骨的痛让她几乎站不稳。

林溪轻笑着迎了欧阳伦进去，门轻轻地在他们的身后合拢，只留墙头的海棠红艳欲滴，如安庆心头一滴一滴的血……

雨终于下了起来！豆大的雨点落了下来，青石路上的薄尘被砸出一个一个雨痕，像一朵又一朵怒放的花，空气中便充满了尘土的味道，嫣红而纤弱的合欢花终承受不了雨的浸淫随着雨滴簌簌而落，很快树下湿红一片，触目惊心！

雨丝顺着安庆凌乱的发丝滑落于脸上、脖颈，那一身樱花镂金素绫罗裳紧紧地贴在身上，拖迤于地的秋香色彩绣并蒂莲单罗纱凤尾裙裙摆已泅湿了一大片……她就这样痴痴地站着，眼睛怔怔地盯着那一扇门，任由雨一滴一滴打在她的身上，她甚至期待着雨再大一点，再猛一点，好让她尽快从梦魇中惊醒，让她相信这一切只是一场梦而已。

“安安？”一个震惊的声音传来，很快，一把伞将安庆严严实实在地裹了起来。

“公主，你，你怎么会来这里？”颜擎苍的整个身子曝在雨里，心痛无比。

“我，我为什么在这里？我在做梦啊，你怎么在这里，你怎么会出现在我的梦里……颜擎苍，我讨厌这个梦，我不要做这样的梦，你快点叫醒我，叫醒我啊……”安庆突然如见到救命稻草一般，抓住颜擎苍的衣襟狂筛，颜擎苍怔怔地站着，任由安庆抓着她，雨顺着他的脸颊滑落到嘴里，咸而苦涩……

不知过了多久，安庆陡然松开手，抬起头来，苍白的脸上，目光凄楚而绝望，“我没有做梦，我看到的都是真实的，对不对？欧阳伦其实一直深爱着林溪，对不对？”

“安安……”安庆凄楚而绝望的目光如一把刀，一下一下地划过颜擎苍的心，让他无法对视。

“公主，雨太大了，我送你回去吧……”半晌，颜擎苍苍白地说，伸手去扶安庆。

“别管我！”安庆一把推开颜擎苍，颜擎苍没有防备，后退几步方才站稳，伞在手中几晃，他连忙稳住身子把伞重新稳稳地撑在安庆的上空。

安庆突然一把夺过伞，狠狠地摔到地上，那把墨色暗花织棉缎面的伞在地上的泥淖间滚动几下已然面目全非……

“骗子，你们都是骗子！”透过浓密的雨幕，安庆凌厉而悲愤的目光如刀一般刻在颜擎苍的脸上、心上……她转身冲向雨幕深处……

第八章　我听到了绝望的声音

（那一场雨是什么时候停的，我并不知道，当我醒来的时候，窗外的蓝天纯净得让人心疼，玲珑告诉我我已经昏睡了三天，那日是颜将军抱着浑身湿透的我回府的……当所有的一切再度浮现时，我再一次昏睡过去，也许在潜意识中，我拒绝醒来……）

“丫头，丫头……”一个熟悉而焦虑的声音。

斜依在床榻的安庆缓缓睁开眼睛，正迎上一双若幽谷泉眼一般的双眸，此刻，那一眼的忧伤与关切直抵安庆心底……

“舅舅……”安庆突然觉得无限的委屈，有千言万语想说出来，喉头却哽咽着说不出话来，那一双原本灵动的眼睛被薄雾笼罩，似有无限的哀凉。

蓝玉的心骤然一痛，身子缓缓转向一旁的欧阳伦，刚才还是温情脉脉，瞬间目光如炬，“欧阳驸马，你能告诉我究竟发生了什么事？”

“太医说公主是淋了雨得了伤寒……”欧阳伦答。

“那公主为何会淋雨？”蓝玉目光一凌。

“听丫头说公主去秦淮河散步，正好遇到大雨……”欧阳伦微微垂首。

“如此说来，公主的一切都是驸马听别人说的？”蓝玉冷哼一声，“你这个驸马可真是称职！”他转头看向安庆，“丫头，告诉我，谁让你受了委屈，我一定让他加倍偿还！”蓝玉说着，冷眼斜睨了一下欧阳伦。

此时，安庆已然恢复了平静，她吸了吸鼻子，竟然冲着蓝玉露出一个温婉的笑，“这几日母后身体总不见好起来，安庆心情烦乱，便去秦淮河散散心，不想遇到大雨，结果就成这样了……”安庆的嘴角略显无奈。

“只是这样吗？”蓝玉眉头紧皱，显然不信。

“的确是这样的……”安庆欠了欠身，“还请舅舅告诉父皇母后我只是不小心偶感风寒并无大碍，明日我就可入宫请安……”

蓝玉叹了一口气，“既然如此……你就好好地休养吧，皇上和皇后知道你生病了，特意嘱咐让你这些天好好在府养病，不要再来回奔波劳累了，皇后身边自有宁国公主侍奉着……”蓝玉说完起身告辞。

“恭送蓝将军……”欧阳伦将蓝玉送至府门外。

蓝玉站定，目光里泛着寒意，“我还是那句话，请驸马爷好自为之，如此，大家都好！”说完他翻身上马，疾驰而去。

“公主为何不告诉蓝将军实情？”玲珑侍候着安庆躺下。

“告诉他又有何用？”安庆的目光呆滞地看着湖色的轻纱帐顶。

“他是最疼公主的了，若他知道公主受了如此委屈，定会好好地教训驸马，以解公主心头之气……”

“然后呢？”安庆幽幽地问。

“然后……”玲珑愣住了。

“然后京城、皇室、全天下人都会知道大明安庆公主的驸马在外面有了别的女人，大明皇室会因我而蒙羞，父皇会动怒、母后会痛心……尤其是母后现在病重，若知道些事，她定会更加忧心……”安庆目光淡薄得看不出任何的神情，“玲珑，想当初我一意孤行，不顾母后的劝诫，主动请婚，这路既是我自己选的，就该由我一人承担所有的痛与怨……”

“公主……”玲珑无语凝噎。

就在这时，欧阳伦掀了帘子进来，“驸马……”玲珑赶忙抹了抹眼泪。

“你先下去吧……”欧阳伦摆了摆手。

玲珑看了看安庆，退了出去。屋子里顿时陷入了死一般的沉寂，欧阳伦正不知该如何开口，却听榻上的安庆呢喃：“合欢花可真美啊！”

欧阳伦闻言神情一紧，脸色顿时变得煞白，“公主……”“这个季节该是合欢花开的时候吧！”安庆的目光散漫得像是飘浮在空气里。

欧阳伦这才从心底舒了一口气，定了定神说：“是！”

“驸马，我有个问题想问你，你能如实回答我吗？”安庆的语气亦淡薄的听不出任何的情绪。

“公主请问。”

“我一直不明白，当日你曾告诉我你心里只有林溪一个女子，非她不娶，可后来你为何要答应娶我？”

欧阳伦一愣，他没料到公主会问他这样的问题，“你觉得那个时候我有选择的余地吗？”欧阳伦的神情不觉悲凉。

“不错，当初是我将自己的情感强加于你……”安庆幽幽地叹了一口气，“可是如果你执意不愿意，我也不会强迫于你……”

“哼！”欧阳伦冷笑一声，情绪一下子激动起来，目光里透出一股嘲弄的恨意，“难道公主至今都不知道圣上当日以林溪的性命想要挟！”

安庆震惊得说不出话来，果真是父皇骗了她！他不惜滥用至高无上的生杀大权，只想为女儿得到所谓的幸福！而她所希冀的幸福，都不过是一个接一个的谎言。安庆的目光怔怔地望着那海红色的帐顶几近绝望。

一连几日，安庆都是在床榻昏昏沉沉地躺着，欧阳伦每次去看她，她总是双目紧闭，从不看他一眼，她怕她的眼一睁，泪水会出卖她伪装起来的坚强。

这天，安庆觉得身子略有轻松，头也不似往日那般地疼了，她命香云去准备轿子，玲珑给她梳洗，她要进宫去探望母后。

这几日她在半醒半睡之间，终于明白一个道理，即使你知道了生活的真相是如何的残酷，可却依然无能为力，只能眼睁睁地让一切继续，纵然她贵为公主，也难逃生活的法则……镜子里，安庆的脸色更加的苍白，繁复华丽的茜色鹭金海棠锦华服也难掩她的憔悴与哀伤。

“玲珑，多施点胭脂，以免让母后忧心……”安庆轻声说。

正在说话间，管家李福的声音从门外传来，“公主，李公公来传话……”

李福进来，向安庆躬身说道：“皇上让奴婢来看看公主身子可否好些，若好了的话请公主立即进宫去劝劝皇后……”

“母后怎么了……”安庆大惊。

“皇后不让太医们给她瞧病了……”

“为什么？”安庆深感意外。

“奴婢不知……皇上也束手无策，所以让奴婢来请公主进宫劝一劝皇后……”不等李公公说完，安庆已然向外冲去。

一路急行，安庆匆匆忙忙赶到坤宁宫，只见几个太医惴惴不安地跪在院子里，安庆顾不上理他们，也顾不上通报，就往皇后的寝室疾步而去，刚掀帘而入，就看到朱元璋痛心疾首地拉着皇后的手，“皇后，想当初我要杀朱文正，你劝我不要杀他，我听了你的；我要杀李文忠，你又劝我，我也没有杀他；我要杀宋濂，你又劝我，我也听了你的话，没有杀他，可今日。你为何就不能听一次我的话，让这些太医们为你瞧瞧病呢？”

床榻之上，皇后露出一丝愧疚的笑意，虚弱地说：“皇上对臣妾的心意臣妾明白，可是皇上，臣妾心里清楚这病是好不了了，皇上当以朝堂之事为重，就不要再为了臣妾劳心劳神了……”

“母后……”安庆扑到床榻前，已然泣不成声，“母后，您一定会好起来的，您就让太医们为您瞧瞧吧……”

“傻丫头，太医只能治得了病，却治不了命，母后自知命数已定……”皇后抚了抚安庆的头，“你们就不要再为难这些太医了……”

“胡说，你不过是略有小疾而已，皇后放心，若这些太医连皇后这点病都治不好，朕留他们这帮庸医还有何用？”朱元璋面色一凛。

“是啊，母后，太医们一定有办法的，您就让他们进来瞧瞧吧……”安庆也劝。

“皇后，难道你忘了我们当年的承诺，无论贵贱生死，永不相弃，可如今，你竟要我眼睁睁地看着你一天一天地病重下去而无动于衷吗？”朱元璋心痛地说。

“母后，你也舍得扔下庆儿再也不管了吗？”

“我心意已决，你们都不要再劝了……”皇后虽然虚弱，但语气坚定毫无半分回旋的余地。

“皇后，你告诉我为什么，你这样做到底是为了什么？”朱元璋猛然站起，眉头紧蹙，烦躁地踱着步子。

“是啊，母后，庆儿小时候您就曾告诫庆儿，切不可讳疾忌医，您这样究竟是为什么啊？”安庆跪在床榻前泣不成声。

“庆儿，母后不是讳疾忌医……我自知此病难以医治，若再让太医们为我医治，即使服药还是终究难免一死，如此一来，皇上必定会认为是太医无能，迁怒于他们而降罪……庆儿，我不能让无辜的人们受到牵连，我不能让

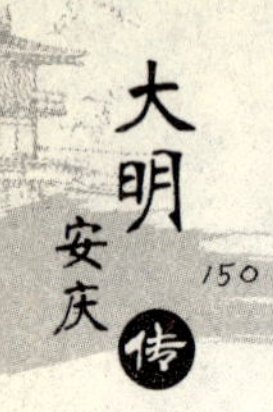

你的父皇背上昏君的骂名……”

听闻此言，朱元璋坚硬如铁的心猛然一颤，俯声拉住皇后的手，“皇后……”

“皇上，臣妾不惧怕死，唯愿皇上求贤纳谏，有始有终，愿子孙个个贤能，百姓安居乐业，大明江山万年不朽！”

“皇后，朕何德何能，老天将你赐我，才有我朱元璋的今日啊……”

朝堂之上，朱元璋威严地扫视着群臣，“番人嗜乳酪，不得茶，则因以病。故唐、宋以来，行以茶易马法，此法既保证了供边关军队征战马匹之用，又加强了番人归向之心，可是，私贩茶叶之事屡禁不止，众爱卿对此有何对策？”

“为了杜绝私自卖茶，臣以为官给茶引付产茶府州县，凡商人买茶，具数付官纳钱给引，方许出境货卖。每引照茶一百斤，茶不及引者，谓之畸零，别置由帖之。仍量地远近，定以程限，于经过地方执照，若茶无由引，及茶引相离者，听人告捕……”作为老臣，李善长首先献计献策。

“李大人所言甚是，茶商向我朝纳钱请引，茶引一道，输钱千，照茶百斤，商人将茶运至茶司，官商对分，官茶易马，商茶给卖……”

“除此之外，臣以为应立茶法：山园茶主将茶卖与无引由客兴贩者，初犯笞三十，仍追原价没官，再犯笞五十，三犯杖八十，倍追原价没官……”

朝堂之上，群臣们纷纷谏言。朱元璋面色略有缓和，微微点头。

“微臣以为此法不妥……”欧阳伦开口。

朱元璋眉头一皱，“有何不妥？”

“圣上，臣出巡陕川，眼见陕西汉中府茶户，由于茶课负担沉重，昼夜制茶不休，已然出现男废耕、女废织的局面，如今若再让茶户生产的茶叶只许卖给我朝准许的有茶引的茶商，这会让一些茶商趁机压低茶价，更加打击茶户的生产积极性，最终会导致茶户濒临破产……”

“欧阳都尉此言差矣，我大明按照分工的不同，划分出不同的职业，农户、军户、匠户各司其职，各自承担课税，茶户作为农户的一种，同样沐浴我大明恩泽，承担茶课本是天经地义的事，什么茶课负担沉重濒临破产，不过是市井传言，危言耸听，不可听信……”李善长说。

“圣上，这绝不是危言耸听，朝廷对茶叶的生产和流通过多地进行干预，虽然可以垄断茶叶的贸易，但长此以往，必然会束缚茶叶生产的发展……”欧阳伦一顿，略一沉吟，接着说，“况且，微臣觉得我大明将百姓划定在固定的职业这规定太过等级分明、秩序严谨……”

“哦，等级分明、秩序严谨有何不好吗？”朱元璋面露愠色。

群臣也纷纷侧目，还没有谁敢大胆到怀疑大明帝国的制度！

“欧阳督尉，我大明设定如此制度，既方便了管理，又为用人提供了方便，要打仗就召集军户，要修工程就召集匠户，大家互不干涉，在各自的活动范围内生活，共同组成我强盛的大明帝国，如此严密、周到的决策，堪称典范，你怎么可以有微辞呢？”李善长参与了大明各种制度的制定，现在有人竟然提出异议，他颇为不满。

“圣上、各位大人，臣以为在我大明建国之初，这些决策确实促进了生产的恢复和发展，但是现在我大明兵强马壮，经济得以恢复，国库日渐充盈，百姓的生活方式开始发生变化，等级分明、秩序严谨的社会结构虽然是便于管理，但农户只能祖祖辈辈地种地，商人只能祖祖辈辈经商，茶户也将世世代代以种茶为生，每人自出生都是早已注定了，这种墨守成规的制度只能限制大明朝的进步……”

“我大明从什么时候开始驸马都可以质疑朝政了？”李善长突然阴阳怪气地说，“欧阳驸马，我朝一直不许外戚干政，欧阳驸马有时间还是处理好自己的家务事吧，免得落下什么有辱皇家名声的事……”李善长不怀好意地冷笑。

“你……”欧阳伦一时语塞。

朝堂之上顿时窃窃私语。

“好了，都不要再说了！”朱元璋恼怒地打断他们论辩，“朝堂之上，本该商讨国家兴亡之大事，今日叫尔等商讨如何遏制走私茶叶之事，怎么可以顾左右而言他，朕以为身为大明子民，就该遵循我大明的制度，每个人都要恪尽职守，做好分内之事！就依今天所议昭告天下，有官茶，有商茶，皆贮边易马！”

“圣上英明！”群臣跪拜。

“退朝！”朱元璋拂袖而去。

坤宁宫里，安庆接过阿珩手里的参汤，亲自侍奉着皇后喝参汤。

“庆儿，这些日子你不眠不休地陪着母后，真是累着你了，瞧，又消瘦了不少。”皇后伸出手疼爱地抚摸着安庆的脸颊。

安庆乖巧地说：“只要母后能好起来，庆儿再累也是应该的，母后，再喝一点吧……”话间刚落，未曾听到通传就见朱元璋一脸怒气地掀帘而入。

“父皇……”安庆连忙行礼问安。

“庆儿，你可真是寻了一个好夫婿啊！”朱元璋满脸怒气。

“父皇……”不明就里的安庆惶恐不安地看了看皇后。

“皇上，您这是怎么了，难道驸马在朝堂上冲撞了圣意吗？”皇后虚弱地撑着身子要坐起来。

“皇后，这个欧阳伦胆大包天，竟然在府外另置别院，与别的女人有染！”朱元璋面露恨意，“若不是今日朝常之上朕听出端倪派人去查，还不知他竟如此不知好歹！”

“什么？”皇后大惊失色，突如其来的打击让她差点晕了过去。朱元璋忙上前坐于塌沿，让皇后靠在自己的身上，“皇后放心，我不会让我们的女儿受这等奇耻大辱的！”

“我可怜的庆儿啊……”皇后忧心忡忡地看向安庆。

朱元璋这才注意到一旁的安庆浑身正在瑟瑟发抖，脸上苍白无色，心下越发生气，“庆儿，你放心，他欧阳伦让我娇贵的公主蒙羞就是让朕蒙羞，就是让我大明蒙羞，现在朝堂之上众人已知晓此事，父皇决不会让这样的人存活于世！”朱元璋越说越气，“来人，传朕旨意，将这个始乱终弃的欧阳伦押入大牢，听候发落！”

听闻此言安庆心头一个激灵，神思却依然恍惚，直到李公公领旨退去，她才如梦初醒一般地跪倒在朱元璋面前，面露羞愧、泪如雨下，“请父皇责罚女儿，是女儿让皇室蒙羞！”

“傻丫头，你是朕的掌上明珠，朕怎么会责罚于你，今日之事只怪欧阳伦太不知好歹，他既然娶了我朱元璋的女儿，朕又赐他荣华，他居然还在外面拈花惹草，我看他是活得不耐烦了！”朱元璋缓了缓口气，“庆儿，处置了他，父皇定重新为你挑个好驸马！”

“不，不，父皇，您要责罚就责罚女儿好了，求求你不要杀他，求父皇开恩！”安庆连连叩首。

“你居然要替那个背叛你的人求情？”朱元璋大为震惊，不可置信地和皇后对视一眼。

“父皇，母后，他是女儿的夫婿，我怎么能眼睁睁地看着他受死呢？”安庆瘫跪在地上。

“庆儿啊，都怪母后，当日只道你喜欢他，一心想嫁给他为妻，未加深思便劝你父皇下旨召他为驸马，却没想到欧阳伦有朝一日竟会做出如此不齿之事……”看着跪在地上戚泪悲泣的安庆，病榻之上的皇后心如刀绞，“庆儿，你起来，你听母后说，皇家有皇家的规范与尊严，皇家能给他无上的荣耀，就容不得他做出有损皇家声誉与威严的事……既然他能不顾皇室颜面，更不顾及你的感受而和别的女人有染，说明这样的男人根本就不值得你去爱，庆儿，你也不必为这样的男人伤怀……"

"母后，我怎么能不伤怀，我从第一次看到他就爱上了他，至今从未改变……"安庆哀伤地说。

"你还是我朱元璋的女儿吗？怎么这样没有出息！"朱元璋恼怒万分，"当日你一意孤行，才落得今日颜面尽失，罚你回府闭门思过三日，没有我的旨意不得入宫！"朱元璋愤然离去。

"母后……"安庆求助地看向皇后。

"庆儿，你要明白，你父皇这样做是为了你好，他有多疼惜你，就有多恨欧阳伦！"

"公主，门外有一女子求见公主。"小丫头瑞云在门外小心翼翼地说。

"不见！"

瑞云领命而去，不久又来禀报，"公主，那个女子一直跪在大门外，说见不到公主就一直跪在那里，任奴才们怎么劝怎么拉扯都不起来……"

安庆诧然，这么大热的天，谁会这样？未等她开口，玲珑俯在她耳边说："公主，奴婢去看过了，门外的女子是林溪……"

安庆顿时怒从心起，"她竟还有脸来见我……好吧，她要跪，就让她跪着！"脸上掠过一丝残酷的冷笑。

瑞云再次领命而去。

正午的太阳火辣辣地烤在林溪的身上，汗珠一粒一粒地从她光洁的额头渗了出来，又顺着脸颊滑了下去，在她的脸上留下一道道污渍，嘴唇干裂，膝盖早如针刺一般地疼，头也是昏昏沉沉，几次差点晕了过去，"林溪，你要坚持住，你一定要坚持住……”她一遍一遍地告诫自己。

眼看着日已西斜，但那两扇朱漆大门依然紧闭着。

“公主，喝点燕窝粥吧，您这样不吃不喝，身体怎么吃得消啊……”玲珑端了茶盏进来。

“先放着吧，我不想吃……”安庆疲惫地说，突然想起什么来，随意地问，“她走了吗？”

“听前门的奴才说她一直跪在那里，没有挪动分毫……”

“哦？”安庆略感意外，随即眼里却泛出一丝恨意，淡淡地说，“随她吧……”

太阳落了下去，月亮升了起来，安庆倦意地躺在榻上，看着绿窗纱上斑驳的剪影，“玲珑，她还跪着吗？”

“是……”

“她跪了多久了？”

“回公主，她已经跪了快五个时辰了。”

“你去告诉她，我不会见她的，让她回去吧！”安庆幽幽地说。

玲珑答应着出去了，不一会儿进来，“公主，她还是不肯起身回去，她说她对不起公主，若公主不见她，她宁愿跪死在门口给公主谢罪……”

“谢罪……”安庆的目光一凛，恨意骤浓，“好，你去让她进来，我要她亲口告诉我她何罪之有！”

林溪的双腿已然麻木，她步履蹒跚着跟随玲珑走了进来，见到安庆倒头就拜，“民女林溪给公主请安……”

安庆看着眼前这个跪在她面前的女人，她依然是那日所着的一身木兰青弹墨藤纹浣花绵薄衫，安庆的脑海里突然浮现出那日合欢树下，她欢天喜地地迎了欧阳伦进去的那一幕，心蓦然一痛，面容冷若冰霜，“听说你如此执

着要见本公主，是为了向本公主请罪，本公主倒不知你有何罪，你且为本公主讲来听听……”

“公主……”林溪面露羞赧之色，张口结不知该如何开口，一抬眼碰到安庆的目光咄咄逼人，若那目光是利箭，她定然已万箭穿心，她连忙将身体俯地，眼中噙着泪水，“林溪轻薄勾引了驸马，自知罪孽深重，贱命任由公主处置，但请公主救救欧阳伦……”说罢她连连叩首，每一次叩首都是额头碰地，悲痛绝望的眼神满含祈求之色。

“我为什么要救他？”安庆冷冷地看着，无动于衷。

“他……他是公主的驸马……”

“哈哈哈……”安庆突然大笑起来，笑着笑着，泪花就涌了出来，“不错，大明天下人人皆知他是我安庆公主的驸马，可是，他却没有遵从一个驸马该恪守的本分！”安庆目光一凛，“他罪有因得、死有余辜！”

“不，不，公主，千错万错都怪林溪，是林溪用狐媚之术勾引了他，欧阳伦对林溪其实是无心的……”林溪拉着安庆的裙角苦苦相求。

“无心的？”安庆冷哼一声，“那你告诉我，他的心在哪里？”

“他的心……他的心……”林溪自知安庆心思虽简单单纯，却也是冰雪聪明，若再说言不由衷的话只能引能她更大的反感，索性实话实说，“不瞒公主，欧阳伦在颜府三年苦读，是林溪在身旁尽心侍候，他曾许诺林溪要给林溪一生的荣华富贵，林溪深知他是一个有雄才大略之人，若托付终身定可以一世无忧，可是没想到他竟得到公主垂青，从此封官加爵荣耀一身，林溪不甘心，不愿就些放手，再加上欧阳伦也本就觉得对我有所歉疚，所以我只需略施手段，就……”

“啪……”安庆扬手，一掌重重地落在林溪苍白的脸上，“你真是个贪图虚荣不知羞耻的坏女人！”

“是，是林溪贪图虚荣、不知羞耻，这一切都是林溪一手造成的，林溪愿意接受任何惩处，但请公主放过欧阳伦……”林溪的脸火辣辣的，泪却是极为冰凉，她苦苦哀求着。

“如果我要你死呢？”安庆的眼里是不可遏制的愤怒。

“我愿意！”林溪的眼里闪过一丝希冀。

这一抹希冀深深地刺痛了安庆，她从来不知道，爱到极致，便是舍生忘死。安庆凝望着窗外那轮淡蓝色的月亮，良久，幽幽地说：“你不必为了替欧阳伦开脱而自取其辱，他曾亲口告诉我，人心只若一拳，只能盛下一人，我一直以为只要我足够的爱他，总有一天，他的心里会满满的都是我，可是那日我跟在他的身后，他脚步沉稳而急切地走向属于你们的合欢巷，我虽然在他的身后，但我依然能感觉到他心里的欣喜与愉悦，当你开门迎他的瞬间，我甚至能看到他眼眸里的笑意和柔情……我终于知道，我的等待不过是一厢情愿……你知道那一刻我有多恨多无助，可是恨又能如何，即使将你杀了，他依然不会爱上我……”两行清冷的泪悄然滴落。

“公主……”林溪的心被深深地震动，原来，安庆竟然亲眼看见了他与欧阳伦的私会，却选择了隐忍，这对于一个娇纵的公主来说需要承受多大的痛楚，她第一次发觉原来安庆爱欧阳伦并不比她少一分，“对不起，公主，对不起……”

“我现在谁都不怪，只怪命运弄人，既然不能相爱，为何还要相逢！”安庆幽幽地叹了一口气，神情有所缓和。

“这么说公主您会救他的，对吗？”林溪小心翼翼地看着安庆。

“你觉得我受得屈辱还不够吗，救他出来继续看你们给我演戏吗？”安庆突然面容骤然一变，目光如冰直刺林溪，“他既对我无情，他的生死又关我什么？”

“不，不，公主……”林溪连忙跪拜，“若公主愿保欧阳伦无事，林溪愿终生不再和他相见！”

“我记得当日在秦淮河畔，你也曾告诉过我，你和欧阳伦并无儿女私情！”安庆面若凝霜，“你觉得我还会相信你吗？”

林溪满脸羞愧。

“玲珑，带她出去，我不想再看到她！”安庆冷冷地吩咐。

“公主，求求您救救他，求求您救救他吧，只要能救出他，林溪宁愿以死谢罪……”

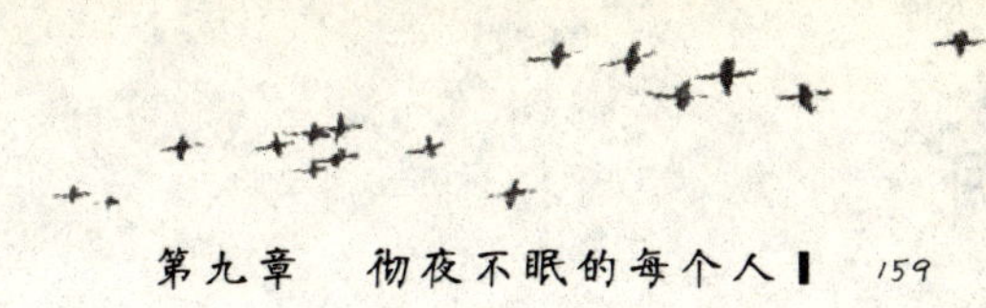

第九章　彻夜不眠的每个人

（那个宁愿放弃自己生命来救欧阳伦的女人被下人们连拉带拽着拖了出去，但她哭求的声音却在我的耳边不停地回荡。虽然我不再相信她，但我终究无法放弃那个我深深爱过的人……）

锁衔金兽连环冷，水滴铜龙昼漏长。漏更声声，每一声都像是敲打在安庆怅然无助的心上。她猛然坐起身来，“玲珑，玲珑……”

外间的玲珑连忙进来，“公主怎么了？做噩梦了吗？”

“我要进宫去见母后……”

“公主，这个时候已是深夜，宫门都已经关了，何况没有皇上的旨意公主擅自进宫，若皇上怪罪……”

“我不管，我现在就要去见母后，现在只有母后能救他！玲珑，你知道吗，现在只有母后能救他！”安庆说完就往外走去。

“公主要去求皇后救驸马爷？”玲珑虽然大惊，可一看安庆毋庸置疑的神情，不敢再多言，只能赶紧去安排轿子，可安庆已然等不及了。

夜凉如水。

随着沉闷的开门声，安庆一身单薄的衣衫从半开的朱漆大门匆匆出来。猛然抬头，却看到溶溶月色之下，一个颀长的身影正在门外徘徊。

安庆一愣，“舅舅，你怎么在这里？”

蓝玉没想到安庆这个时候竟会出来，甚是诧异，静了静神反问道：“这么晚了，丫头这是要去那里？”

“我要进宫……”安庆的神色黯然。

“进宫？”蓝玉的眉头一蹙，“如果你是为了欧阳伦，我不许你去！”

“为什么？”

“因为他不配！从头至尾他都不配拥有你，不配拥有你对他的感情！”

“是吗……”安庆的脸上露出一抹惨淡的笑意，“可他终究是我的驸马！”

清丽的月光下，安庆的笑苦涩而无奈，夹杂着自嘲和悲凉，蓝玉的心又开始隐隐作痛，他的目光中有深深的忧虑，“丫头，只要你愿意，他就不再是你的驸马！”

“可是，我愿意，我愿意他是我的夫婿……”安庆哀哀地说，“我即使知道他心里喜欢着另一个女人，即使他无视我对他的深情，但我的内心深处告诉我，我不想失去他，我不能失去他，若没了他，我的生活还有什么值得期待……你告诉我，我该怎么做？”一字一句，如泣如诉，字字句句犹如钢针直刺蓝玉的心。

“丫头，你难道就从来没有想过，这个世上除了欧阳伦这个浑蛋，还有视你为生命的人，他会为你喜，为你忧，你难道就从来不在意吗？”蓝玉深色的眸子里闪过从未有过的失落与不甘。

安庆猛然一怔，抬目正迎上蓝玉幽怨的目光，一时竟觉恍惚，顿感心中五味杂陈百感交集，不觉浮出双行盈盈泪光来。

“丫头，你知道吗，我多么希望你一直是快乐的……”蓝玉伸出宽厚的手试图拭去安庆脸上的泪花，温热的手指刚触到安庆冰凉的脸颊，安庆却如梦初醒般的一声轻呼，“舅舅……”

蓝玉的手硬生生地凝固在空气中。

“舅舅，你一定有办法让我进宫的，是不是？”安庆的神情犹如多年之前纠缠着蓝玉哥哥带她出宫去时的期待。

“丫头，你到底是受了什么蛊惑，为什么要对一个不值得你爱的人死心塌地？”

“爱，从来都是不需要理由的，对吗？”

蓝玉心里一颤，自己又何尝有个理由！

蓝玉缓步走到树下，解开马缰，一跃上马，“如果你确定自己不会为今天的决定后悔，那就走吧！”他向安庆伸出手去。

安庆未有片刻的犹豫就伸出手去，蓝玉却是略一迟疑，终究轻轻一用力，便将安庆稳稳地置于马前，马蹄清越的响声穿透如纱月光，一路远去。

夜色中的皇宫森严而静寂，大门果然紧闭着，两旁站着身着护甲的带刀守卫，并不时地有巡逻的护卫结队走过。一般这个时候皇宫早就禁止任何人出入了，非有特殊情况才可入内。蓝玉将安庆抱下马来，凝神片刻，“走吧，我送你进去……”说着大步向守卫走去，生怕一停顿会改变主意。安庆赶忙紧跟其后。

未及走到跟前，他已被手持兵刃的守卫团团围住。

“大胆！”蓝玉轻喝。

守首们这才看清开口的是蓝将军，忙收起兵器，恭敬地见礼，“蓝将军！”

“安庆公主要进宫，你们去开门……”

为首的守卫一迟疑，“这么晚入宫公主可有手谕？”

“我要去见我的母后，难道还要手谕吗？”安庆恼怒。

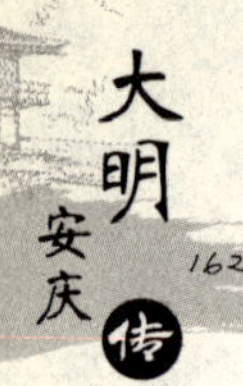

“公主息怒，小的们也是按规矩办事。”守卫不卑不亢。

蓝玉目光一沉，“皇后病重想见公主，特命我去接公主入宫，只因有事耽误了时辰来晚了些，若皇上知道因你等横加阻拦而让皇后见不到公主，使之皇后忧虑病情加重，你以为皇上会赞许你等执事严明吗？”

众守卫们面面相觑，他们心里都清楚皇后在朱元璋心中的地位，正在犹豫不决间，蓝玉缓和了下口气，“你们放心，皇上若责怪自有我蓝玉担着！”

“既然蓝将军如此说，小的们这就去开门……”守卫们也知蓝将军是当下朱元璋跟前的红人，有他担待自当无事。

安庆感激地看了一眼蓝玉，“谢谢你……”

“快进去吧，不然，我怕我会改变主意带你离开……”蓝玉躲开安庆如漆的眸子，生怕多看一眼迷乱了自己的心性。

安庆义无反顾的身影消失在门后，蓝玉的心一阵抽搐，回身策马一路狂奔而去……

高大的树影落在地上斑驳陆离，安庆的身影穿过一道道迂回的宫墙，终于停在了坤宁宫外。

外面伺候着的宫人迎了她进去，伺候着皇后的宫女阿珩听到声音迎了上来，颇显意外，“公主怎么这个时候入宫？”

“我要见母后！”安庆说着，就往皇后的寝殿走去。

阿珩连忙拦住，低声道：“公主留步，皇上和皇后刚刚歇息……”

“父皇也在？”安庆顿时停步。

“皇上对皇后情深义重，知道皇后这几日为了公主的事心中烦忧，便每晚都歇在此处，况且，皇后她……”

“母后怎么了？”

“皇后不让太医们瞧病，又加上心情抑郁寡欢，病情自然只能日渐加重，恐怕……”阿珩的眼里闪过泪光，忙掩饰着别过头去，“公主稍候，容奴婢先进去通传一声……”

闻得此言，安庆禁不住泪水夺眶而出，拉住阿珩，“不要去惊扰母后了……”她突然双膝猛然跪地，“我就跪在院中等她起来……”

“公主这是干什么，快起来……”阿珩连忙拉安庆起身。

“若不是庆儿，母后病情也不会加重，阿珩，你就让我跪着吧，我唯有跪着才能减轻我心里的痛楚与罪孽！”安庆泪水涟涟地哀求。

“唉……”阿珩长长地叹了一口气，示意小宫女拿来一件春衫为安庆披在身上。

晨曦初露。

“皇上，该上朝去了……”皇后虚弱地撑着身子，手无限眷恋地抚过朱元璋饱经风霜的眉角嘴唇……

朱元璋并未睁眼，只是伸手握住皇后的手，“朕那里都不去，朕要陪着你！”

“皇上……”皇后的眼角湿润，头轻轻地依在朱元璋的肩上，“臣妾今生能得到皇上的垂怜已无憾事，只是臣妾心中始终有一事放心不下……”

“皇后可是为了安庆那丫头忧心？”

“皇上，安庆自小娇宠顽劣，臣妾虽有担忧却知她这样自己终究是不会受委屈的，可是自从遇到欧阳伦却是心性大变，对他隐忍到这般地步着实出乎臣妾的意料，可见她对驸马用情至深，一个人用情越深，受的委屈便越多，臣妾自知时日不多，不能再照拂于她，臣妾去后，请皇上看在臣妾的分上对庆儿多多担待……”皇后因其虚弱，说话时断时续。

“皇后，你放心，庆儿是我们俩的孩子，她也是朕的公主，朕答应你，一定会护她周全！”朱元璋轻轻地握了握皇后的手。

“谢谢皇上……”皇后欣慰地笑了，微微地闭上眼睛，紧握着的手缓缓地松开……

“皇后！皇后……”朱元璋悲恸的喊声如闷雷砸在安庆的心上，她陡然昏倒在地。

山河沉寂，朱元璋的面容沉寂，语气亦是沉寂的。

“庆儿，我曾答应你的母后要护你周全，如果你这次执意要为他们求情，父皇可以不再追究此事，只是从此以后，无论再发生什么事，父皇都不会再为你做主！你自己可要想清楚，欧阳伦这个人是否真值得你给他机会！”

“请父皇开恩！”安庆俯首跪在地上。

“好吧！”朱元璋一声长叹，“若他能明白你的一片苦心从此真心待你，让你一生欢颜，也算是抚慰你母后的在天之灵了！”

“谢父皇！”安庆含泪跪拜。

“驸马爷……”欧阳伦刚走出大牢，他之前的随从周保迎了上来，“公主让奴才接驸马回府……”

欧阳伦看了看一边候着的轿子，恍若一梦，他突然幽幽地问：“她们把林溪怎么样了？”

“驸马爷，林溪姑娘那边安好，皇上并没有追究责罚……”周保低声说。

“哦……”欧阳伦心中的一块石头总算是落了地，“这些日子，她肯定为我提心吊胆了！周保，你抽空代我去看看她，告诉她不要为我担心，我会找时间去看她的……”

“是！”周保一边应着，一边替欧阳伦打起轿帘，欧阳伦略一迟疑，坐了进去。

轿子晃悠着远去，林溪缓缓从墙角走了出来，身着简单的香草色绵绸对襟外裳，淡青色的百褶裙亦是绵绸材质，头发只是简单地挽着发髻，无任何的首饰点缀，亦未施粉黛，孤零零地站成一株枝叶单薄的树……“你能出来就好……”她婆娑的泪眼里泛起一丝难舍的笑意。

驸马府上上下下都心照不宣地像是什么事也未曾发生过一样。欧阳伦回到府中得知安庆去了寺庙进香，心下略有松懈。直到晚间的时候，安庆方才回府，欧阳伦在书房，心里已做好了准备等着安庆的兴师问罪，可是左等右等却不见安庆前来，心下疑惑，隔着格窗望去，却见对面暖阁里灯已然熄了。

第二日早膳的时候，安庆款款而来在欧阳伦的对面坐了，自始至终却未看过欧阳伦一眼，倒是欧阳伦如坐针毡，几次欲言却不知如何开口。

“公主……”欧阳伦终于开口，却还未等他说出下句，安庆面色淡然地说，“玲珑，我吃完了！”侍立在身后的玲珑会意，连忙扶着安庆起身，站在外面侍候着的香云闻言也赶忙掀起软帘，侍候着安庆出去。

湖蓝色湘绣软帘将欧阳伦的视线隔断，却见早就候在外面的周保匆匆忙忙地掀帘进来，神色慌张，“驸马，林姑娘她，她投河自尽了……”

“什么！”欧阳伦只觉晴天一声霹雳，他猛然抓住周保的衣领，“你说谁自尽了！”

周保战战兢兢地说，“林溪姑娘自尽了……”

帘外还未走出多远的安庆身形猛然一震。

欧阳伦已疯了一般地冲了出去，解下府门口拴马柱上的骏马，翻身上马狂驰而去。

合欢花已开到了荼靡，大片大片地零落在小巷的深处，凄美得触目惊心，飞驰的马蹄溅起一路落花来到小巷的尽头，欧阳伦翻身下马猛叩门环，“林溪，林溪……”门却没有上闩，很容易就被推开，院内海棠依然娇艳，

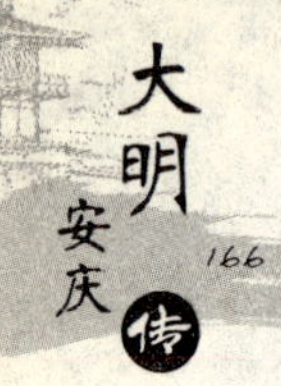

翠竹更显葱郁，地上到处都是零落的合欢花……却不见有伊人的身影！

“林溪，林溪！”欧阳伦冲进屋子，四下看看空荡荡的屋子，又反身往外冲去。

迎面却重重地撞在一个人的身上。

“颜兄，林溪呢，林溪去了哪儿？”欧阳伦猛然抓起颜擎苍，“你又把林溪藏到哪儿去了？”

颜擎苍面容悲沉，任由欧阳伦将他连推带搡，只是不言。

“求求你颜兄，你告诉我，林溪去了哪儿，你告诉我，我只要知道她好好的就好，这些日子我已经想通了，我向你保证，我以后绝对不再纠缠于她，我只要她好好地活着就好……”

“迟了，一切太迟了……”颜擎苍仰面长叹。

“不，这不可能，你们肯定是在骗我，是不是，林溪她在哪儿，我要见她，我要见她！”欧阳伦血红的眼珠像是要迸了出来。

“好吧，我带你去见她！”

两匹马一前一后风驰电掣地穿过应天府的大街小巷出了城门，向南郊一路而去，远远地就看见山坡上青草野花之间有一个茅棚，颜擎苍的速度慢了下来，他心情沉重地说：“她就在那里，你自己去吧……”

欧阳伦疑惑地看了看他，双腿猛夹马肚子，马一溜烟地向那个茅棚驰去。

“林溪，林溪……”欧阳伦的急切的话音未落，目光却落在草棚的地上躺着的人身上。

“林溪！”欧阳伦扑了过去。

林溪面色苍白，目光紧闭，身体冰凉。她死了，她真的死了！

“林溪！”欧阳伦紧紧地抱住林溪，发出撕心裂肺的哭喊声，那声声哭喊，让天地也为之动容。

从清晨直到暮色四合，欧阳伦就这样抱着林溪，神情呆滞一动也不动。

“欧阳兄，人死不能复生，请节哀……”坐在草地上喝了整整一天闷酒的颜擎苍终因不忍看他如此下去。

“为什么，她为什么要这么绝情，把漫长的岁月留给我一个人独自去煎熬……”欧阳伦猛然抢过颜擎苍手里的酒囊，仰头灌了下去。

夜已深沉，安庆眉心紧锁，凝望着烛花出神，玲珑自坐在一边手里做着绣活。

突然“咣当”一声门被推开，竟吓得安庆一跳。

欧阳伦醉醺醺地晃了进来，也许是喝了太多的酒，一双眼睛如在滴血，在烛光的映照下显得绝望而狰狞，让人不寒而栗，他摇晃着向安庆走去，玲珑连忙起身护在安庆的面前，却被欧阳伦一把拎到一边去。

“驸马爷，你要干什么？”玲珑惊恐万状又扑了上来，对欧阳伦连拉带拽，可毕竟是手无缚鸡之力的女子，丝毫不影响欧阳伦一步一步向安庆逼近。

“玲珑，放开他！”安庆已然恢复了平静，声音不大却自有威严。

玲珑不情愿地松开了手。

“是我背叛了你，你们为什么不把我杀了，却要逼死她，她不过是一个弱女子而已，你们为什么不能放过她！”欧阳伦的眼里闪着不可遏制的怒火，像要把安庆活生生地吃掉。

安庆端坐在桌前，直视着欧阳伦步步逼来，“如果你觉得你今日的这一切都是我造成的，那你就杀了我吧！”

欧阳伦怒火中烧，一把掐住安庆的脖子，“你以为我不敢吗？”

玲珑吓得面如土色。

安庆憋得通红的脸上却露出一丝奇怪的笑意，“谁爱谁，谁欠谁……你知道吗，爱一个不爱自己的人……生不如死，我早就倦了……今日若你杀了

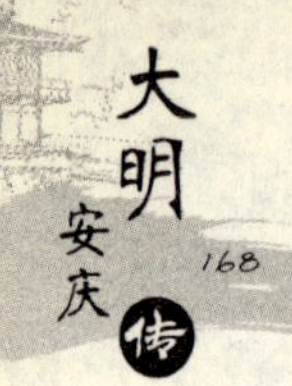

我……你就欠我的了……来生，来生……来生你一定要爱上我，好吗？”说完，双眸一闭，两滴圆润而硕大的泪珠悄无声息地滑落，滴于欧阳伦紧掐着安庆脖子的手背上，凉丝丝的……

欧阳伦的手突然变得无力起来，只是怔怔地站着。玲珑如梦初醒般地一头撞了过来，欧阳伦猝不及防一个踉跄差点跌倒，费了好大的劲儿才站稳当了，玲珑连忙伸开双臂护在安庆的面前，一脸的紧张戒备。

欧阳伦却没有进一步的动作，良久，像是被抽去了筋骨一般缓缓地转身走了出去。

“公主，疼吧……”玲珑小心翼翼地替安庆涂抹药膏，心有余悸。

安庆摇了摇头，虽然脖子那里如火燎一样地灼痛，终究不抵她心里那般疼痛得彻骨。

第十章 义断情绝

（父皇还沉浸在失去母后的悲痛中，一场影响空前的空印案却接踵而来，让一向极为重视皇权的父皇极为震怒，他所有的心思便都放在肃清这些藐视皇权的人的身上，朝廷上下也是人人自危，再也无暇顾及皇室儿女私情……欧阳伦则是日日酗酒，夜夜醉归。）

“日子为什么总是这样的漫长呢？”安庆坐在应天府最高的酒楼上，迷茫地凝望着窗外，看落日如金子一点一点地溶化在暮色里，最终被黑暗吞没。

“小姐，我们回去吧，天都黑了……”玲珑不安地劝道。

“回去？”安庆嘴角轻轻一抽，面露凄然，“玲珑，你看，那些渐次亮起的灯光是不是很温暖，我不要回到那种彻骨的冷清中去，我们再坐会儿，好不好……”安庆的眼神犹如一只迷途的小鹿，迷茫而无助。

玲珑乖巧地点了点头，“不过小姐，您不许再喝酒了！”玲珑刚想拿过酒壶，安庆却眼疾手快一把抢过酒壶又斟了一杯，“来，玲珑，你也喝一杯，酒果真是个好东西，喝多了就什么也不会想了，你试试……”安庆已有

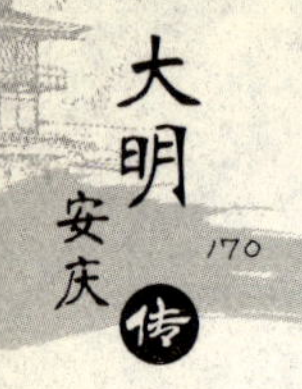

些醉意。

“小姐知道奴婢从来不喝酒的……”玲珑为难地说，“小姐，您也快别喝了……”说着又去拿酒壶，可是安庆却将酒壶向身后一藏，笑嘻嘻的，“不行，你今天必须要陪我喝酒，而且，不醉不归！”

“这位姑娘如此想让人陪着喝酒，那我就来陪姑娘好好喝一喝……”一个长得还算是斯文，脸上带着轻薄的笑的男人手里端着酒杯凑了上来，“两位姑娘貌若天仙，却在这里喝闷酒真是负了良辰美景，不如和我们几个哥哥一起乐一乐……”在另一张桌上，几个男人不怀好意地大笑起来，纷纷向这边聚来。

“你，你们想干什么……”玲珑哪里见过如此架势，伸长胳膊护在安庆面前。

“你们家小姐想找个人陪着喝酒，我们这不就来了吗？”为首的那个男人皮笑肉不笑地伸出手来就要去摸玲珑的脸颊。

“放肆！”安庆怒不可遏，猛然端起酒杯就朝着那男人的脸泼去，酒不偏不倚正好泼在那个男人微微张开的嘴巴里，呛得他好一阵没反应过来，众人一阵愕然之后，哄堂大笑，“王少爷，美人赏的酒是不是别有一番滋味啊？”

“玲珑，我们走！”安庆拉起玲珑就要走，可是那些无赖岂肯让她们就这样走了，尤其是刚才被泼了酒的那个男人，他回过神来，一脸无赖相地咂巴咂巴嘴，“美人赏的酒果然是回味无穷，哥哥喜欢……来，哥哥也为美人斟一杯……”说着，就要动手动脚。

“滚开，你们这群无赖……”玲珑拼命地把安庆护在自己的身后。

“哈哈哈，我们就是无赖，我们这帮无赖最喜欢有点性子的小美人了……”他们的笑声更加放肆起来。

安庆和玲珑只能节节后退，直至被逼到了墙角，就在无计可施时，只听一声断喝，一个敏捷的身影一闪，跃过那一群人，拦在她们的面前。

“哦，这位英雄是想来段英雄救美的佳话吗？”为首的王少根本不把来人放在眼里，怪腔怪调地说，可还未等他把话说完，只见一把剑已横在他的脖子上，“既然你活得不耐烦了，我就成全你！”声音一如手中的那把宝剑寒冷如铁，只稍一用力，那人的脖子上便渗出珠珠血粒来，他的那一帮起哄的狐朋狗友们一时吓得面如土色。

“大侠饶命，大侠饶命，我无心冒犯姑娘，纯属酒后失德……酒后失德……”那人腿一软，扑通一声跪在地上，磕头如捣蒜，其他的人早就一哄而散。

颜擎苍厌恶地看了他一眼，“别让我再看到你，滚！”

那人连滚带爬地下楼去了。

“颜将军，真是太谢谢你了，幸好遇上你，不然……”玲珑后怕地抚了抚胸口。

颜擎苍将剑回鞘，微微颔首，“在下在楼下喝酒，听到上面有喧哗之声，就上来看看，没想到……让公主受惊了！”

安庆却漫不经心地坐到刚才坐的地方，别过脸去看着窗外，飘浮的目光越过远远近近蔓延开来的灯火，最后落在深邃幽暗的夜空，仿佛在遥望着自己的过去曾经……

颜擎苍一时不知所措，坐也不是，站也不是，只能讪讪地说：“天色不早了，我送你们回去吧……”

安庆却无动于衷，自顾自一杯接一杯地喝酒，目光空洞。

颜擎苍的心便一丝一丝地抽搐了起来。

“颜将军，你劝劝小姐吧，她不能再喝了……”玲珑看着颜擎苍，带有祈求之色。

“安安……”颜擎苍的手按在安庆又要举杯的手上，“安安，求求你不

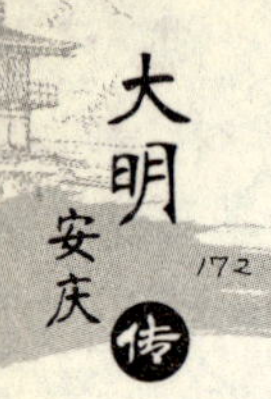

要用别人的错来惩罚自己，好不好！”颜擎苍的目光是心疼、是怜悯、是祈求、是对自己无能为力的自责。

安庆蓦然一怔，随即却美目一凛，面露揶揄之色，“没想到颜将军一介武将，演戏的天赋却也是异秉，演起戏来如此逼真，只是你如此费尽心力地在我面前掩饰着他们的私情，今日的结局可是你所期望的？”

安庆的每一句话都像刀子一样刻在颜擎苍的心上，痛得他说不出话来，他亦无话可说，只能逃离。他缓缓地转身……

“从今日起，你我之间的情谊，当如此杯！”身后是安庆恨恨的声音，颜擎苍愕然回头，只见安庆满眼哀怨，手一松，那盏酒杯便从她纤细而苍白的指尖滑落……颜擎苍的心蓦然一紧。

酒杯着地的瞬间，并没有听到清脆的破碎声，凝神望去，只见那只白瓷酒杯骨碌碌地在木质的楼板上滚动，最后竟晃悠了几下停在了颜擎苍的脚边。颜擎苍弯腰捡起，放在手心端视良久，握于掌心，转身离去。

安庆愕然地看着这一幕，狠狠地跺了跺脚，“这什么破地板，连个酒杯也摔不碎！小二，小二，拿酒杯来……”

颜擎苍缓缓下楼，转头看看夜色，终究不放心，索性来到对面的酒楼，要了一壶酒临窗而坐饮了起来。

安庆的目光无意地掠过对面的酒楼，却正迎上颜擎苍的目光，她一愣，恼怒地吩咐玲珑关上窗子，玲珑依言而行。

颜擎苍心里一阵苦笑，手指一遍一遍地摩挲着掌心湿润如玉的白瓷酒杯，心里五味杂陈。却听一个低沉的声音传来：“颜将军好兴致……”

回头，竟然是蓝玉，身后跟着一个侍从。

“蓝将军！”颜擎苍连忙将酒杯揣入怀中起身行礼。

“颜将军不必多礼……”蓝玉说着在对面坐了，神情淡然。

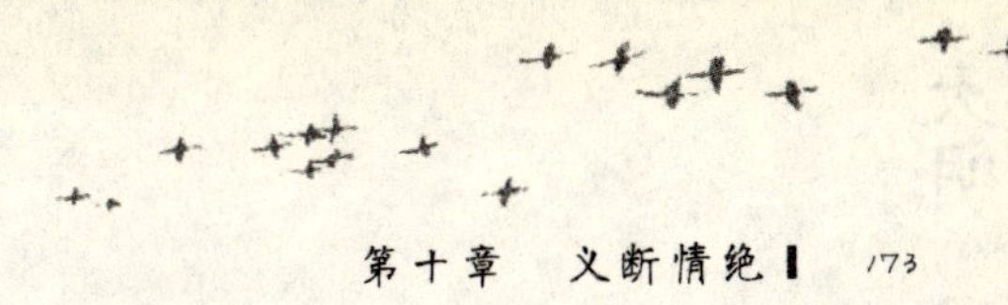

早有酒保殷勤地送上来一壶酒和几个小菜来。

颜擎苍给蓝玉斟了酒，“蓝将军请！”

蓝玉也不客套，“颜将军请！”

两人端起来饮了。

斟酒，喝酒，喝酒，斟酒……两个曾无数次驰骋沙场出生入死的男人再无半点寒暄，只是默默地喝着酒。窗外隐隐传来男人浪荡的笑声，夹杂着女子的媚笑之声，太平盛世之下，多少男男女女沉醉于这种靡靡之音，蓝玉眉头一皱，应天府十里长街的灯红酒绿，乱耳丝竹终难撩拨起他心底的波澜。

双顺会意，连忙过去关上窗户，又垂手站于一旁。

“你自去吧，不用候着了！”蓝玉吩咐，双顺躬身退了下去。

颜擎苍心下却暗自焦灼，这么晚了，公主她们该回府去了吧。

“颜将军有什么要事在身吗？”蓝玉淡淡地问。

“没，没有……蓝将军请！”颜擎苍替蓝玉斟满一杯，又给自己斟满一杯。

两人再度陷入沉默。

也不知过了多久，突然，只听外面人声嘈杂，窗外隐隐有火光一片，“着火了，着火了……”的尖叫起此起彼伏。蓝玉微微蹙眉，身形未动自顾饮酒，好像这场火扰了他的兴致一般。颜擎苍一把推开窗户，只见对面的酒楼已在火海之中，他大惊失色，“不好！”说着就要提剑向楼下冲去。

蓝玉的手却先颜擎苍一步重重地落在他的剑上，“今日既然遇上，我们必要一醉方休！何必让一场火扰了你我的兴致！”

“蓝将军……”颜擎苍心急如焚。

“看颜将军如此紧张，莫非对面酒楼的人对颜将军很重要？”

“蓝将军，安庆公主在对面酒楼……”

“丫头！”蓝玉震惊地看看对面熊熊燃烧着的酒楼，一把推开颜擎苍，

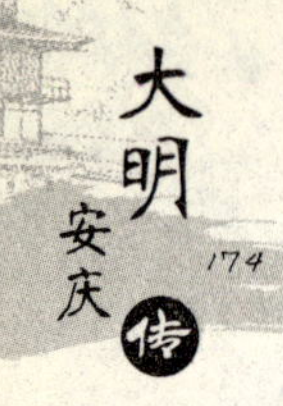

身子一跃，从窗子凌空跳了下去。

颜擎苍也跟着跳了下去，一同冲进了火海。因为整个酒楼是木质结构，门板，窗户，桌椅、楼梯所有一切可燃的东西都冒着火焰，浓烟和火焰的炙烤让他们几乎睁不开眼来。

“她们在楼上！”颜擎苍一手用剑拨挡着不断掉下来的火团，一边向楼梯冲去，楼梯上已然是烈焰熊熊，他们三步并做两步穿过火焰跨了上去。

楼上的火势虽没有楼下的大，但烟却更浓了，“丫头，丫头！”蓝玉心急如焚。

“公主在这儿……”玲珑带着哭腔的声音从角落传来，蓝玉连忙寻着声音摸索去过，果然安庆正和玲珑正惊魂未定地搂在一起，看到蓝玉，安庆“哇”的一声，哭了起来。

“不要怕，我在这里！我在这里！”蓝玉的心像是被这烈焰炙烤一般地痛，他把安庆拦腰抱起紧紧地搂在怀里。

“蓝玉哥哥……”安庆晕了过去。

此时，楼梯已然被大火笼罩，根本无法下去。

“玲珑就交给你了！”蓝玉朝颜擎苍点了点头，抱着安庆大步迈过地板上不断冒出的火焰，来到窗前，一脚踹开窗扇，纵身跃出。

看到有人从窗口跳出，围观的人皆是大惊，纷纷向后退去，正挤在人群中看热闹的双顺看清救人的是蓝玉后大吃一惊。

“候爷！你的衣服！”双顺心急如焚地挤过人群挤到蓝玉跟前，就要去扑蓝玉衣服上的火星子。

“快去请太医！”蓝玉并未理会他那身玄青色暗紫纹云纹团花长衣的下摆处燃烧着的火苗，抱着安庆闪出人群直奔驸马府而去。

蓝玉抱着安庆一路急奔来到驸马府，在下人的帮忙下刚安顿安庆躺在榻上，双顺领着太医也赶来了。

"太医，你赶紧给瞧瞧，看伤势如何？"蓝玉焦灼地说。

太医为安庆搭了脉，"蓝将军不必担心，公主外伤倒无大碍，只是受了惊吓，才会突然晕厥，臣去开方子……"

香云领太医出去开药方了，瑞云按照太医的吩咐在塌前的盘龙案头四方熏炉点了安神香，隔着一层轻薄的香气，蓝玉站在塌前，看着安庆双目紧闭，脸如纸一样地白，头发凌乱地缠绕在脖颈，心痛到几乎无法呼吸。

"驸马呢？"他的脸上仿佛浮了一层寒霜。

"驸马还未回府……"侍女瑞云怯怯地回答。

蓝玉看了一眼沉沉睡去的安庆，一言不发地走出屋子，黯淡的月色下，偌大的驸马府显得空落而寂寞，仿佛有一种绵长的忧伤弥漫在令人窒息的沉静中。

蓝玉以同一个姿势站着，他眸中的忧郁就像这沉沉暗夜越积越深，也越来越冷。终于，随着脚步声从前庭传来，周保扶着左摇右晃的欧阳伦出现在回廊。

"蓝将军！"周保显然被眼前的蓝玉吓了一跳，慌忙放开搀着欧阳伦的手躬身下拜，欧阳伦的身子便软软地依在了一旁的廊柱上。

蓝玉面无表情地挥了挥手，示意他下去。周保迟疑地看了看醉意迷蒙的欧阳伦，惴惴不安地退了下去。

"周保，周保……"欧阳伦嘴里喊着，"你这个蠢奴才，再给爷拿酒来……"

蓝玉的眉头蹙得更紧了，冰冷的眼光无意掠过檐廊下的荷花盆，碧色的莲叶间几支粉红色的荷花正亭亭玉立于池盆，他猛然抓起欧阳伦的衣襟，几步将他拽到荷花盆前，欧阳伦还来不及挣扎，他的头就被按入了荷花盆……

欧阳伦被水呛得连连挣扎，怎奈他一个文臣，况且又醉得浑身发软，根本不是身经百战的将军的对手，胳膊只能徒劳地胡抡着。

“你不是要喝吗，我让你喝个够！”蓝玉的手紧紧地按在他的脖颈上，猛然又将他拽了出来，湿淋淋的欧阳伦酒已醒了大半，他一摸脸上的水，还未开口，又被按入水中，如此几次，欧阳伦已然精疲力竭，连反抗的力气也没了。蓝玉的手一松，他便如烂泥一样瘫在地上，只喘着粗气。

“我早给你提醒过，让你好自为知！”蓝玉目光莫测，语气凌厉，“可你，可曾尽过一个丈夫的职责！”

欧阳伦缓缓地抬起头来，脸上竟露出一丝古怪的笑来，“你既如此在意她，当初为何不娶了她……”话音刚落，他的左脸颊上便重重地挨了一拳，“我让你再胡说八道！”

“呵呵，我说得不对吗？”欧阳伦摸了摸嘴角的一丝血痕，却没有丝毫的畏惧，他强撑着站了起来，嘴角的笑意反而更加的浓稠了，“你就别再自欺欺人了，凭你永昌侯的丰功伟绩，若请婚娶一个公主，皇上不会不答应的，可你，却情愿眼睁睁地看着心爱的女人和别人成婚，蓝大将军，你的心胸可真是伟大！”欧阳伦冷笑一声。

“那是因为我知道她爱的是你！”蓝玉的目光像被乌云遮住了月光，迅速地黯淡了。

听到此话，欧阳伦眼里却泛出浓浓的恨意来，“你以为你的爱高尚、无私，没有占有欲，可是你知不知道，就是因为你的伟大，害得公主要和一个不爱她的人成婚，害得我和林溪两个相爱的人却不能相守……”欧阳伦的目光犀利得近乎无情，“她今生不能展颜，都是你一手造成的！”

“够了！”蓝玉低喝一声。夜色里那丝丝的荷花香似有若无地浮动着，隔着暗夜的月光，蓝玉的脸上凝滞着从未有过的绝望和悲凉。时间也仿佛凝滞了一般，良久，他的目光一凛，重新又燃起悲愤的火焰，他盯着欧阳伦，一字一句：“她既然选了你为夫婿，你就必须让她一生开怀展颜！你不要考验我的耐心！”说着，他倏然从腰间拔出剑来，直抵欧阳伦的胸前，“若公主再有什么闪失，我绝不会放过你！”

欧阳伦冷冷地看着胸口的剑闪着瘆人的寒光，目光突然变得飘忽而邈远，“林溪死了，对我而言生有何乐，死又有何惧？”

蓝玉微怔，眼里随即闪出一缕杀机，“你以为我不想你死吗，好，既然你想死，我宁愿被她怨恨一生，今天也要成全你！”说着，手一扬，只见寒光一闪，剑峰直逼欧阳伦咽喉而去。

“不要！”随着一声惊呼，一个身影扑了过来，拦在了欧阳伦的面前，蓝玉大惊，连忙将剑峰一偏，寒剑掠过安庆的脸颊，划落耳际的几缕青丝……

欧阳伦亦是大惊，怔怔地看着那个伸展双臂，挡在他面前孱弱的身影。

蓝玉不可置信地看着这突如其来的一幕，“咣当”一声，剑掉落在地上，发出沉闷的声响，心一阵痛似一阵，让他有些站立不稳，“你，你为了他竟然不顾自己的性命了吗？”

安庆哀哀地看着蓝玉，“他终究是我的夫婿，我怎么能看着他死？”

“可是他何曾把你当作自己的妻子！”蓝玉的声音有些发颤。

月亮早就躲到云层后面去了，天地之间只剩下混沌的暗，安庆的目光也如这暗夜，表情亦是模糊不清，“这，也许就是命吧……从我在秦淮河第一次见到他时，就已经注定了！”安庆抬起眼帘，“他是我自己选的，所以他给我的一切，我都能承受，别再为我担心，好吗，舅舅？”

这一声戚戚哀哀的“舅舅”，让蓝玉的心再一次抽搐起来，这种痛让他几乎窒息，张了张嘴，最终没有发出一点声音，只是俯身拾起剑缓缓地向外走去。

凝视良久，安庆收回目光，却并未看欧阳伦一眼，转身朝自己的寝阁走去，她月白色领口绣小朵金丝木香菊柔纱寝衣在夜色里显得空灵而单薄，乳白色绣百合柔绢曳地长裙随着缓缓的步伐如水波一样荡漾起伏，及腰的长发

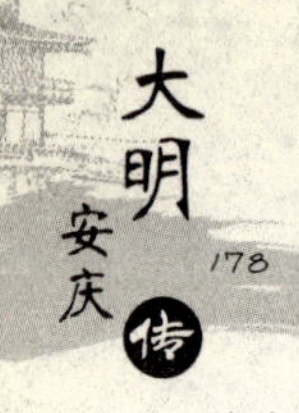

宛如黑色瀑布，欧阳伦怔怔地看着，恍若看到暗夜里一只忧伤的精灵。

在屋外徘徊良久，欧阳伦终于推开了那扇门。

隔着珠帘的里间，安庆正和衣躺在榻上，眼睛睁得大大的，却又空落落地盯着纱帐顶。在外间伺候着的玲珑看到欧阳伦进来，不由心里一紧，连忙站了起来拦在他的面前，“驸马爷……”

欧阳伦心里一丝苦笑，却是一脸的诚恳，“玲珑，你放心，我不会再伤害公主的，我只是想和公主说几句话……”

看到欧阳伦如此诚恳，玲珑迟疑一下正欲让开身时，却听里面的安庆开口，“玲珑，我累了，要休息，请驸马爷出去……”声音平静得听不出任何的波澜。

“驸马爷请……”玲珑不得不下逐客令。

欧阳伦只得讪讪地退了出去。

自从那夜之后，安庆便很少再踏出她的寝阁，即使用膳时也不出来，都是玲珑吩咐人送到寝阁里去。

日子虽然难熬又漫长，但却未曾停歇。

漫山漫坡的野花开得绚烂多姿，林溪的坟茔在其间显得突兀而触目。颜擎苍斜靠在林溪的坟头，已然酩酊。

“林溪，你告诉我，我该怎么做，她竟然冒着生命危险来救我，你知道那一刻，我的心有多么的震憾……可是我一想到是因为她，我们才不能相守，甚至逼得你走上了绝路，我又对她充满了恨意……林溪，我以前一直用冷漠来惩罚她，我要让她付出代价，现在我终于如愿了，她整天待在自己的寝阁里再也不出来了，可是，我的心里却没有报复后的那种快感……林溪，我好怕这种感觉，你告诉我，我该怎么做？林溪，林溪……”

颜擎苍缓缓地走来，将沿路采来的一束野花放在林溪的坟头，看了一眼醉醺醺的欧阳伦，“你真的要这样颓废下去吗？”

欧阳伦的眼睛闭着，懒懒地口齿不清地嘟囔着："林溪都没有了，我的世界还有什么意义？"

"难道你的世界里就只有林溪一个人吗？"颜擎苍心不由得一痛，不由地提高了声音，"你还有你的抱负、你的前程……"颜擎苍停顿了下，"还有一直深爱着你的公主……"

"不要再跟我提公主！"欧阳伦的眼睛猛然睁开，缕缕的血丝布满了眼睛，看起来狰狞而绝望，"那个像妖魔一样的女人，若不是她，林溪怎么会到如此的地步？是她害了林溪，是她逼死了林溪！"欧阳伦拿起酒囊仰头一阵猛灌。

"啪！"颜擎苍一把打落了欧阳伦手里的酒囊，酒囊落于地上，清冽的酒汩汩流出，瞬间就渗入地下，只留下一团模糊不清的湿痕和浓烈的酒味。颜擎苍猛然抓住欧阳伦的衣襟，一把就把欧阳伦拎了起来。

"让我来告诉你，害死林溪的不是别人，而是你这个自以为是的家伙，欧阳伦！"颜擎苍的眼里迸射着伤心、失望、心痛、无奈，"你明明知道你和她不可能有好的结果，可你却放任着自己，你知道不知道，是你的一意孤行害了她！"

"不，不……我那么爱她，怎么会害她呢？"

"你不配说爱她！"颜擎苍一把推开他，欧阳伦连连后退了几步，跌坐在地上。

"你若爱她，你就应该知道她选择轻生的难处与苦心！如若她知道她的死只换来你的消沉与堕落，我想，她一定觉得死得有多么的不值！"颜擎苍说罢，从身上掏出一封信笺，"这是丫头今日清理房屋时发现的，是林溪留给你的……"

信笺上赫然写着"欧阳伦亲启"几个字，正是林溪娟秀的笔迹，欧阳伦的手轻轻地颤抖着，抽出了一页纸来。

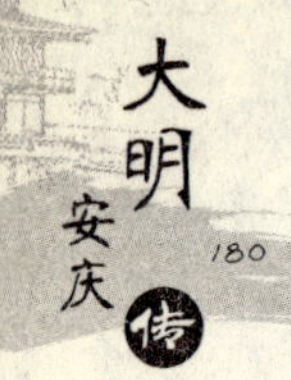

“欧阳，当你看到这封信时，我已经去一个很远很远的地方了……不要为我伤怀，因为当我做出这个决定的时候，心是最宁静，也是最轻松的时候……”

“当我知道这世间还有一个女子爱着你的时候，我就知道想和你一生静好已成为一个不可企及的梦，但我心亦有不甘，明知道这是飞蛾扑火，却义无反顾，因为我相信这个世上，没有人比我更爱你……”

“直到那一日，我得知公主在知道了我们的私情后竟然选择了隐忍，后来她又冒着被天下人耻笑求得皇上赦免了你，我才知道，这个世上，有个人比我更爱你……欧阳，我爱你是因为你也爱我，而公主，她明明知道你不爱她，甚至背叛了她，却依然对你一往情深，欧阳，你不曾眷顾于她，但她从未放弃等待，这需要多大的胸襟与勇气，每一份深情都该有个美好的结局，公主是个值得你用生命去珍爱的女子，不要再负了她，我会在天上祝福你们的……”

“林溪……”一滴滴清泪落在信笺之上，洇湿了一大片的墨迹，欧阳伦悲恸的哭声久久地在暮野中回落。

几场雨，天气已然薄凉。

金銮殿上，朱元璋面沉如霜，太子朱标正朗声念着奏折：“陛下欲深罪空印者，恐奸吏得挟空印纸，为文移以虐民耳。夫文移必完印乃可。今考较书策，乃合两缝印，非一印一纸比。纵得之，亦不能行，况不可得乎？钱谷之数，府必合省，省必合部，数难悬决，至部乃定。省府去部远者六七千里，近亦三四千里，册成而后用印，往返非期年不可。以故先印而后书。此权宜之务，所从来久，何足深罪？且国家立法，必先明示天下而后罪犯法者，以其故犯也。自立国至今，未尝有空印之律。有司相承，不知其罪。今一旦诛之，何以使受诛者无词？朝廷求贤士，置庶位，得之甚难。位至郡守，皆数十年所成就。通达廉明之士，非如草菅然，可刈而复生也。陛下奈何以不足罪之罪，而坏足用之材乎？臣窃为陛下惜之……"

群臣顿时窃窃私语，纷纷点头称是。

朱元璋面色却越来越阴沉，但他仍极力掩饰着自己的盛怒，"这份奏折是谁上书的？"

朱标躬身回答，"郑士利。"

"他是何方人士，现任何职？"

"他乃宁海人，无官无职，只因他有个哥哥叫郑士元，是湖广按察使佥事，与空印案有些干系……"

朱元璋冷笑一声，"难怪，如此能言善辩原来是为了替他的哥哥开脱罪责……众爱卿以为这份奏折如何处理？"

那些刚才还点头称是的大臣们听闻朱元璋如此说，早都噤声，明智地选择了沉默。

欧阳伦本来对空印案牵扯人员之多颇有微词，此时上前一步，躬身说道："臣以为郑士利所言甚有道理，这本是各级官员为节省时日的变通之法……"

话音未落，只听朱元璋一声怒喝："开脱罪责的狡辩之语，何来道理，他区区一介草民竟然敢公然上书指责朕，传朕旨意，将郑士利与其哥哥郑士元一起罚至江浦劳役！然后彻查幕后主使者！关于空印一案，朕意已决，主印官员全部杀掉，副手打一百杖充军！"

"皇上……"欧阳伦还想说什么，一旁的梅殷连忙悄悄拉了拉他的衣角，他只好作罢。

下朝之后，欧阳伦步履沉重，心情沉郁得一如此时的天气。

"欧阳兄！"梅殷从后面赶了上来和他并肩前行。

"梅兄，朝堂之上人人皆知这空印一事本来不过是官员们为了工作的便利采取的一种变通手法，为什么大家都要保持缄默呢？”

“欧阳兄，难道你这般聪明，也不明白这其中的厉害？”

“愿闻其详……”欧阳伦疑惑地说。

“从古到今，历代皇上的权力足可以让他们宽恕任何人、任何事，但有一件事他们却不会宽恕……”

“什么事？”

“事关皇权威严的事……其实皇上心中早就明白这是一种变通，但他不能容忍这些官员不向他请求便私下擅自盖印，这是对他权力的轻视，蔑视他的皇权。你想，皇上会从轻发落吗？况且，欧阳兄，你我虽贵为驸马，在别人眼里有着无上的尊荣，但你我更应该清楚，当今皇上不喜欢驸马参政，所以，欧阳兄，纵使我们有满腹才华，但有些时候，我们只能选择沉默……”

看到欧阳伦的目光愈来愈黯淡，梅殷自知此话又说到欧阳伦的痛处，连忙话题一转：“欧阳兄，我们好久未在一起把酒言欢了，今日可否赏光到舍下一叙？”

第十一章　梅府斷念

（空印案最终以主印官全部处死，副主印责打一百杖之后充军结束，我并不懂这期间有何政治利益与目的。我只看到梅府里那些早开的菊花纤细的花丝尽情地张扬着绽放的美丽，可我的心却如那一池枯败的残荷，皱皱巴巴，再也舒展不开来……）

宁国公主一手挽着安庆，不时地抬手撩开从篱笆里斜依出来的花枝，沿着石子铺就的甬道来到一簇枝繁叶茂的菊花前，“庆儿，这就是你自己栽的瑶台玉凤，瞧，开得多好！”

硕大的花如一团轻柔的云朵，安庆的手轻轻地抚过那些柔弱的花丝，仿佛触摸到了最柔软的回忆，脸上露出一丝哀伤，“这是母后最喜欢的花儿……”

“是的，我听母后说，她和父皇相识在一个菊花盛开的日子里……”宁国的脸上露出恬淡的笑容。

“可是，母后再也看不到了……”说到此处，安庆的神色迅速地黯淡下去，竟轻轻地抽啜起来。

"庆儿……"宁国拿起丝帕轻轻地拭去安庆眼角的泪，"母后在天上会看到的……"

"姐姐，是我害了母后，是我不懂事，害得她日夜为我操劳终成恶疾，她病重之时我不但没有给她安慰，反而更害得她为我忧心，不能安心养病，是我害了母后，父皇也不再疼爱庆儿了……"安庆再也忍不住了，扶在宁国的肩头痛哭起来。

"傻瓜！"宁国幽幽地叹了一口气，疼惜地将安庆拥入怀中，"母后仁爱，为了父皇的事业无怨无悔地操劳，生病之后为不累及他人坚决放弃治疗，这怎么会怪你呢？庆儿，我们虽同为母后所生，是母后与父皇相爱的见证，我们的存在曾带给他们无比的快乐与欣慰，但因你自小鬼灵精怪惹人疼爱，你在他们的心中更是无可替代……"宁国公主轻轻地拍着安庆瘦削的背，"你知道吗，父皇虽日理万机，但他心里一直记挂着你，他怕你整天待在府中自责，郁郁寡欢生出病来，特意嘱咐我要多陪陪你，多开导开导你……"

"真的吗？"

"当然是真的了，所以我才命人去请你来赏菊吗！"宁国公主疼爱地拉起安庆的手，"庆儿，母后已经去了这么久，你也该走出伤痛了！不然父皇不安心，就连在天上的母后也不会安心的！"

"嗯……"安庆乖巧地点了点头。

"这样就对了吗……"宁国公主脸上露出欣慰的笑，她转身掐了一朵雏菊，插在安庆的发髻间。

"庆儿……"宁国公主欲言又止。

"姐姐想说什么？"

"庆儿，母后在病中时，曾和我彻夜长谈，母后说她这一生最后悔的事就是轻率地答应了你的请婚……"

安庆神色不由地黯然，“这不怪母后，是我自己选择的！”

“庆儿，母后生前最放心不下的人就是你，如今虽然没有了母后，但是你还有父皇，还有姐姐。庆儿，你告诉姐姐，你有何打算，姐姐都会想尽办法为你做主！”

“打算？”安庆眼前一片迷茫，挤出一丝苦涩的笑，“我还能有什么打算？”

“庆儿，你正是花样年纪，就这样和他蹉跎下去终究不是办法，欧阳伦既然从未喜欢过你，你何必还要坚持，这天下好男子多得是，况且你是我们大明尊荣的公主，多少青年才俊达官贵人趋之若骛，只要你愿意，你告诉姐姐，姐姐会回明父皇，让你择婿另嫁，当然，这也是父皇的意思。”

安庆只是默默地看着满园秋菊出神，良久才幽幽地说：“姐姐，经过这么多，我已经死心了，我知道，他对我只有无尽的恨意，今生，他都不会再爱上我了……”

“既然你已明了，何不就此放手？”

“可是姐姐，你知道吗，我明明知道我和他之间再无可能，可我依然会等待着他夜夜醉归的脚步，我知道他不会来我的房中，一听到他的脚步声，我的心都会阵阵作痛，虽然这种痛无时无刻地折磨着我，但在我的内心深处，我宁愿痛着，也不想让最后的一丝念想断然无存……”

宁国公主闻言大惊，“难道时至今日你还放不下他？”

“姐姐，我也好想放下，可是我做不到，我真的做不到……”安庆泪水涟涟。

“唉！”宁国公主长叹一声，转身轻轻地说，“舅舅，你还是自己劝她吧，我对这丫头真的无能为力了！”

树后缓缓走出一个人来，目光如寒夜的星子一般冷森森的，满脸不甘直逼安庆而来，“你告诉我，他究竟有什么好，值得你为他如此执迷不悟？”

“舅舅……”安庆诧异，看了看姐姐，又看了看蓝玉，“是你让姐姐劝我的……”安庆的神情转为淡漠，“舅舅，我不是告诉过你，不要再为我担心吗？”

“我怎么能不担心，丫头，你看看你现在成什么样子了，你为了一个不爱你的男人把自己折磨成什么样子了，你有点出息好不好！”蓝玉的双手使劲儿地按在安庆瘦弱的肩上，“你知道不知道，一个人若不爱你，你即使把心掏给他，他也不会看一眼的！”

“我知道……”安庆强忍着痛，眼泪却涌了出来，“可是舅舅，你告诉我，如若是你，你会断然放弃深爱的人吗？”

蓝玉的心里一滞，目光一时竟变得无措，看着安庆楚楚哀怨的目光，他的手无力地从安庆的肩头滑落，一丝自嘲的苦笑浮在唇边，“你说的对，我自己都做不到的事，怎么要求丫头你做到呢……”

安庆从未看到蓝玉的神情如此颓丧，心里生出一丝歉疚，低头喃喃地说：“对不起……”

“傻瓜，不用说对不起……舅舅只怪自己不能让你一生开怀……”

“哇……”安庆的鼻子一酸，所有刻意隐藏起来的委屈瞬间崩溃，一头扎进蓝玉的怀里大哭起来。

蓝玉轻轻地拍着安庆因抽泣而微微颤抖的背，脸却微扬了起来，他怕旁边的宁国公主看出他脸上失态的泪光。

“咳咳……”突然不远处传来几声轻咳，宁国公主回头，却是梅殷，是他正在掩嘴轻咳，他的身边赫然站着欧阳伦。

“梅殷见过蓝将军……”梅殷连忙上前请安问好。

蓝玉微微颔首，却并未放开揽着安庆的手。

安庆没有料到会在这里遇到欧阳伦，竟忘了自己正在蓝玉的怀中，也只是怔怔地看着他们。

欧阳伦复杂的眼神掠过在蓝玉怀中的安庆，心里竟莫名的一阵失落。

空气顿时陷入凝滞之中。

宁国公主见状，连忙笑着说：“日已西斜，想来晚膳已经准备好了，还请舅舅和欧阳驸马到前厅用晚膳……”

“是啊，是啊，难得大家赏光，欧阳兄，请……”梅殷连拉带拽地先将欧阳伦带走了。

直到欧阳伦的身影消失，安庆才如梦初醒般地发现自己竟然还被蓝玉轻拥着，连忙挣扎一下，退出几步，低垂着眼帘说：“我要回府了！”说完匆匆向外走去。

“庆儿！”宁国公主把求救的目光看向蓝玉。

蓝玉一个箭步上前，一把拉住安庆的手，“犯错的并不是你，你为什么要逃避？”

安庆一怔，愣在原地。

蓝玉放缓了口气，“丫头，躲避是解决不了任何问题的，如果你现在连面对他的勇气都没有，那你还指望着他会爱上你吗？”

“那我能怎么办？”安庆可怜巴巴地看着蓝玉。

这种卑微的神情让蓝玉的心里又是一阵抽搐，“丫头，你只要记住，你是公主，有公主的骄傲与自尊，不要为了讨好谁而改变自己，做你想做的事，就好！”说罢，他提步而去。

果然，前厅里已预备好了晚膳。欧阳伦刚坐定，蓝玉也走了进来，梅殷连忙起身让座，蓝玉并不推辞，在首席坐了。梅殷在他的左侧，欧阳伦在他的右侧，一时大家无言。

第十二章 爱，以命相护

（我想保持我公主的高贵与自尊，可是，在他的面前，我终究只能选择落荒而逃……）

终于，宁国公主携了安庆进来，安庆已经重新梳妆，面上略施薄粉，稍稍掩去了几分憔悴。她默默地坐了，目光自始至终未看任何人。

“让大家久等了……”宁国公主歉意地朝众人点了点头落座。

大家一番客套后，开始进食。

安庆自始至终眉目低垂一言不发。

“来，庆儿，尝尝这个，这是我特意吩咐厨房为你做的……”宁国公主夹起一个香菇糯米肉丸子放到安庆面前的小碟里，心疼地说，“你看你瘦成什么样子了……”说着，她略显不满地看了一眼欧阳伦。

欧阳伦心下不由一阵惭愧，自从那夜安庆拦在他的面前为他挡住蓝玉的剑后，就一直对他避而不见，今日在园中忽见，也顿觉她又单薄不少，现在听宁国公主如此说，竟下意识地掠了一眼桌上的菜，突然拿起汤匙舀了一小碗瑶柱燕窝粥默默地放到安庆的面前。

安庆恍若做梦一般，神思竟然一阵恍惚，只是怔怔地望着眼前那只碧玉莹莹的小碗发呆。

宁国公主看到欧阳伦如此举动，以为他这是主动向安庆示好之意，心里不觉得有些安慰，不管怎么说，既然安庆放不下他，如若他真能心存悔意，从此真心对待安庆，未尝不是最好的结果，可一看安庆神情却有些古怪，连忙笑着对安庆说："快趁热吃点吧，这可是驸马的一片心意啊……"

话音未落，安庆却倏然站起，脸上露出一丝揶揄的冷笑直逼欧阳伦，"欧阳伦，你不要再演戏了，现在全皇宫，不，全天下的人都知道我安庆公主和你欧阳驸马的婚姻是一场笑话，你演这一出貌合神离的恩爱给谁看啊！"

欧阳伦没料到会有这种结果，一时窘迫，"不，公主，我、我不是有意的……对不起……"

安庆伸出如葱的手端起碧玉小碗，凝视良久，脸上露出一抹凄然的微笑，"欧阳伦，你没有对不起我，这一切都是我自作自受！我可以接受你不爱我，可我的生命中不需要你貌合神离的赐予！"说罢端着燕窝粥的手一松，随着一声清响，玲珑剔透的玉碗便粉身碎骨，红红白白洒翻一地。

众人皆愕然。

"庆儿！"宁国公主和梅驸马几乎同时惊呼。

蓝玉的脸上却并无半点异样，只是冷眼旁观。

"欧阳伦，我恨你！"安庆幽怨地看了一眼欧阳伦，一转身，掩面冲了出去。

"丫头！"蓝玉倏然起身，就要追出去。

"庆儿……"宁国公主边喊边责怪地看了一眼欧阳伦，刚想起身追出去，一旁的梅殷却按住了她，"解铃还须系铃人，我看还是欧阳兄去看看公主吧……"说着，目光投向蓝玉，似在征询他的意见。

蓝玉自觉刚才有些失态，轻咳一声，"也好！"缓缓落座，掩饰地端起

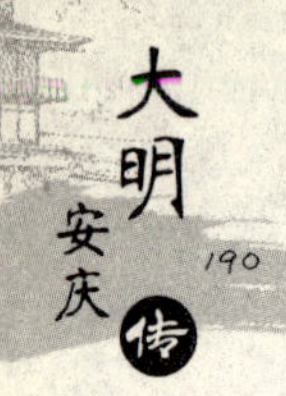

一杯酒慢慢品了起来。

“好吧……”宁国想了想，若有所思地点了点头。

欧阳伦正尴尬地坐在那里，满脸羞愧之色，闻言连忙站了起来，冲大家点了点头，快步走了出去。

安庆一路小跑穿过庭院，径直向府外冲去，欧阳伦快步跟在后面，“公主……”

安庆一听到欧阳伦的声音，更觉悲愤，泪水早已模糊了视线，她拼命地向前跑，想要逃离这个曾系着她全部的忧思，却又带给她无限屈辱的男人……

梅驸马府外，是一条笔直的官道，常有专司皇宫采办的马车通过，因为是皇宫的马车，所以一向是旁若无人疾驰而过，眼看着安庆以手掩面冲出门去，欧阳伦生怕出了什么意外，连忙喊道：“庆儿，停一下，你听我说……”

正在碎步疾跑的安庆闻言只觉心头一颤，身形微顿，猛然转身，一脸的不可置信，“你，你刚才叫我什么？”

“我，我……”欧阳伦也没有料到自己在情急之下会喊出如此亲昵的称呼来，“安庆，不，不，公主，这里常有马车经过，太危险……”

安庆凄然一笑，“欧阳伦，你既然不爱我，我的生死又与你何干？”她边说边一步一步向后退去。

欧阳伦怔在原地，不知该如何是好。

正在这时，一辆马车正自西向东疾驰而来，转瞬已到眼前。

“闪开，快闪开……”赶车的马夫突然看到路中间站着一个女子，想要勒住缰绳，却因马车速度太快，一时无法停下来，只能大声急喊。

安庆只顾幽怨地看着欧阳伦，一步一步地后退，根本没有发觉危险正在向她靠近，欧阳伦却早就吓得面如土色，顾不得多想，一个箭步冲了上去，一把推开安庆。

安庆一声惊叫，重重地摔在了路边。车轮和她擦肩而过的瞬间，欧阳伦被马车撞飞出去，在马的嘶鸣中，马车驶出不远后终于停了下来。

待安庆惊愕地爬起身，回头看去，眼前的景象已乎让她昏厥了过去，只见欧阳伦躺在马路中间，身上血迹斑斑。

“欧阳……”安庆连滚带爬地向欧阳伦扑去，只见欧阳伦双目紧闭，额头正汩汩地往外冒着鲜血，气若游丝。

“死奴才，你怎么赶车的……唉哎……唉哎……咱家剥了你的皮！”马车里探出一个太监，一边呻吟，一边破口大骂，赶马车的奴才早被吓得七荤八素的，闻言，如梦初醒般地忙回话，“公公，不好了，撞，撞人了……”车夫惊魂未定。

那太监掀开帘子探出身子向后定睛看去，只见一个女子扑在一个浑身是血的人身上哀哀痛哭，他皱了皱眉头，冷哼一声，对车夫斥责道：“撞上人有什么大惊小怪的，又不是撞上鬼了……咱家是给宫里办事的，可耽误不起，咱们走……”他缩回身子去，嘴里忍不住又呻吟，“唉哎，我的这老腰啊，怎么经得起这样折腾，看咱家回去不收拾你……”

车夫定了定神，扬鞭策马，马刚狂奔起来，就好像被一股巨大的力量死死地拽住了，正在狂奔的马瞬间停了下来，车夫心下疑惑，正要回头看时，只听“哐啷”一声巨响，后面的车子因惯性轰然侧翻在地，马受了惊吓，一下子狂躁起来，却只能四蹄在原地打转。吓得魂飞魄散的车夫早就被颠下车去。

“你这个死奴才，看来咱家真得剥了你的皮？”那个太监从侧翻的车厢里爬了出来，一手按着腰，一边大骂，“你是想要了咱家这条老命吗？还不快过来扶咱家起来，我看你是不想要脑袋了……”车夫早就被压在车辕下面，他强忍着痛撑起身子，一瘸一拐地去扶太监。

那太监嘴里不停地骂骂咧咧，突听耳边一个冷冷的声音："李公公……"

李公公一抬头，正迎上蓝玉冷若冰霜的脸，只见他一手死死地握着马的缰绳。

李公公一愣，连忙躬身下拜赔笑道："原来是蓝将军，小的见过蓝将军……"

蓝玉却丝毫不理会他的一脸献媚之色，冷冷地说："你的马车撞了人，难道李公公你不知道吗？"

"咱家……哦，不，小的知道，只是小的是给皇上办事，怕耽误不起……"

"哦，既然如此，那你赶快回去给皇上复命吧……"

李公公面露喜色，对站在一边瑟瑟发抖的车夫斥责道：

"还傻站着干什么，快把车子扶起来，耽误了皇上的事，可是要掉脑袋的……"

蓝玉的目光掠过侧翻的马车，落在正悲恸欲绝的安庆身上，只见她精心妆点的粉面上泪痕斑斑，大滴大滴的眼泪落在怀中的欧阳伦苍白的脸上，根本不顾梅殷和宁国公主的解劝。

原来，欧阳伦刚出去不久，便有梅驸马府的家丁慌慌张张地跑了进来，"不，不好了，欧阳驸马被马车撞了……"

"什么！"众人皆惊。

"怎么回事？"

"欧阳驸马眼看着马车冲了过来，他把公主推开，自己就……就被马车撞了……"家丁上气不接下气地说。

众人连忙向门口冲去。

此时车夫已费了九牛二虎之力将车厢扶正，"蓝将军，那咱家就先回宫了……"李公公小心翼翼地说。

"李公公，麻烦你顺便告诉皇上，欧阳驸马被马车撞了。"

李公公一愣。

“还请你告诉皇上，欧阳驸马是为了救皇上最宠爱的安庆公主才被马车撞了……”蓝玉面无表情，一字一句，“在你离开之前，驸马爷还生死未卜……”

李公公眼神不自觉地朝蓝玉的目光看去，顿时如五雷轰顶，那个悲声痛哭的女子不是安庆公主是谁。

“蓝将军……”李公公双膝一软，跪倒在地，面如土色，对着蓝玉连连叩首，“蓝将军饶命，蓝将军饶命啊……”

“你的狗命就留着由皇上亲自发落吧！”蓝玉不再理会瑟瑟发抖的李公公，径自调转马车。

“欧阳伦，你既然不爱我，你为什么还要救我，我已经欠你一条命了，你为什么拿命来救我，你这是在折磨我，你知道吗？难道我命中注定只能被你一次又一次地折磨吗？”安庆的脸紧紧地贴在欧阳伦的脸上，目光呆滞，嘴里呢喃着……

“公主……对，对不起……”欧阳伦气若游丝，“如果有来生，伦，伦一定不负公主的厚爱……”

“我不要你说对不起，我不要来生，我只要你现在好好的……”安庆慌乱地用手去拭欧阳伦额头的血，可是却越拭越多。

宁国公主早被这突如其来的变故吓坏了，这时才如梦初醒般地醒悟过来，慌乱地吩咐下人：“快去传太医，快去传太医！”

蓝玉阴沉着脸，一言不发地来到安庆面前，蹲下身子，将手搭在欧阳伦的腕上片刻，直起身子冷冷地说：“放手！”

安庆泪眼茫然。

蓝玉叹了一口气，弯腰从地上抱起欧阳伦，大步向马车走去，冷声说道：“别急着哭，你心爱的驸马还没有死呢……”

等蓝玉将欧阳伦在马车上安置妥当，早有梅驸马府的家丁按照梅殷的安排驾起马车，一路向王太医的府邸狂奔而去……

“公主，你就歇一下，让奴婢来吧……”玲珑斗胆上前试图接过安庆手里的毛巾。

“不用！”坐在榻沿的安庆头也不回，只顾低头仔细地用温热的毛巾擦拭着欧阳伦的脸颊。

“公主，你已经好几天没有好好休息了，就让奴婢们来伺候驸马爷，公主就歇一歇吧……”玲珑几乎是在祈求，“况且……蓝将军还在外面候着呢……”

“不是告诉过你们，我不要见任何人吗！你去告诉舅舅，请他回去吧……”安庆话音虽是淡淡的，但语气却是不容置疑的，玲珑迟疑片刻，看公主态度坚决，只好使了个眼色，和几个小丫头一同退了出去。

“蓝将军，公主说她不想见任何人，请蓝将军回府……”玲珑小心翼翼地对等在前庭的蓝玉说。

“公主是在忙着照顾驸马吗？”蓝玉眉头紧锁。

“是……公主这几日一直守在驸马榻前寸步不离、不眠不休。”玲珑将茶盏放于桌上，垂手侧立于一旁。

“什么，这个傻丫头难道就不顾念自己的身体了吗？”蓝玉一拍桌子愤愤地站了起来，径直就朝里走去。

“蓝将军……”香云刚想阻拦，一边站着的玲珑悄然给她使了个眼色。香云话到嘴边又咽了回去，蓝玉已大步向后庭走去。

“玲珑，公主交代不见任何人，你为什么不让我拦着蓝将军，如若公主降罪于我们可如何是好？”

玲珑看着蓝玉远去的背影，幽幽地说：“香云，你也看到了，这几日公主照顾驸马爷都是亲力亲为，从不允许我们奴婢们插手，自从公主成婚，身体本就日渐消瘦，这样下去公主的身体可如何消受得了，我们劝说公主根本是无济于事，现也，也许只有蓝将军的话公主可以听得进去几分……你放心，如若公主怪罪，玲珑一个人承担就好！”

海红色围缦的床榻上，欧阳伦的头被白色的纱布紧紧地缠裹着，脸上的气色似略有好转，只是一直在沉睡之中。

安庆的手轻轻地触过他的眉角，嘴唇，眼泪又流了出来，“欧阳伦，你一定是不想看到我，所以才不愿意醒来，是不是？”她轻轻地俯下身子，将头依在欧阳伦的身边，“你在沉睡的这些天，我想明白了一些事……你知道吗？我想让你爱我，让你因为我的存在而感觉幸福，可事实上，我并没有带给你任何的快乐，是我的一厢情愿和自私扼杀了属于你的幸福，对不起，我已经知道我错了，你原谅我好吗？我答应你，只要你醒来，我一定还你自由，欧阳，你一定要早日醒来，这样你才可早一日获得自由……”泪，一滴滴地从安庆的脸颊滑落……

“你真的愿意这样做吗？”身后一个幽幽的声音传来。

安庆不用回头，已然知道身后说话的人是蓝玉。她轻轻拭了拭眼角的泪痕，转过头来，脸上挤出一抹惨淡的笑容，“他既能舍命救我，我又怎忍让他一辈子不得开怀……”

“这么说，你心里还是爱着他？”看着安庆如此的神情，蓝玉的心如刀割。

“爱与不爱对我来说已经不重要了，只是我想明白了，爱既然强求不来，还不如放手！舅舅，庆儿只要等到他醒来，看到他安然无恙，便会回宫请旨，从此与他再无半点瓜葛！”

“傻丫头，你早该想明白的……”蓝玉说着，从衣袖里掏出一个锦盒打

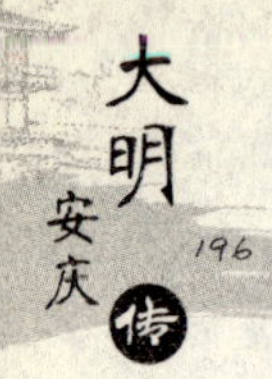

开来，递给安庆。

“这是什么？”

“这是我在云南征战时偶得的一粒奇药，据说世间仅此一粒，有起死回生之功效，也许对驸马有用，你不妨给他一试！”

“真的吗？真的能让他醒过来吗？”安庆的眼里闪过一丝希望，连忙将锦盒打开，顿时只觉异香扑鼻，一看便知不是易得之物。猛然间想起了什么似的，迟疑着说，“你不是一直不喜欢他吗，你为什么要救他？”

“不错，他的死活我根本不在乎，我只是不想看到你为了他如此操劳罢了……”蓝玉淡淡地说，“只是等他醒来，你不要忘了今日所说的话就好……”

“舅舅放心，庆儿心意已决！”

蓝玉轻轻地点了点头，转身离开的瞬间，心里蓦然升腾起一种希望，也许，这种希望他从未破灭过，“丫头，只要你愿意放弃欧阳伦回到宫里，蓝玉一定会去向皇上求婚，我会用我今生全部的爱意和柔情弥补你所受的失意和委屈，我会用事实证明我有多么爱你……”

也不知过了多久，欧阳伦终于缓缓地睁开了眼睛，眼前是一片海红色的轻纱，轻柔得像是梦，空气中还弥漫着百合花的香气……“这是什么地方？”他疑惑地想起身，却觉全身轻飘飘的，他只能微微地侧目，目光所及之处，只见安庆俯身爬在床榻边沿，似乎是睡着了。

“原来这里是公主的寝室，我怎么会躺在公主的床榻上呢？我不是去了梅驸马府喝酒吗，我看到公主和蓝玉在一起……”想到这儿，欧阳伦只觉得头痛欲裂，那日的一幕一幕，如闪电一般在欧阳伦的脑中划过。“对了，我好像被马车撞伤了，那么公主呢，看这情形她应该没事吧！可她为什么要趴在这里呢？”

欧阳伦正暗自思索，却听到房门被轻轻地推开，有人进来，欧阳伦连忙又闭上了眼睛。

进来的是玲珑和香云两个丫头。玲珑看到公主又爬在榻沿睡着了，连忙示意香云手脚放轻点。

香云一边将桌上的茶点收回盘中，一边轻轻地嘟嘟道：“玲珑姐，你看这些茶点，公主几乎又是原封不动……”

“唉，为了能让驸马爷早日醒过来，公主生怕我们照顾不周，什么事都要亲力亲为，常常是夜不成眠，哪还顾得上吃东西呢？”玲珑轻轻地将一件披风盖在公主的身上，轻轻地叹了一口气，双手合十，嘴里虔诚地说，“求佛祖看在公主日日抄写佛经的份上，保佑驸马爷赶快醒过来……”

“哼，驸马爷对我们公主一点都不好，你为啥要替他祈福啊……”香云小声地嘀咕。

“不要胡说！”玲珑轻斥一声，“驸马对公主如何不是你我操心的，我们只要做好份内的事，既然公主希望驸马爷早日醒来，我们自然也盼着驸马早日醒来，再说，驸马早醒来一日，公主就可以安心一日……好了，我们下去吧，公主难得睡一会儿，我们不要吵醒了她……”

玲珑和香云收拾完东西轻轻地退了出去，屋子里又陷入宁静之中。欧阳伦再次缓缓地睁开眼睛，目光落在安庆的身上。

安庆的头枕在自己的胳膊上，身上穿着一件极其简单的丝绸罩衣，乌云般的长发也只是简单地挽在脑后，也许是不曾认真地梳理，有几缕青丝零乱地缠绕在白皙的脖颈之间，脸颊也被遮住了大半，欧阳伦缓缓地伸出手，迟疑了良久，终于轻轻地拂开她脸颊的那一缕发丝，露出安庆苍白而瘦削的脸来，欧阳伦的心轻轻一颤，一丝内疚漫到心间，“公主，我欧阳伦根本不配你如此悉心照顾啊……”

正在这时，安庆突然睁开了眼睛，正好迎上欧阳伦疼惜的目光，一时竟怔住了，“你，你醒了……”

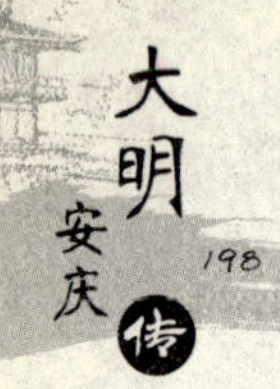

欧阳伦一时也不知说什么才好，只好含糊地嗯了一声。

“你醒了，你终于醒了……”安庆激动得有些语无伦次。

欧阳伦伸手握住安庆的手，“公主，这些日子让你受累了……”

安庆只觉心中一暖，轻声说道：“你是为了救我才受伤的，我受再多的累也是应该的……”她的目光停在那双紧握的手上，猛然想起什么似的连忙抽出手来，掩饰地说，“你沉睡了这么多天，一定饿了吧，我去给你弄点吃的来……”说着她慌张地起身朝外走去。

裙裾轻扬，欧阳伦的心里竟莫名地生出一种失落来。

夜凉如水，安庆手握一支饱蘸浓墨的笔，凝神看着那页洁白而柔韧的宣纸，不知该如何下笔。玲珑悄身进来，往楠木云纹小案子上的那个镂着梅兰竹菊四样花色的四方熏炉里加进去几片香，又轻轻地退了出去，顿时，屋子里便弥漫起一股淡淡的百合香。

又过了许久，也许是百合香静气凝神的功效发挥了作用，安庆的心慢慢地平静下来，手中的笔终于落了下去。

就在这时，静夜里响起几声轻轻地敲门声，“公主，我可以进来吗？”

安庆一愣，连忙将刚写的字放于抄写的几页佛经之下，并拭了拭眼角，理了理鬓角，款款说道：“驸马进来吧……”

欧阳伦推门而入。自从欧阳伦醒过来之后，安庆虽还是悉心照顾，但让人伺候他搬回到了书房。

“驸马今日可好些了，这个时候怎么还没有休息？”安庆起身相迎，萤萤灯火之下，她着一袭家常的白色圆领绢质长裙。

“我已经好多了，只是睡不着……看到公主房里的灯还亮着，想来公主也未曾休息，就来看看公主在干什么……”欧阳伦扭头看到案上的笔墨，“原来公主在写字……公主在写什么呢？”他说着就向案几走去。

安庆神情一慌，连忙拦在身前，掩饰地一笑，“安庆闲来无事时抄抄佛经，字实在难看，入不得驸马的眼，不看也罢……”

“是吗？那我倒要看看公主的字有多难看了？”说着，欧阳伦的手轻轻地刮了下安庆的鼻子，如此一个亲昵的动作，安庆便如被雷电击中一样，傻傻地站着动不了身，任由欧阳伦探出胳膊去取案几上的纸。

“菩提本无树，明镜亦非台，本来无一物，何处惹尘埃……”欧阳伦轻轻诵读，“公主的字如此绢秀，怎么还说难看呢……”欧阳伦自顾欣赏着公主抄写的佛经，“不过，这个菩提的题字，这一捺的用笔有些不对，应该是这样的……”欧阳伦说着，拿起案上的笔递到安庆的手中，“来，我教你……”

安庆机械地接过笔，任由欧阳伦将她揽入怀前，右手握着她的右手，“你看，这个题字最重要的一笔便是捺，起笔要先逆锋向左轻起后转锋再向右，行笔边行边按，逐渐加重，形要微弯，最重要的是收笔，一定要稍驻后折向右平收……”欧阳伦轻微而温润的呼吸在安庆的脖颈间缠绕，肌肤的热量透过薄薄的衣衫，一种从未有过的舒服与妥帖在安庆的体内漫延……安庆痴痴地站着，在这一刻，她仿佛置身于许久以来的一个梦，梦中，红烛摇曳，她就这样和相爱的人相依相偎、举案齐眉……安庆不由地挑起眉角看了一眼正聚精会神地写字的欧阳伦，只见他脸上是她从未见过的平和与宁静。如果能这样直到天荒地老该多好啊，安庆的心里不由轻叹声，突然又猛然一个激灵，身子微微一颤。

“你怎么了？”欧阳伦似乎感觉到了她的僵硬，“冷吗？”欧阳伦的目光充满了关切之情，一如多年前他从秦淮河救起她时的目光，有关切，有担忧，甚至似乎有无限的怜惜……

“安庆，你醒醒，你要记得，他所做的虚情假意都是为了能更好地伤害你，他此时对你有多少柔情，转瞬就会有多么的残忍……”一个声音在安庆的内心深入响起，她顿时脸色苍白，一把推开欧阳伦，身子猛然后退几步，扶在案几边。

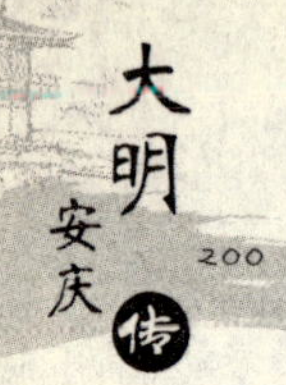

她一边躲闪着欧阳伦探询的目光，一边强压心头的哀伤说：“驸马，我，我累了，要休息了，你请回去休息吧……”

欧阳伦讪讪地将笔放回原处，“那公主早点休息吧……”

门轻轻掩上的瞬间，安庆所有伪装起来的坚强荡然无存，她的背紧紧地抵在门上，泪水终于泛滥成海……门外，欧阳伦默然地伫立着，良久，缓缓转身离去。

这日，欧阳伦发现驸马府的人神色都有些怪异，大家各自默默地忙碌着，好像在收拾什么东西。公主的寝室门口放着几口大箱子，香云和瑞云两个丫头更是忙出忙进，看到欧阳伦过来，也不多言。

欧阳伦满心疑惑地走进安庆的寝室，安庆正坐在紫檀木雕花梳妆台前，默默地注视着镜子里边自己的容颜。

“公主，这是要干什么？”欧阳伦指了指屋子里几个翻开的箱子，“是要找什么东西吗？”

安庆未答，只是站了起来，缓步走到案几前，拿起一页折叠着的纸递给欧阳伦。

“这是什么？”欧阳伦边说边疑惑地打开，目光刚落到纸上，便大吃一惊，“休书！”

“是的，休书……”安庆目光掠过帘外那株日渐枯萎的芭蕉，眼角略带倦意，“欧阳伦，这是我替你写好的休书，我们的婚姻本不是你我想要的，我无法带给你一个男人应当拥有的幸福与欢愉，你也无法给我爱的感觉，在你昏睡的时候我曾祈求上苍，只要能让你醒过来，我一定还你自由，欧阳伦，你放心，我已经禀明了父皇，他已允许我回宫，从此你将与皇家再无半点关系，你曾两次救我性命，父皇特恩准将这座府邸留于你，你可以重新去找属于自己的幸福，去全心全意地爱别的女子……”

“那你呢？”欧阳伦突然发现自己的声音有些不像自己的，竟有些微微地发颤。

“我……”安庆莞尔一笑，“我贵为大明的公主，又是花样年纪，多少王侯将相梦寐以求，自然该有爱慕我的男子来疼我、宠我，我当然会择婿另嫁，从此执子之手，与子偕老……”

“哦……”就在突然之间，欧阳伦发觉自己的心仿佛变得空落落的。

“我今日便回宫……”

“好，呵呵，好……”欧阳伦一下子语无伦次起来，手足也变得无措。

“公主，宫里的人也快来了，奴婢伺候公主换衣服吧……”玲珑走了进来。

“知道了……”安庆看了一眼欧阳伦，“若没有其他的事，我要换衣服了……”

“哦……你换吧，我先出去了……”欧阳伦仓皇地点了点头，转身向门口走去，纵然每一步都是那么的沉重和迟疑，但他知道，他已没有留下来的任何理由。

欧阳伦的心绪一片凌乱，他努力地想让他的脚步稳健一点，脸上的表情自然一点，这不是他一直都想要的结果吗，为什么他的心里却没有一点欣喜，相反，更多的是无以言说的失落？刚走至庭前，就遇上迎面匆匆而来的王公公，他的心猛然一沉，身子不由地站定，“难道真的就这样结束了吗？”

看到欧阳伦对他视而未见，王公公自然也是不屑搭理于他，轻哼一声：“早知今日，何必当初！”说罢，头一扬，径直去见公主。

安庆早就迎了出来。

“奴才参见公主！”王公公向安庆施礼。

“王公公不必多礼，安庆这就随公公回宫……”安庆无论目光还是语气皆是淡然，看不出、亦听不出喜忧。

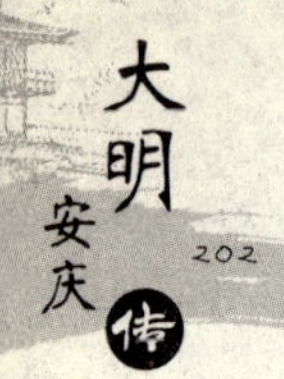

“公主，皇上让奴才告诉公主，按大明历，明日便是黄道吉日，皇上让公主明日一早入宫，皇上还说，明日会派蓝将军亲自来接公主回宫，以示公主威仪……”

“有劳公公了，我明日回宫自会去向父皇谢恩……”

字字句句落入欧阳伦的耳朵，他嘴角不由地勾勒出一丝浅笑，那缕浅笑里，分明是对自己的嘲笑和讥讽……

“来，擎苍兄，我们再喝一杯……”月影斑驳地洒在亭外早已衰败的小池里，欧阳伦醉意已深，他举着酒杯，跌跌撞撞地来到颜擎苍的身边，一手揽过颜擎苍的肩，“来，咱们俩再碰一杯……”

颜擎苍皱了皱眉头，“夜已经深了，欧阳驸马，你该回府去了……”

“驸马？”欧阳伦突然仰天大笑起来，“擎苍兄，伦今日竟忘了告诉你，我欧阳伦从此不再是驸马了！”说罢，手一扬，将杯中的酒一饮而尽。

“什么？”颜擎苍没明白过来。

“我欧阳伦从明日起就是自由之身了，不用再生活在皇家的光环下面，不用再和一个毫不相干的人朝夕相对……擎苍兄，你说，我是不是该对酒当歌，好好地庆祝一番呢？”欧阳伦说着，一手执壶，又自斟一杯，扬手灌下，又去倒酒。

“你说什么？你为什么不再是驸马了？那公主呢？”颜擎苍猛然夺下他手中的酒杯。

“公主？公主她……她要去找能执子之手与子偕老的王侯将相……她，她让我休了她……”欧阳伦的唇角泛起一丝嘲弄的笑，“她要还我自由之身！”

颜擎苍怔了良久，终于冷笑几声，“祝贺欧阳兄，你现在终于如愿以偿了！”

“呵呵，是，我是如愿以偿了……”欧阳伦突然颓丧地倚在亭柱上，半晌无言。

“这不是你一直想要的结果吗？”颜擎苍面上露出一丝揶揄的冷笑，“你应该欣喜万分才对，怎么反倒一幅失魂落魄的样子，不知道的人还当是因为公主薄情呢？”

“对，我应该欣喜才对……”欧阳伦喃喃地说，“我淡漠她，我从不顾及她的感受，我以折磨她来平复我心头的恨意，不就是为了有一天，她无法忍受而离开吗？可当我听到她的这个决定时，我心里为什么这样难受呢，擎苍兄，你告诉我，为什么，为什么我的心会突然这样疼呢？”

“没想到欧阳兄你也有心疼的时候啊？”颜擎苍一杯酒缓缓下肚，慢慢敛起脸上的讥讽之情，一字一句地说，“你心疼，是因为你在乎！”

“在乎？”欧阳伦一怔。

“是的，你在乎她！你不想失去她，对不对？”

“不，不可能，我怎么会在乎她，我怎么会不想失去她？”欧阳伦有些慌乱，“不行，我不能在乎她，我欧阳伦从未顾及过她的感受，更给不了她想要的生活，还有什么理由在乎她、留住她呢……”

“对，你是给不了她想的生活，她要的是一个爱她，疼她，能让她开怀的男人，不是一个拒绝她，淡漠她，让她心疼，只对过去念念不忘的你！”颜擎苍猛然站起来，一把抓住欧阳伦的衣襟，怒目圆睁，“你不配在乎她！你更不配留住她！”

欧阳伦双目紧闭，“我知道，所以时至今日我不奢求什么，如果放手也是一种爱，我宁愿就此放手！”

颜擎苍的手陡然一松，欧阳伦便顺着亭柱软软地滑落坐在地上。

“你说什么？你竟然说爱！”颜擎苍无法掩饰自己的错愕。

夜风吹来，疏影在亭外摇晃，让夜色更加模糊不清。

欧阳伦的嘴角泛起自嘲的笑，“是啊，我怎么可以说‘爱’这个字

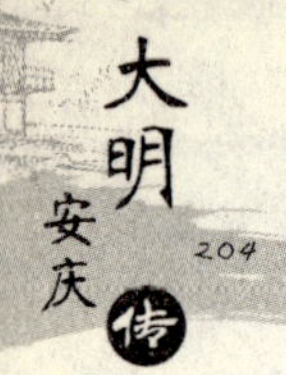

呢？”他摇晃着站了起来，“我伤害了她，还有什么资格再去说爱她呢？呵呵……呵呵呵……”他一把抓起桌上的酒壶，就往嘴里灌去。

“你终于承认你伤害了她……”颜擎苍冷眼看着眼前的这个曾滴酒不沾的男人如今竟不得不借酒消愁，他强压下心头的愤慨，缓和了口气，“你既然知道伤害了她，就应该加倍地去爱她，补偿她这些年为你所受的委屈！”

“迟了，一切都太迟了……她明日就回宫了，我欠她的，今生再也无法弥补了……”

“唉，早知今日，何必当初啊……”颜擎苍长长地叹了一口气，“如果你真的放不下，你可以去告诉她，让她留下来！”

“让她为我留下来？”欧阳伦的失神的目光更加黯淡，“她是公主，她只要一回宫，多少青年才俊会趋之若鹜，她会重新开始她所憧憬的幸福生活，我又有什么理由让她为我留下来？”扬手，又一杯酒灌下肚去。

颜擎苍一把夺过酒杯，狠狠地向地上摔去，只听“啪”一声脆响，酒杯顿时碎了一地，“原来在你欧阳伦的心里，公主原是人皆可夫之人？”颜擎苍双眼猩红，紧握的拳头青筋暴涨，几乎就要向欧阳伦挥了过去，“欧阳伦，你以为这世间只有你一个情种吗？你以为公主是可以随便地爱上一个人，又随便地忘掉一个人的人吗？你以为她真会择婿另嫁吗？她选择离开你的时候，也选择了在深宫孤苦地度过一生！”

“我，我只是希望她能幸福……”欧阳伦喃喃地说。

“她的幸福一直在你的手里，你这个蠢货！”颜擎苍一用力，欧阳伦踉跄几步，跌倒在地。

颜擎苍一摔衣袖，大步离去。

翌日，晨曦透过窗棂上的轻罗烟窗纱，落在端坐于梳妆镜前的安庆身上。她静静地端详着镜中的自己，朝云近香髻上插着一支鎏金点翠垂心凤簪，耳朵上是金丝垂珠耳坠，为了掩去憔悴，她特意嘱咐玲珑多施了点胭红，衣服也是特意挑选的蜜色大朵簇锦团花通绣曳地裙，略显华贵却又不失典雅，映衬得她的面色也不再苍白如纸。

“驸马还未起床吗？”终究还是开了口。

“公主，听管家说驸马昨夜一夜未归……”玲珑回答。

安庆的心蓦然一疼，他连最后一面也不愿意见吗？

“公主，蓝将军来了……”门外，香云禀报。

安庆冲玲珑点了点头，玲珑连忙上前掀起帘子，“蓝将军请进，公主已经准备好了！”

蓝玉身着石青色团花纹暗纹的直裰，更显得身姿挺拔，一双眸子如同疏星朗月清亮而有神，唇角似有抑制不住的喜悦。

“丫头，我来接你回家了……”蓝玉含笑。

安庆缓缓起身，最后环视一圈曾带给她无限的憧憬和哀伤地方，“我们走吧！”

庭院里，停置着蓝玉从宫中带来的轿子，轿子后面，低头垂立着众多宫女太监，看到公主出来，一齐下跪高呼“恭迎公主回宫……”如此排场气势，足可以看出皇上对公主的宠爱。

蓝玉亲自上前为安庆掀起轿帘，“公主请……”

安庆回头茫然四顾，终不见有那个人的身影，也好，就这样了无牵挂吧！这样想着，她的手轻轻地搭在蓝玉的手上，低头弯腰上轿。

突然，一声急促的喊声传来：“公主，公主等等……”

安庆起身回头，却见欧阳伦的贴身侍从周保正从大门处气喘吁吁地跑进来，身后，却并无欧阳伦，安庆眸中刚刚泛起的希冀瞬间黯淡下去。

“放肆，凤驾面前，岂能如此大呼小叫！”蓝玉怒责。

周保扑通一声跪倒在地，诚惶诚恐，连连磕头，“公主饶命，公主

饶命……”

“算了，舅舅，我们走……”安庆转身就欲上轿。

“公主，驸马爷在秦淮河边等着公主！”周保突然说。

安庆轻拂轿帘的手陡然停在了半空中，“他等我有什么事？”神情故作镇静，声音却抑制不住地发颤。

“公主去了，自然就知道了！”

“大胆！区区一个奴才，竟然敢如此对公主回话！”蓝玉铁青着脸。

“小人实在不知驸马等公主所为何事，请公主、将军恕罪……”周保头如捣蒜。

“今日既是公主回宫的好日子，本将军不想为一个奴才扫了公主的兴，你下去吧！”蓝玉挥了挥手，“丫头，我们走吧！”说着，他上前再次掀起轿帘。

“舅舅……”安庆欲言又止，“我……”

“难道你想去见他？”蓝玉蹙眉，“我不许！”

“舅舅，我和他夫妻一场，今日别后，恐怕再难相见，毕竟他曾救我两次性命，你就让我去见他最后一面吧！”安庆幽幽地说，“如果今天不见最后一面，庆儿这一辈子都不会释怀的。”

看着安庆忧伤的样子，蓝玉长叹一声，“好吧，丫头，我在这里等你！”

第十三章 秦淮风月

（我拒绝了舅舅派人跟随的提议。我必须独自去赴这场我们最后一次的约会。他一袭青袍，站在一棵早已失去绿意与轻盈的枯柳之下，不动声色地看着我走近，我无法捕捉到他双眸里蕴含的喻义。）

“你来了……”

“我来了……”

没有风，空气有些凝滞，唯见身边的秦淮河水一如既往，长流不息。良久，欧阳伦开口，“在下当日还欠公主一个人情，不知公主可想到有什么事需要下在效劳，伦定当万死不辞。”

安庆浅然一笑，“你娶了我，就是还我最大的人情，所以这件事已然两清……你只是想告诉我这些吗？”

欧阳伦一窘，从身后拿出一只花灯，说是一只花灯，更像是一朵粉红色的荷花，在这个略显萧瑟的秋日显得娇媚可爱。安庆怔在了那里，这不就是她十三岁那年在秦淮河放走的那只许愿灯吗？

“其实我是想和你一起放一盏许愿灯！”欧阳伦说着，便牵过安庆的手，安庆竟如梦游一般，任由他牵着她的手一路向河边走去，仿佛走向一段美好的曾经。

河水清澈，能照见两人的身影。

“许个愿吧！”

“我已无所欲，亦无所求！”安庆目光掠过远处一排排的白墙青瓦淡然地说，“如果这盏花灯真能如人所愿，我祈愿你在以后的日子里能和所爱的人相守一生！”她回眸一笑，“你呢，有什么愿望？”

欧阳伦未言，只是俯身将花灯放入河中，看着那只娇艳的荷花灯随水波而去，花灯越漂越远，渐渐地模糊成一个黑色的点，安庆终于收回凝视的目光，“许愿灯漂远了，我该走了……”她轻提裙裾，款款转身。

“公主！”身后，欧阳伦一声轻呼。

“终究不过是尘归了尘，土归了土，既已决定了放手，又何必再生纠结……”安庆在心里轻叹一声，径自离去……

“难道公主不想知道欧阳伦许了什么愿望吗？”

安庆身子一顿。

“欧阳伦的愿望是……”身后，欧阳伦一字一句，“从现在开始，不管世事如何变迁，欧阳伦唯愿和公主不离不弃，相守携老！”

时间仿佛在一瞬间静止。

欧阳伦一步一步地上前，轻轻地扳过安庆微微发颤的身子。

安庆的脸上写满了愕然，她的目光里竟是无措和惊恐，仿佛受到惊吓的孩子，欧阳伦的心蓦然一惊，“公主？你怎么了？”

“欧阳伦，求求你不要再用你假意的柔情来折磨我，好不好，你知道我明明知道你是为了报复我，捉弄我，想羞辱我，可是我还是一次一次地会当真，会真的以为你有一天会回心转意，真的爱上我……欧阳伦，我已经知道错了，我也已经决定要改正错误了，你为什么还不放过我？”安庆一把扫落欧阳伦搭在肩头的手，连连后退，因为悲愤交加，竟有些声嘶力竭。

“公主！”欧阳伦觉得自己的心从未如此疼痛过，他猛然上前抱住安庆，嘴唇不由得想吻住她，试图安抚她的狂躁不安。安庆更加惊恐，连连挣扎，可终究是身形单薄，所有的挣扎都是徒劳，只觉两片柔软而炙热的唇紧紧地贴在她的柔唇之上，她像要窒息了一般……时间好像是过了一个千年般漫长，终于，欧阳伦松开了嘴唇，安庆痴痴地怔在那里，一脸的茫然，她不知道该如何应对这突如其来的一场亲吻。

“如果这次，我说的是真心的呢？”欧阳伦在她的耳边低语。

安庆依然是一脸的茫然无措。

“公主，让我们重新开始，好吗？”欧阳伦轻轻地扳起安庆低垂着的脸，目光里充满了疼惜和歉意，“安庆，相信我，我不会再辜负你对我的爱……”

“你说的是真的吗？”安庆怯怯地，眼眸中有意外，有惊喜，但更多的是怀疑和不可置信。

“对不起，公主，不，庆儿，从今天开始，在欧阳伦的心里，你不再是公主，你将是欧阳伦用一生来呵护的女子……庆儿，不要离开我，就在昨夜，我突然发现，我已经在不知不觉中爱上了你……”

安庆的泪终于泛滥成河。

欧阳伦轻轻地将安庆揽入怀中，“庆儿，不要回皇宫，好吗，相信我，相信我会用更多的柔情来弥补我曾对你的过错……”一颗颗晶莹的泪珠涌出黑色的眼眸，长长的睫毛挡也挡不住，顺着安庆的脸颊肆意地流淌，然后跌落在欧阳伦的胸前……所有的等待、哀伤、耻辱都被这泪水消解得无影无踪……

远处的柳树之下，一个身着石青色团花纹暗纹的直裰的男子面色越来越阴郁，嘴角不住地抽搐几下，猛然转身大踏步离去。

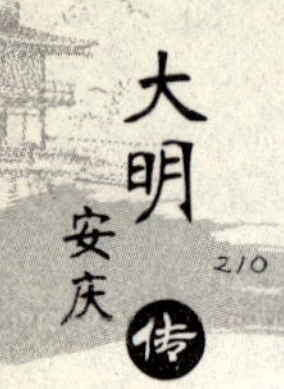

天空湛蓝而高远，几只白色的水鸟掠过河面，秋阳之下的水面泛起点点粼光，“我们回去吧……”欧阳伦牵起安庆的手，脸上的笑意一如多年之前。

“嗯。”安庆低垂的眼眸里是从未有过的满足与喜悦。

看到驸马和公主一起回府，而且还手牵着手，早就等候在府门口的玲珑一怔，随即迎了上去，“公主，你可回来了……”

安庆和欧阳伦相视一笑，未答话，径自向里走去。玲珑只好跟在后面。

“咦，舅舅他们呢？”一进府，安庆没看到那些等候着的宫女太监，颇感意外。

“蓝将军让他们回宫了，蓝将军自己也走了……”

“为什么？”

“蓝将军说公主不会回宫了……公主，这到底是怎么回事啊？你真的不回宫了吗？”

“奇怪，舅舅怎么知道我不回宫了？不过这样也好，免得又要看到他生气的样子，怪吓人的……玲珑，去告诉香云、瑞云她们，把那些收拾起来的东西重新放回去……本公主不回宫了！”

“可是皇上已经下诏了……”玲珑不无担忧地说。

“不用担心，我自会去向父皇禀明的！”

是夜，一轮满月高悬，皎白的月色透过银红蝉翼纱落在低垂的帷帐上。窗纱是玲珑命人新换的，她特意选了百蝶穿花花样的，此时，在月光下，这些蝴蝶栩栩如生，安庆寝室的帷帐也是新换的，是桃红色细碎洒金缕苏缎，上面绣了牡丹月季，一对红烛在紫檀木案几上微微跳跃，百合花的香味似有若无地在空气中弥散……

妆台前，安庆着一身月白色绫绵束身寝衣，只见她将发钗轻轻一抽，乌黑油亮的长发便如黑瀑一般直泄腰际，立于一侧的欧阳伦，看着镜中的安庆眼似水波横，眉似山峰聚，情不自禁地拉起安庆的手放在唇边轻吻一下，安庆顿时面色绯红，愈加显得她娇媚可人。欧阳伦猛然拦腰抱起她，安庆一声轻呼，随即，她好像明白将要发生什么事，顿时只觉面红耳赤，呼吸也变得急促起来，“欧阳，不……”她挣扎着，还不等她下面的话说出口，两片唇便狂热地落在她的唇上，一种从未有过的感觉从身体的每一个部分蔓延开来……

窗外，正是月光浸水水浸天。所有的等待、忧伤、痛楚都化成缠绕于指间的柔情……

幸福的时光总是很快，转瞬，又是一个花开明媚的时节。

蔷薇花开得如火如荼时，秦淮河畔的酒楼上，在临窗的桌前，颜擎苍举杯，“谢谢欧阳兄为擎苍饯行！”

“颜兄奉旨离京驻守成都，今日一别，也不知何年何月才能相见？”欧阳伦感叹。

“擎苍身为一名武将，戍守边关为我大明效力义不容辞，这些年皇上念及父亲年迈，特许我回京照顾，如今父亲辞世，我也该回到我属于我的地方去了，戎马一生是我们武将的宿命……”颜擎苍淡淡地说。

欧阳伦眼里掠过一丝莫名的失落，一丝酸楚的笑意在眼底泛开，“那我们这些驸马的宿命又是什么呢？”

颜擎苍一怔，他知道当今皇上只许给驸马们应有的尊荣，却不允许他们参政，但参政不参政真的有那么重要吗？如果为了一个心爱的女人，放弃仕途又有什么不可！

“难道时至今日，在欧阳兄心里仕途比公主的感情更重要吗？”

欧阳伦摇了摇头，“不，自从我发现我爱上了公主后，我已经甘心情愿地只做一个富贵闲人，不再想朝堂之事，只想好好地和公主过我们自己的日子，可是……”欧阳伦欲语却休。

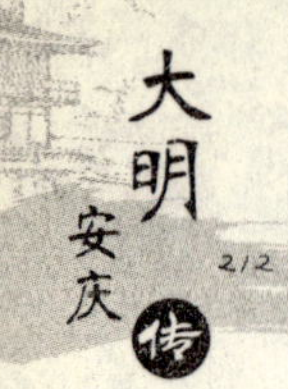

"驸马府富丽堂皇，奴仆成群，锦衣玉食，而且又有貌美多情的公主相伴，欧阳兄还有何为难之处？"

"我们看到的，永远只是别人的表相……"欧阳伦仰头喝下一杯酒，面露苦涩之意，"颜兄有所不知，我朝规定，凡是公主出嫁都须有一管家女官跟随，说是帮助公主打理驸马府事务，但实际上是为了监视驸马和公主的一举一动，驸马和公主的任何行踪管家女官随时可向皇上禀告，我和公主成婚之时，可能是因为我出身贫贱，没有什么身世背景，在政治上不可能做出逾越之事，再加上皇上皇后念及公主天性顽劣，怕管家女官过于约束，所以也就没有派管家女官，可自从公主有孕之后，不知出于何意，皇上竟亲自派了管家女官，说是照顾公主的起居，实际上，还不是为了监视我……"

"如果欧阳兄不做越礼之事，即使她监视于你，又有何惧？"

"如果只是监视我的行踪也就罢了，可是她竟然……竟然连和我公主的生活都要横加干涉，现在竟然到了我要去见公主，必先征得她的同意才行！"

"竟有这种事？"颜擎苍觉得不可思议，"难道公主也愿意任由管家女官摆布？"

"在公主面前，她自然是有所收敛，你也知道，公主自从和我成亲，性情大变，不再骄纵，遇事处处隐忍，管家女官是皇上亲自派的，经过了那么多的事，公主自然不敢再有违圣意，况且，公主现在有身孕在身，管家女官阻止我们相见，她也以为是为了她好……"欧阳伦无奈地摇头苦笑，"你说，我这个驸马做得是不是也太窝囊了？"

颜擎苍默然，他不知道该如何安慰面前这个曾意气风发的男人，良久，他说："擎苍倒是认为，如果为了爱失去一些也许是值得的，只要和相爱的人两情相悦，又岂在朝朝暮暮？"

"颜将军是要和谁朝朝暮暮呢？"

随着一声淡淡的浅笑，安庆款款走来。

“公主！”颜擎苍慌忙站了起来，目光无意掠过她微微隆起的小腹上。

“你身子不方便，怎么出来了？”欧阳伦上前一步关切地扶住安庆。

“听闻颜将军要去驻守成都，作为好朋友，我自然该来饯行……”安庆微微一顿，顽皮地看了一眼颜擎苍，“我记得当日那只酒杯好像并没有破裂，不是吗？”

颜擎苍微微一窘，重新打量着眼前的安庆公主，她上身着碧霞镂金玉兰花纹云锦衫，下身是碎花翠纱露水千水裙，虽然腰身有些臃肿，但更显得身姿丰腴。不由心生感叹，爱可真有神奇的力量啊，几年的光景，安庆已然珠圆玉润，别有一番风情。

“吴姑姑，我一会儿自会和驸马一起回府，你和玲珑就不要候着了……”安庆对身后的随从吩咐。

颜擎苍这才注意到，在安庆的身后，除了玲珑外，还跟随着一个四十多岁的妇人，梳着垂挂髻，着铁锈红绣小朵金丝木香菊宫装，对公主亦步亦趋。他想，这位应该就是欧阳伦所说的管家女官了。

听闻公主如此说，吴妈先是一愣，随即脸上堆起献媚的笑，“那公主自己注意身子，奴婢就先告退了！”说着，她扭身退了出去。倒是玲珑乖巧地向欧阳伦和颜擎苍施了施礼才退了出去。欧阳伦暗叹，看来这个宫里来的管家女官真不把欧阳驸马放在眼里，不过对公主倒还是有礼，有公主在前面挡着，他们的生活也不至于像欧阳兄说的那样惨淡吧，他看了一眼欧阳伦。

欧阳伦正一脸的讶然，欲要开口，却见安庆已然笑意盈盈地举起一举茶来，“今日颜将军即将远行，安庆不能喝酒，就以茶代酒，唯愿颜将军此去一切安好！”

颜擎苍也顾不上再考虑别的事，连忙端起酒来，“今日能有公主与驸马为擎苍饯行，擎苍感激不尽，定当为我大明朝鞠躬尽瘁，死而后已！”

“不，我今日只是为朋友的情分而来……”

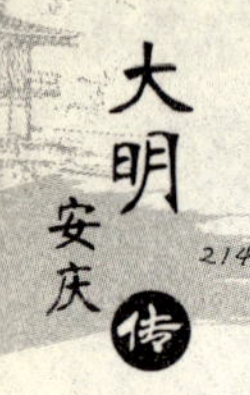

安庆的目光如蓝天一样地明澈。

所有的话语在此时仿佛都是多余，颜擎苍唯有将杯中的酒一饮而尽。

郊外，太阳将柳树的影子拉得细长细长，颜擎苍站定，双手抱拳，“送君千里，终有一别，请公主和驸马留步！”随着一声马嘶，马蹄踏起滚滚烟尘，一路远去。

安庆和欧阳伦并肩站着，直到那一缕烟尘消失在苍茫的路头……

“如今这京城，又少了一个可以把酒言欢的人……”欧阳伦牵起安庆的手感叹。

安庆收回远眺的目光，嫣然一笑，手轻轻地抚摸着微微隆起的小腹，“等我生下孩儿后，如若驸马遇到什么烦恼事，就由安庆来陪驸马一醉方休，如何？”

“傻瓜，我们都喝醉了，谁来照顾我们的宝贝呢？”欧阳伦亲昵地刮了一个安庆的鼻子，“我有如花美眷相伴，还会有什么烦恼事呢，如果真有的话……”欧阳伦微顿，轻叹一口气，“那就是如今不能时刻和你在一起……哦，对了，今天为何吴妈会让你出府，而且我们俩在一起这么长时间，也不见她来催促？”

安庆前前后后看了一下，示意欧阳伦靠近点。

欧阳伦狐疑地将耳朵侧于她。

“我今早在梳妆时见她对我那只赤金缠丝手镯连连夸赞做工精致，我就索性送给她了……”

“什么，你把那只赤金缠丝手镯送给了那个狗眼看人低的女人？”欧阳伦大惊，“那只手镯不是你最喜欢的吗？”

“可我更喜欢和你在一起……”安庆将头轻轻地依偎在欧阳伦的胸前，“欧阳，我知道吴妈常常阻挠我们见面你不高兴，但皇室有皇室的规矩，父皇既然给予她这项权力，我们谁也没有办法反对……那日姐姐来看我时说，其实她和梅驸马刚成婚时，他们家那个管家女官比我们府的吴妈更厉害，她和驸马一个月也见不上几面，每次梅驸马为了见到姐姐，不得不低声下气地去求人家，可人家还是爱理不理的，说什么这是皇家的规矩，她们这些做下人的也不容易，通融通融倒不是没有可能，但也是要担风险的，有风险的事谁愿意干？一席话点醒了梅驸马，于是常对她施以恩惠，那管家女官也就睁一只眼闭一只眼，大家相安无事……我今日只不过用姐姐所教之法送她一个手镯试探一下，没想到她竟也真如姐姐所说，立马换了一幅嘴脸……”

“看来吃人嘴软，拿人手短，此话不假啊！”欧阳伦感叹。

“不管怎么说，只要她不再事无巨细地干涉我们夫妻生活，就是送她几件首饰也无关紧要……”安庆拉起欧阳伦的手，撒娇着说，“驸马爷，我突然想吃客满楼的河粉了……”

“好，反正她收了你那么贵重的镯子，趁此难得机会我们就索性不回府用膳了。”

皇后仙逝三年大祭，整个皇宫肃穆而庄重，诵经之声如缕不绝。经过一系列繁缛的祭祀礼仪，安庆只觉腿膝发软，脚跟发酸，有些站立不稳。

“庆儿，我看你累了，要不你去偏殿休息一会儿？”站于一旁的欧阳伦小声地说。

“不，母后生前最疼爱庆儿了，庆儿怎么能连这点累都承受不住？”

“可你现在有孕在身，经不住累啊！”

安庆轻轻地抚摸着日渐显眼的小腹，喃喃地说：“如果母后在天有灵，看到庆儿终于得了自己想要的幸福，看到庆儿怀了孩子，相信母后一定会感到欣慰的……”

祭祀大礼一共持续了三天，终于在第三天的傍晚拉下了帷幕。做完最后一场法事，朱元璋就回殿休息去了。但皇宫到处还是一片嘈杂，宫女太监们在主礼官的指挥下，不停地来往穿梭，在收拾那些祭祀器皿。欧阳伦也不知道去了那里，安庆只觉得身体怠倦，于是就向一处僻静处走去，不知不觉到了一个湖边。暮色裹挟着最后一抹夕阳，逼仄而来，湖水泛着模糊不清的磷光，安庆突然想起小的时候，母后最喜欢牵着她的小手在暮色中散步了，她曾天真地问母后，为什么母后喜欢什么东西都看不真切的暮色，母后说，那些白日里所有可见和不可见的尖锐和真实，都会因夜幕的来临，暂时地披上一层温情，掩盖掉一些残酷的现实，其实，每个人心中都有属于自己的暗伤，但有时候，我们不得不假装不在意……母后说这些话时，目光游离，神思飘忽，似有些许的无奈。当时的安庆并不明了母后所说，在她的心里，母后贵为后宫之主，又深得父皇厚爱，她还有什么不开心的呢？直到安庆慢慢地长大一些，她才明白，父皇虽然深爱着母后，但母后却不是父皇唯一爱着的女人。在这深宫之内，母后是如何度过一个个寂寞又漫长的夜，而自己，竟从未体会到她的心酸，只是一个劲儿地替她制造麻烦，想到这儿，安庆不由得落下泪来。

突然，远处似有人向这边走来，安庆连忙向一块假山后一闪身，她不想让别人看到自己独自在这儿流泪。

待来人走得近一点时，安庆透过假山的洞隙才看清来人竟然是他的四皇兄朱棣。朱棣是朱元璋的第四个儿子，十一岁时就被封为燕王，洪武十四年奉命到北平就藩，所以和安庆关系略有生疏。安庆拭了拭泪，刚想准备出来问安，却听到一个声音传来：“燕王殿下，请留步！”

朱棣疑惑地回头，看到身后竟有一个僧人不紧不慢地前来。

朱棣停下脚步，皱了皱眉头，“你找本王何事？”

“贫僧愿意跟随燕王殿下！”那僧人开口。原来，这个僧人是朱元璋从民间挑选来准备赐给他的儿子们的，这个僧人此刻便是来毛遂自荐的。安庆知道有身孕的人不便见僧人，只好又缩回脚步去。

朱棣听到他如此说，冷笑一声，“这大明藩王又不止我一个，你为何要跟随本王，况且，本王为何要选你？”

“如果燕王殿下选择了贫僧，贫僧自有大礼相送！”那僧人不卑不亢。

“大礼？”朱棣一愣。

躲在假山后面的安庆却差点笑出声来了，朱棣哥哥堂堂的燕王，还需要这么一个穷僧人来送礼。

“燕王殿下如果选择了贫僧，贫僧就能送大王一顶白帽子！”那个僧人用他那双三角眼紧紧地盯着朱棣，似笑非笑。

夜色越来越黏绸，安庆无法看清朱棣在那一刻的表情。但却听到朱棣低沉的问话：“你到底是谁？”

“贫僧道衍！”

朱棣转身走了。

那个僧人也走了。

安庆从假山后转出身来，不禁哑然失笑，这难道就是父皇千挑万选的得道高僧，竟然想用一顶帽子来巴结讨好皇兄，想想就是在驸马府，一个管家女官都得时不时送点金银首饰方可通融，看来这些僧人真是不食人间烟火啊！安庆一边想一边往回走去。

“丫头！”突然前面传来一声沉沉的低唤。

她猛然抬头，却和蓝玉差点撞个满怀。

“怎么也没个人跟着！”蓝玉责怪道，“这些奴才可真是越来越会当差了……”

“是我自己想一个人清静下……舅舅别怪他们，庆儿不是也没什么事吗，舅舅这是要去哪儿？”

“我也只是随意走走……”蓝玉的目光不自觉地停在安庆隆起的小腹上，心中暗叹，时间过得可真快啊，昔日的小丫头，如今快要当母亲了……”

安庆看到他的神情，不自觉地低头抚摸着自己的肚子，脸上顿时涌出无限的柔情。

“走吧，你有孕在身，这几日已是太过操劳，我送你回侧殿休息吧！”蓝玉自觉失态，连忙移开目光。

“嗯……”

两人并肩往回走，一路沉默。

“刚才在想什么，那么出神？你现在身子这么重，走路时一定要小心才好……”蓝玉像是为了打破这令人难受的沉默，开始絮絮叨叨。

“我刚在湖边听到那个叫道衍的和尚说他要送给皇兄朱棣一顶白帽子，觉得可笑，就想得有点走神了……”安庆调皮地吐了吐舌头。

“你说什么？”蓝玉猛然收住脚步。

“那个和尚想跟随皇兄，说他愿意给皇兄送一顶白帽子作为礼物啊！”安庆不得不停下脚步，侧脸看到蓝玉一脸的莫测表情，奇怪地问，“难道你不觉得这个和尚可笑吗？”

蓝玉已然恢复了平静，干咳两声，“这个和尚真是可笑至极……不过，丫头，当今圣上最忌讳私相授受，今日你所看所听之事，千万不可再对别人提起，知道吗？”

看到蓝玉一脸的郑重其事，安庆想想父皇的确三令五申不许官员之间私相授受，于是，她重重地点了点头。

“舅舅放心，庆儿已经不再是小孩子了，做事自当有分寸。”

“其实，我多么希望你一直是小孩子，只会记得想吃什么，想玩什么，那样我就会一直陪在你的身边……”蓝玉心里轻叹。

“公主，公主……”前面传来玲珑焦急的喊声。

“玲珑，我在这儿……”

一个人影匆匆地赶来，却是欧阳伦。玲珑也气喘吁吁地跑了过来，忙低头垂手立于安庆一侧。

看到蓝玉欧阳伦微微一怔，随即见礼，“参见蓝玉将军……”

“欧阳驸马不必多礼……”蓝玉却并不看他，“只是作为长辈，我有必要提醒你，公主千金之躯，况有身孕在身，希望欧阳驸马多吩咐几个奴才跟着，不要有什么闪失才好！”

“是，多谢蓝将军提醒，欧阳伦自当谨记在心。”欧阳伦恭恭敬敬道。

“如此甚好！”蓝玉说罢，转身离去，很快，就消失在拐角处。

蝉在高槐绿柳间嘶鸣，后院荷塘里碧叶如盖，粉色、白色的荷花摇曳生姿，浓荫下，两岁的宝儿蹒跚学步，跌跌撞撞地试图抓住娘亲手里那个好玩的东西。

安庆手里拿着一枝新折的柳枝，她微弯着腰，边退边用柔软的柳枝逗弄着宝儿，“来，宝儿，再往前一点就抓到了……”可当宝儿伸手去抓时，安庆就后退一步，让宝儿抓个空。有什么比看着自己的孩子一点一点的成长更让人觉得幸福呢？

如此几次，宝儿终于知道这是娘亲在捉弄他了，他的小嘴巴一瘪，站在那儿不愿意再往前走了。

“宝儿不走了吗？那娘亲要先走了哦……”安庆又退后几步，她想宝儿一定会来追她的。

可是她已经走出好远了，宝儿却还是不依不饶地站在那儿，委屈的泪花都要下来了。

安庆连忙扔掉手里的柳枝，蹲下身子，张开双臂，做拥抱状，宝儿见状，终于破涕为笑，跌跌撞撞地向娘亲跑来。

突然，宝儿身后那一池碧水里突然腾空而出一个巨大的怪物，面目狰狞，安庆还来不及惊呼，宝儿已被那个怪物吸进了血盆大口……

“宝儿，宝儿！”安庆发出凄厉的叫声。

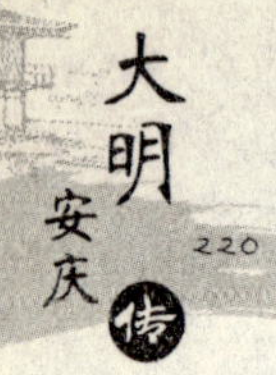

“公主……公主……”有人在耳边焦急地喊，“公主，你醒醒……”

安庆猛然睁开眼睛，却正好看到一缕阳光落在那面铜镜上，明晃晃地刺得她不由地又将眼睛闭上。

“公主，做噩梦了吧……”玲珑关切地用帕子拭了拭安庆额头的汗。

安庆定了定神，猛然回想到梦中那可怕的一幕，猛然坐起，“宝儿呢，我的宝儿呢？”

“公主，这个时候宝儿正在睡午觉呢……”

“我要去看看……”

安庆匆匆来到侧室，只见屋门紧闭，门口一个新来的丫头丽云正在打盹，手里的蒲扇都掉到地上了。听得脚步声，迷迷糊糊地站了起来，怯怯地说叫了声：“公主……”

“宝儿呢？”

“宝儿少爷正在睡午觉……”

安庆不再问什么，伸手推开门，屋子里一股热气便迎面袭来，屋子当中那鼎豆青釉清花五福瓷盆内的冰早就融化成水了。

“这么热的天气，怎么没有换上新的冰块，吴妈呢？”按照规矩，孩子断奶之后就要交由管家女官来照顾起居了。

“吴妈……她，她……”丽云涨红了脸，低垂着头，嘴里嘟囔着没说个所以然来。

安庆不顾细问，径直往里间走去。

内室里比外间更觉热点，玲珑连忙上前去推开窗户。看到丽云傻愣愣地跟在身后，轻斥道：“还站着干什么，还不快去换上新的冰块来……”

丽红答应着出去了。

宝儿果然正在睡觉，身上盖着大红绣百子图案绯丝锦被，只露出小脑袋在外面，一张脸红扑扑的，看样子睡得很沉。

看到宝儿安然无恙地睡觉，安庆长长地舒了一口气，轻轻地坐在了榻沿，情不自禁地俯下身在宝儿红彤彤的小脸蛋上亲了一口。

“咦，怎么这样烫啊……”安庆一声轻呼，连忙伸手摸了摸宝儿的额头，又摸了摸自己的额头，“宝儿发烧了！”

玲珑连忙凑上前来，“是不是盖得太多了……”说着，将被子往下拉了拉，露出宝儿粉嘟嘟的脖颈来，“啊……”她一声惊呼，“公主，你看……”

原来，宝儿粉白的脖颈上，全是密密麻麻的红色小点。安庆连忙一把扯开被子，只穿着肚兜的宝儿全身上下竟都是密密麻麻的红色斑点。

“这，这是怎么回事？”安庆大惊失色，“宝儿，宝儿！”她把宝儿搂在怀里，急得泪都出来了。

“娘亲……”宝儿嘟囔了一句，又沉沉地睡去，身子如火炭一般。

“吴妈呢，她不是负责看管宝儿吗，她人呢？”安庆的声音有从未有过的恼怒。

吴妈正在后院和管家亲热，听到丽云慌里慌张的传话，半晌，才边理衣服边走了出来，“出了什么事了，这样咋咋呼呼的！到底是新来的，没见过世面……走吧，去看看有什么了不起的事？”

吴妈人还未进屋，嘴里便连连喊：“宝儿怎么了，好端端的怎么会发烧呢？你们这些丫头难道是死的吗，我一时不在没操到心，怎么就发烧了呢，若少爷有个好歹，看我不剥了你们的皮……”旋即人一阵风似的来到屋里。

屋子里安庆正用毛巾给宝儿敷着头，擦拭着身体，大家出出进进地各自忙碌着，没人搭理吴妈。吴妈这些年得到不少公主和驸马的恩惠，几乎不再干涉人家夫妻的生活了，闲来便和管家勾搭在了一起。虽说自恃是管家女官，驸马府上下都对她忌惮几分，但自己今日所行之事却也不甚光彩，况且是自己一时疏忽，天气这么热，真不应该把一个小人儿关在屋子里这么长的时间。于是一改常态，干笑两声，讪讪地上前欲帮公主，“公主，还是让奴婢来吧……”她的目光扫过宝儿，心里咯噔一下，嘴上却说，“公主不必惊慌，这小孩子皮肤娇嫩，受点热出点疹子是很平常的……”

“真的吗？”安庆一听此言，如释重负一般，毕竟，吴妈曾在宫里伺候过皇子，见多识光，若她说没事，问题应该不会太严重的。

欧阳伦也闻讯赶来。

一看到欧阳伦进来，安庆的眼泪唰地就流了出来，“欧阳……”

欧阳伦握了握安庆的手，“别担心，我已经让周保去请邹太医了，他是京城最有名气的太医，宝儿一定会没事的……”

正在说话间，周保气喘吁吁地跑了进来，一脸的愤愤不平。

“邹太医呢？”欧阳伦看看他的身后急问。

“他们府的狗奴才狗眼看人低，说他们邹大人只给皇宫里人瞧病都忙不过来，哪有时间给闲杂人等看病……”周保脸色涨得通红，看来是受了不少的委屈。

安庆听闻此言，心中不觉悲凉，自从母后三年祭祀大典之后，父皇就再也没有召她进宫，她能理解父皇对她的失望，是她当初选择了放弃父皇的宠爱，父皇是个说到做到的人。朝堂之上，皇室内外，所有的人都知道她是个失宠的公主，现在，竟然连太医都不把她放在眼里。

欧阳伦脸色更是尴尬，因为他自知这一切都是因他而起。他连忙对安庆说：“公主不必忧心，其实太医院刘太医的医术也是不错的，和我之前也有点交情，我这就亲自去请他……”说罢他匆忙前去。

刘太医家在城东，也是高门大宅，朱漆的大门上悬挂着两只大红灯笼，镏金匾额上四个金光闪闪的大字：“悬壶济世”。听闻欧阳驸马前来，一个管家模样的人将他引入前庭。

“我们大人刚从宫里回来，请欧阳驸马在此稍候片刻，小的这就去回话……”

不一会儿那人出来，“我家大人说让欧阳驸马稍等，他马上就来……”

话音刚落，只见一小断领着一个身着佛头青绸缎直裰的男人走了进来，那人手上，拎着几大包礼品，不等那小断开口，那人便大大咧咧地说：“我是恭亲王府的，我们府上一位夫人病了，请刘大人前去给瞧瞧，王爷说这大热的天，劳烦刘大人了，这是我们王爷的一点意思……”说着，他将那些礼品递了上来。

那管家连忙接了过来，让座，吩咐丫头倒茶，“请您稍等片刻……”说着转身出门去了后庭。

欧阳伦如坐针毡，不时朝门口张望。

“哦，你也是来请刘大人的……”那人瞄了欧阳伦一眼，“是……”欧阳伦心不在焉地答道。

“我看你还是另请高明吧，刘大人我们王府请了……”那人呷了一口茶。

“刘大人已经答应了……”

“哼……”那人轻哼一声，自顾自去喝茶，不再理会。

不久，那个管家出来，欧阳伦连忙站起身来，“刘大人可准备好了？”

那个管家却不慌不忙地说：“刘大人请欧阳驸马先回，等他去瞧过亲王府的夫人再来瞧小公子……”

“什么，明明是我先来请刘大人的！”欧阳伦不觉怒从心起。

“欧阳驸马少安毋燥，刘大人还说了，事情有轻重缓急，还请欧阳驸马见谅，若欧阳驸马怕耽误不起，也可请驸马另请高明……”

“告辞！”既然话都说到这分上了，欧阳伦自知多说无益，他愤愤地拂袖而出。

只听身后传来一阵私语：“难不成这位就是被皇上不待见的驸马爷，长得倒是英俊疏朗，可惜却不知安分守己，白白断送了大好的前程，如今竟到落这种寒酸地步……”

安庆将自己关在屋子里，接连几天水米未进。

欧阳伦在屋外苦苦哀求："庆儿，把门打开，好吗？我知道你无法接受，我和你一样，我的心也在滴血，宝儿是我们的孩子，我们一起承担，好不好？"

屋内悄无声息。

身后却传来一个声音："她还是不肯开门吗？"

欧阳伦点了点头。

蓝玉的眉头越皱越紧，他上前轻叩门环，"丫头，丫头！"

屋内依然悄无声息。

"自从宝儿去后，她就把自己关了起来，任谁说什么也不答话……"欧阳伦无奈地说。

"把门撞开！"蓝玉突然说。

"这……"欧阳伦有一点迟疑。

"你已经失去了宝儿，难道你还想失去她吗？"蓝玉冷冷地说。

欧阳伦一愣，连忙叫人来撞开了屋门。

屋内，是一种浓郁的香味，安庆躺在榻上，双眼紧闭，已然气若游丝。

"庆儿！"欧阳伦扑过去，把安庆搂在怀里，"庆儿，你怎么了，你别吓我啊……"

蓝玉阴沉着脸，上前一把拉开欧阳伦，从榻上抱过安庆，大步向外走去。

"你要抱她去那里，你放开她，我不许你碰她！"欧阳伦一把扯住蓝玉。

"你这个蠢货，这是迷幻香，香味有毒！"蓝玉一用力，便将欧阳伦甩开。

"毒！不，不，我骗我，庆儿不会这么狠心地丢下我的，庆儿，你醒醒，你醒醒啊，我已经失去宝儿了，我不能再失去你了……"欧阳伦再次扑上来抓住安庆的手，猛然间又像是想起什么，"庆儿，你等着，我这就去请大夫，我去请京城最好的大夫，你一定要坚持住……”多日来为了宝儿的事操劳，欧阳伦一下子似乎苍老了不少，现在似乎无法接受这突如其来的变故，神思有些恍惚，他踉跄着冲了出去……

“快去拿酒来……”蓝玉对站着发愣的一干众人吼道。

“酒？”众人一时不解。

玲珑到底是机灵，“奴婢去拿……”

安庆的脸色苍白如纸，身体软软地躺在玲珑的床上，灌进去的酒顺着嘴角又流了出来，蓝玉的眉头越锁越紧。这种迷幻香来自异域，能使人在不知不觉中沉沉睡去，永不再醒来，也许酒的辛辣能够刺激她醒过来，可现在安庆的嘴紧紧地闭着，根本灌不下去一点点的酒。

时间一点一点地过去，安庆的脸色由苍白变成了青白色。

“公主她……”玲珑呜咽着说不出话来。

“你们都出去！”突然，蓝玉冷冷地开口。

玲珑抬起满是泪痕的脸，和几个丫头面面相觑，像是没有听明白蓝玉的话。

“你们都出去！”蓝玉的口气冷得像是要凝成霜，“没有我的命令，谁也不许进来！”

大家都看着玲珑。玲珑自知公主自小和蓝将军亲近，也明了蓝将军对公主的好，也许，这最后的时光他是该和公主单独待一会，这样想着，玲珑垂泪点了点头，退了出去，其余的下人们自然不便留下，一齐退了下去。

“哐啷”一声，门被重重地关上。

蓝玉的手指轻轻地拂过安庆逐渐失去温度的脸、低垂的睫毛、紧闭的眼睛、小巧的鼻子、和青紫色的唇……曾几何时，这一张脸如同盛开的芙蓉花，鲜活而又美丽……蓝玉一手搂着安庆，探身拿过酒壶，仰脖大大地喝了一口，慢慢地，慢慢地将自己的嘴靠近安庆的唇……

依然有酒渍从安庆的嘴角流出，但蓝玉似乎并未察觉，一次又一次地重复着他的动作，喝酒，亲吻，亲吻，喝酒……心里，却分明有个强烈的喊声："丫头，你一定要醒过来，丫头，你一定要醒过来！"

"唔，唔，唔……"安庆的喉咙发出几声细微的声响，她感觉有什么东西刺激她的喉咙发痒难受，她想喊，却像有什么堵住嘴，喊不出来……难道死亡是如此难受吗？

蓝玉感觉到了她细微的变化，脸上露出一丝惊喜，连忙将嘴移开，可是一切依旧，安庆依然昏迷不醒。蓝玉又喝下一大口酒，将嘴压向安庆的嘴唇，"唔唔唔……"辛辣的味道实在是受不了了，感觉也快要窒息了，安庆一个激灵，猛然睁开了眼睛，却看到令人难以置信的一幕：她躺在一个男人的怀里，那人的唇紧紧地贴在她的唇上！

"咳咳咳……"又一阵辛辣刺激得她喉咙发痒，安庆不由地咳嗽起来。

"丫头，你醒了……"蓝玉抑制住自己狂跳不已的心，紧张地盯着安庆的脸。

安庆愕然地看着眼前晃动的那张熟悉而亲切的脸，悲愤却不由从心而起。

"啪……"安庆使出全身的力气挥出一个耳光，蓝玉只顾沉浸在安庆死而复生的喜悦里，那一巴掌便响亮地落在蓝玉刚刚舒展开来的脸上。

"丫头……"蓝玉抓住安庆纤弱的手，"你听我说……"

"不，我不听，我不听……你放开我……"安庆像是受到惊吓一般，从蓝玉的怀里挣脱出来，一把扯过被子将自己裹起来，"你走，你走，我再也不要见到你……"她声嘶力竭。

看着她如此惊恐的神情，蓝玉的心紧紧地揪在了一起，他缓缓地站了起来，"丫头，只要你没事，我这就走……"

蓝玉刚拉开门，只见欧阳伦领着一个大夫匆匆而来，看到蓝玉一脸的凝重，一丝不祥的预感迅速充斥了欧阳伦的心，“公主怎么样了？”他的声音有些发颤，豆大的汗珠顺着脸颊滚落。

“她醒了……但身子还是虚弱，你带大夫进去瞧吧……”蓝玉说罢，径直离去。

看到欧阳伦进来，安庆哇一声哭了出来，“欧阳……”

“庆儿……”欧阳伦扑过去紧紧地将安庆搂在怀里，喜极而泣，“庆儿，你没事就好，你知道吗？我真怕失去你，如果没有你，我都不知道我还有什么理由再活下去……”

“可是我们的宝儿没有了……”

“我们还会有二宝，三宝，甚至四宝五宝，庆儿，我们还年轻，我们还会有一大堆孩子的……”

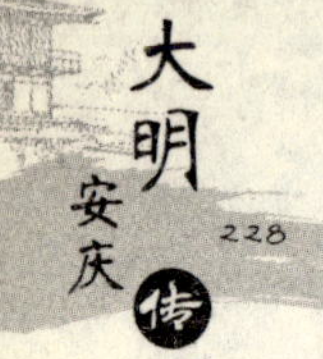

第十四章 只怪命运太残忍

（整整一年里，我沉浸在失去宝儿的悲痛欲绝里不能自拔。也就是在这一年，洪武二十年，父皇又一次下令远征。蓝玉再一次请命，任右副将军职，在这场远征中，元太尉纳哈出被迫投降，明军俘虏北元二十余万人，缴获辎重无数，最终肃清了元朝在辽东的势力。次年三月，蓝玉被授予主帅之职，领十五万大军和北元余部在进行最后的决战。最终，凭借他过人的胆识和军事天赋，在捕鱼儿海战役中俘获北元皇帝次子地保奴，太子妃等内眷一百余人，王公贵族三千余人，士兵、牛羊无数，并缴获了元朝的印玺。此战彻底歼灭了北元的残余力量。）

北国大漠的夜，篝火熊熊燃烧着，酒的香气和烤肉的气味弥漫之下的军营到处充斥着放肆的笑声，将领们正在开怀畅饮，那些俘获而来的女眷们正在为他们斟酒取乐……刚刚经过一场如此残酷的浴血奋战，能在这里坐着的都是用命换来的，所以，他们有理由在属于他们的庆功宴上饮酒作乐，不醉不休。

蓝玉也不例外。将领们的敬酒声此起彼伏，他的酒杯从未停歇。对于一个身负重责的主帅而言，还有什么比彻底击溃北元更让人觉得荣耀的事呢？

终于，整夜不息的篝火边，将领们东倒西歪。

蓝玉摇晃着站了起来，踉踉跄跄地穿过一座座营帐，向军营外走去。远离营地的大漠，许是没了篝火的光和热，天幕边的几颗疏星便显得明亮而寂寥。蓝玉站定，遥望深不可测的天幕以及被夜色裹得严严实实的大漠，就在这块不毛之地，他一次次地浴血奋战，也许，他应该感谢眼前的这片大漠，是它的存在成就了自己的功勋，从此，他的功勋将被世人所称道，可是，所有的努力，难道仅仅是为了拥有一代名将的称谓吗？蓝玉的眼眸渐渐黯淡下去。

突然，身后传来一阵细碎的声响，蓝玉也不回头，只是冷冷地开口："为何跟着我？"

"大漠之上常有豺狼出没，我见将军独自一人，又喝了那么多酒，唯恐将军……"身后的女子说。

"哦？"未等女子说完，蓝玉饶有兴致地转过身，上上下下打量着眼前的女子，从衣着打扮来看，应该是俘获来的北元女眷。而且该女子打扮颇为华贵，容貌更有倾城之色。

"若真有豺狼，你能保护我吗？"蓝玉伸手，拂过她脸前被夜风吹得凌乱的长发，随即，手轻轻地一用力，扳起女子的下颌，目光里流露出一丝不屑的鄙夷。

"这……我只是担心将军安危，未曾考虑那么多……"那女子大胆而热情的目光迎着蓝玉的挑衅。这双目光，和一个人的何其相似！

蓝玉的心蓦然一紧，多年的战场厮杀，有谁真正在意过自己的安危？他突然一伸手，便将那女子搂入怀中，粗糙而干裂的唇便如饥似渴地向那张粉嫩的唇盖去……那女子一声惊呼，双臂却缠住蓝玉的腰……

那柔软的身躯一入怀更激起蓝玉体内无尽的欲望，酒精的热度在他的体

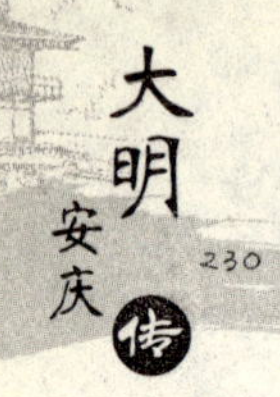

内迅速地蔓延、膨胀，而怀中女子微微的娇喘，更增加了他征服的欲望……

“嘶……”随着裂帛之声，那女子的衣衫如丝似缕，如雪的肌肤在大漠深处的夜色里若隐若现，两个身影不停地纠缠，喘息和呻吟之声在辽远的夜色里清晰地回荡、起落……

也不知过了多久，蓝玉悠悠地转醒过来，只觉得头痛欲裂，他努力摇了摇头，自己怎么在这儿？他一扭头，看到身旁的女人，一些凌乱的片断开始在脑海里出现。

蓝玉起身，理了理衣服，转身瞥了一眼那个女人，她也坐了起来，试图整理衣衫，可惜衣衫早已如丝似缕，根本无法遮住她饱满而丰盈的胴体，正可怜巴巴地看着蓝玉，一脸的娇羞。

蓝玉皱了皱眉头，解下自己的衣服扔到她的面前，转身离去，同时也扔下一句话：“回朝之后我会请求皇上将你赐予王侯将相！”

“不！”那女子一愣，扑上来一把抱住蓝玉的腿，“不，将军，我不要被赐给王侯将相，我只愿意伺候将军，只要我能跟着将军，我甘愿为奴为婢……”那女子泣不成声。

“你最好忘了今天的事！”蓝玉拔出腿来，大踏步向军营走去。

“将军，我是真心地爱慕将军啊……”身后传来那女子哀哀的声音，眼神里流露出一丝绝望。

次日，蓝玉正在营中和几位将领商量军务，一名士卒慌慌张张地跑来报告，“主帅，不好了，有个女人跳河自尽了……”

“一个女人跳河了死了有什么好大惊小怪的！”不等蓝玉开口，一旁的一个将领就不耐烦地斥责道。

“只因那个女人是脱古思贴木儿的妃子，所以小的以为事关重大……”士卒连忙解释。

“王妃？”蓝玉的眉毛拧在了一起，“去看看！”

脱古思贴木儿的妃子已被士兵们打捞了上来，衣衫紧紧地贴在身上，脸上惨白，竟是昨夜的那个女子！蓝玉的心里一凛，连忙上前将手伸鼻下一探，只觉气息微存，连忙下令，“快传随军大夫来！”

片刻，随军大夫前来，他把了把元妃的脉，又翻看了看眼睛，摇了摇头，“回主帅，如果在关内，说不上还有药可救，现在军中药资匮乏，在下无能为力……”

蓝玉面色越来越凝重，他抬头看了看天色，“此地离喜峰关还有多远？”

“回主帅，此地离喜峰关还有近二百里路程。”

“通知军队开拔，势必在今晚子时之前赶到喜峰关！”说罢，蓝玉抱起元妃，一跃上马，向喜峰关的方向疾驰而去，几十个亲兵连忙翻身上马紧紧跟随，身后的大部队也开始行军。

蓝玉赶到喜峰关时已是半夜时分，只见城门紧闭，厚重的城墙之上也无守关之人。

“开门，快开门！”几名亲兵上前边敲击城门，边大声喊话，“我们是征西主帅蓝玉将军的部队，赶快开门！”

可是里面静夜无声，半晌，才听到城墙有人回话：“城下的人听着，我们接到消息，蓝玉大将军的部队最快明天才能到喜峰关，你们到底是什么人？”

“大胆，你连我们西征军的旗号都不认识了吗？”一名亲兵冲着城墙上喝道。

城墙上断断续续燃起了几点火把，却仍未有开门的迹象。

“将军……”怀中的元妃经过一路的颠簸，竟悠悠地缓过一口气来，纤弱的手无力地拽了拽蓝玉的战袍。

“你坚持住，等到了关内，就会有最好的大夫，最好的药材，你会没事

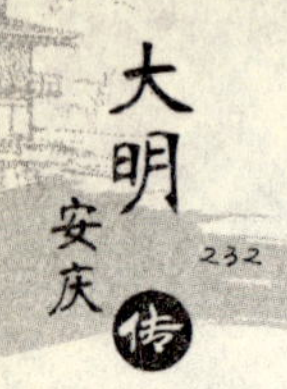

的……”蓝玉的战马不耐烦地在城墙下原地打着转。

“不，不用了……将军，我只想用死来证明我不是一个轻薄的女子……你，你知道吗？那夜你突袭我们元朝的军营，脱古思贴木儿带着他的儿子逃走了，我本来就想死了，可就在我举起匕首要刺向自己的心脏时，我看到了你……将军，你相信吗？我第一眼看到你时，就被你深深地迷住了，我想，我只想成为你的女人……我，我是真的爱慕将军……”元妃断断续续地说着说着，又昏厥了过去。

“给我把城门撞开！”蓝玉像是一头发怒的雄狮。

“主帅，这万万不可！”一旁的副将连忙劝阻，“擅自闯关的罪名可不轻啊！”

“难道你们不听本帅的命令吗？”蓝玉的眼睛像是随时会崩裂而出。

副将无奈，只好下令撞开城门。

“轰轰轰……”几声之后，城门被撞得四分五裂，蓝玉纵马而入，那些守城的官兵们，神色惶恐地跪了一地。

“快去找最好的大夫来……”守城的官兵们自知延误了时机，这会自然不敢再有马虎，赶紧请来了城中最好的大夫。

依然是把脉，翻看眼睑。

“怎么样？”

大夫摇了摇头，“药只能用来治病，却治不了命，病人心中有求死之心，天下任何之药恐怕都难以救活她……”

闻言，蓝玉静默良久，他挥了挥手，示意所有的人都退了出去。他默然凝视着这个曾贵为王妃的女人，虽然脸色苍白如纸，但依然难掩她倾城的容颜。

“将军……”元妃不知何时悠悠地转醒过来。

“你醒了……大夫……”他欲传大夫。

“不，将军，不要……”元妃挣扎着伸手阻止蓝玉传唤大夫……蓝玉只好作罢。

“将军，你能……再抱抱我吗？”元妃虚弱地说，她已然失去神韵的双眸里是满满的期待和渴望。

蓝玉稍一迟疑，坐于床沿，将她扶起靠在自己的身上。

“你这又是何苦？”蓝玉发出一声长叹。按照大明的惯例，这些俘获的女眷都会赏给有战功的将领们为妾，而她贵为王妃，又有着倾城的容颜，肯定会赏给达官显贵，从此虽没有王妃的尊荣，但却也会锦衣玉食，远比在大漠里过得舒服……

“其实，我知道你不会爱我上……因为……因为那夜，虽然你和我在一起，但你嘴里一直喊着别人……”元妃的嘴角露出一丝凄楚的笑意。

蓝玉蓦然心惊，却强自镇定，“你，你听到什么了？”

“你一直在说，丫头，我爱你，丫头，我爱你……那一刻，我就知道，即使你肯眷顾于我，要了我，我也不会得到你真正的爱……”元妃缓了缓，喃喃地说，“我真羡慕那个能让将军牵挂的女子，她一定是世界上最幸福的女子……”

蓝玉的内心涌起无言的苦涩。

元妃伸出手，纤细的手指在蓝玉的脸上摸着，脸上突然露出一抹红晕，“今生，能够死在将军的怀里，我亦死而无憾了……”话音越来越低，那只手突然无力地垂下……一个鲜活的生命就些香消玉殒……

蓝玉坐成了一尊雕塑……

养心殿内，朱元璋抬头看了一眼日夜兼程赶回来的四子——燕王朱棣。北国的风沙让朱棣更加的粗粝而坚毅，朱元璋满意地点了点头，放下手里的朱笔，“朕召你回来，是有一事想与你相商……”

朱棣受宠若惊，“请父皇明示！”

“洪武二十一年捕鱼儿海之战虽说消灭了北元最大的势力，但北元丞相和太尉的势力仍不容小觑，这两年来他们时有进犯，有他们在一日，我大明边境就不得安宁一日，朕想再次出兵远征，你觉得凉国公蓝玉为主帅妥否？”

“不妥！”朱棣应声答道。

“哦，为什么？”朱元璋不动声色。

“凉国公虽在捕鱼儿海战役中建立了卓越的功勋，但他仗着功劳大，私主元妃，逼得元妃跳河自尽，这有违我大明王朝亲和政策，又夜闯喜峰关，妄自尊大，根本不把父皇放在眼里，当日父皇念及他的功劳，特赐封他为太子太傅，他不仅不知感恩，还处处邀功，私底下常说以他的功劳难道不能当太师吗？”朱棣略一停顿，看了看朱元璋，“况且儿臣还听说……”

“你听到了什么？”朱元璋似乎在鼓励他继续说下去。

“儿臣听闻这两年凉国公在军队中大量任命自己的亲信官员，布置自己的势力，似有图谋！”

朱元璋眼里流露出一股阴冷的目光，却并未继续这个话题，“那依你之见，谁可担任主帅一职？”

“儿臣自以为可担主帅一职！”朱棣目光如炬。

朱元璋赞许地点了点头，“不愧为我朱元璋的儿子，有朕的魄力！好，我就任你和晋王为远征主帅，希望你们不负朕对你们的厚望！”

彼时，驸马府在欧阳伦的经营之下，更显富丽堂皇，而且欧阳伦本来就是善于交际之人，近年往来的达官显贵们也络绎不绝，驸马府上上下下的丫头老、家奴，老妈子们也对欧阳伦恭敬有加，这一切让安庆都感到欣慰。

刚刚入秋，阳光还有些明艳，但却不如夏日那般热烈，安庆身着品红色细碎洒金缕桃花纹锦琵琶襟上衣，下身是浅紫菊花刺绣镶边粉色薄裙，那些菊花纤细的花丝都用明亮的丝线勾勒出来，身形一动，就像是满园菊花绽放。她正在池塘中间的亭阁里喂鱼，池塘里如盖的荷叶下成群的鱼儿争先恐后地抢着安庆手中撒下的鱼食……

欧阳伦刚刚送走了几个朋友，向后园的小池走来，几年工夫，欧阳伦更显得身姿俊毅，一身冰蓝色的绸衫更显得他清俊脱俗。立于安庆身后的玲珑见了，刚要回禀安庆，欧阳伦却悄悄向她使了个眼色，玲珑会意，抿嘴一笑，轻轻地退了下去。欧阳伦轻轻从后面靠近，伸出长长的手臂猛然将安庆环住，安庆一声轻呼，手里的鱼食跌落于池中，顿时水中的鱼上下翻腾，抢成一团……

“不要闹了，大白天搂搂抱抱被下人们看到怪难为情的……”安庆轻轻地挣扎着。

“看到就看到了，你是我的妻子，丈夫和妻子搂搂抱抱是天经地义的事情……”欧阳伦不但没有松手，反而低头将唇落在安庆白皙如玉的脖颈之上亲吻起来。

安庆吓得花容失色，连连挣扎，一张小脸涨得通红，欧阳伦看到她真的急了，才笑着放开她，“小傻瓜，都这么多年了，还这么害羞……”

“这，这不是白天吗……”安庆噘着嘴嘟囔着，理了理衣衫。

“庆儿的意思是等晚上的时候就不害羞了？”欧阳伦不怀好意地上上下下打量着安庆，一脸邪恶的笑意。

“你……”安庆顿时满面绯红，“哼，你才不害羞呢！”她跺了跺脚，转过脸去，不再看欧阳伦。

“好了好了，不和你闹了……”欧阳伦开心地扳过安庆的身子，“我有个好东西要送给你……”说着像是变戏法似的从衣袖里掏出一个长方形的锦缎盒子来。

“首饰？”安庆微微蹙眉，嗔怪道，“这几年你送我的首饰已经够多

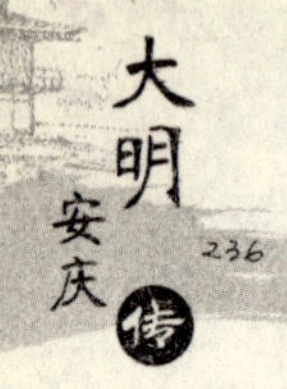

了，我的妆奁里面已经都要装不下了……"

"庆儿，前几年你为了打理驸马府上上下下，把陪嫁来的首饰都送给了下人，只是为了换来他们对我们虚情假意的尊重，可你知道吗，作为一个男人，如果要靠妻子的嫁妆来维持一个男人应有的尊严，那是何等的耻辱，那个时候我就发誓，一定要靠自己的努力让这帮狗眼看人低的家伙们对我们真正地卑躬屈膝，当然，我也要给你最幸福的生活，我要给你天下最美的首饰，只有最美的才配你，你知道吗？"

"可是，你身为驸马，自有朝廷的俸禄，若父皇知道你私自经营生意，会不会怪罪？"安庆担忧地说。

"当今朝堂之上的大臣们，他们都是食国之俸禄，但又有几人没有私下和商人勾结谋利，这是大家心知肚明的事，皇上即使知道，顶多责骂几句，不会怪罪的，况且，我所经营的瓷器生意本是我大明极力提倡鼓励的……"欧阳伦轻轻地捏了捏安庆的小脸蛋，"我的公主，你就放心吧！先看看我送你的是什么东西好不好？"

话已至此，安庆不再多说什么，试问有那个女人会真的拒绝心爱的男人送的礼物呢？她满心欢喜小心翼翼地打开那个锦盒，顿时，只觉眼前一阵绚亮，待定睛一看，只见盒底宝蓝色的锦缎之上，静放着一对手镯，一只是累丝联珠纹金镯，通体只有联珠纹饰，没有镶嵌任何珠玉，但整体更显纤巧秀丽、剔透玲珑，一只是和田玉的，温润里透着浅青色，一看便知是世上稀有之物。

"何以致契阔？绕腕双条脱！"欧阳伦突然在安庆的耳边轻轻地低吟道。

"什么？"安庆一时没有听明白。

"唉，真是孤陋寡闻！"欧阳伦夸张地叹了一口气，"看来我得细细给你说说此物的来历了，我先问问我的公主，你可知道条脱是何物？"

安庆茫然地摇了摇头。

欧阳伦自顾说道：“梁陶弘景在《真浩》中曾记述了一个身着青衣的仙女，名叫萼绿华，因喜欢上了一个叫羊权的男子，便夜降羊权家，赠金和玉的条脱以示爱慕之心……”

“难道这便是条脱？”安庆恍然大悟，“条脱便是手镯！”

“聪明！”欧阳伦爱恋地刮了刮安庆的鼻头，“相传这一对手镯便是当日萼绿华仙子送于羊权的金玉条脱……何以致契阔？绕腕双条脱！你可明白我的心意？”

“欧阳……”

欧阳伦那一双如疏星朗月般的目光里映出安庆泛着泪光的双眸……

这年的冬天格外的寒冷而漫长，虽然已是二月的天气，但阴暗角落还残留着未融的冰雪，白惨惨的让人心生冷意。

黄昏时分，天气更显得阴郁，厚重的云层仿佛已经压到了檐角，似在酝酿一场大雪。屋子里安庆正在抄写金刚经，突然，她叹了一口气，放下笔，凝视着自己的墨迹良久，伸手将宣纸揉作一团，扔于一旁。地上，已经有好几团纸疙瘩了。这几年安庆的字在欧阳伦的指点下有很大的提高，尤其是抄写的《金刚经》，颇有颜筋柳骨的神韵，今日不知为何，却总是静下不心，字老也写不好。

玲珑放下手里的针线，往炭盆里加入几块炭，站了起来，揉了揉有些僵硬的脖子，过去给安庆倒了一杯热茶，“公主别心急，歇一歇喝口茶再写……”说罢蹲下身子去收拾乱七八糟纸团。

安庆叹一口气，放下毛笔，端过茶盏，刚一掀开茶盖，只觉一股浓郁的茉莉香便迎面扑来，她微一凝神，轻轻地啜了一口，一股香甜之气顺着喉咙一泻而下，顿觉神清气爽。安庆凝视着茶盏上漂浮着的几朵小茉莉花，因有了水的浸润，花瓣已然舒展开来，在碧色的茶叶间，就像是开在春的枝头那般鲜活而又生动。她的心里轻叹一声，眼前蓦然浮起一个无限苍凉而绝望的笑容，那是蓝玉留给她最后的一个笑容。自从那次她扇了他一个耳光之后，就再也没有见过他，即使在宫庭家宴上，蓝玉也会避而不见，只是，他还是会不时差人送来她喜欢喝的茉莉花茶。

门“吱呀”一声被推开，欧阳伦裹挟着一股寒意走了进来。

“驸马爷……”玲珑垂首问安。

“嗯，你先下去吧！”欧阳伦微微颔首，脸色冷峻。

“怎么了？”安庆看到欧阳伦面色凝重。

“庆儿……”欧阳伦欲言又止。

“发生什么事了？”安庆不安地问，她很少看到欧阳伦有如此神情。

“庆儿，今日朝堂之上发生了一件大事，你可要有心理准备……”

“到底发生了什么事？”

“今日在朝堂之上，锦衣卫指挥使蒋瓛告发凉国公蓝玉谋反……”

“什么？”安庆手中的茶盏应声而落，碎了一地，她简直不敢相信自己的耳朵，“谋反！蓝玉舅舅怎么可能谋反？”

“我也不相信凉国公会谋反，可是蒋瓛检举他在府上蓄养家奴披甲，欲意谋反，许多大臣对此都深感震惊，尤其是皇上，极为震怒，已下令……”

“怎么样？”安庆的声音抑制不住地颤抖。

“已将凉国公押入大牢，下狱审理……”

“怎么会这样？怎么会这样！父皇怎么会相信这种无稽之谈，这肯定是有人在陷害蓝玉舅舅，不，不行，我要去向父皇说个明白，他不能听信别人的谗言……”安庆说着就要向外冲去。

欧阳伦一把拉住她，“庆儿，你别冲动，你知道皇上的脾性，这个世界上他只会听一个人的话，那就是你的母后，可是如今你的母后去了，没有谁可以劝得了他，你这样贸然去求情，反而会更加让皇上憎恨凉国公……”

“难道就只能眼睁睁地看着蓝玉舅舅被冤枉吗？欧阳，你说，你说他是会谋反的人吗，你说啊？”安庆泣不成声。

“我听闻此事和燕王朱棣似乎有关……”欧阳伦迟疑了下。

“朱棣哥哥？他为什么要害蓝玉舅舅？”安庆瞪大了眼睛。

“听说太子朱标在世的时候，凉国公曾私下对太子说燕王朱棣有野心，劝告太子要多多提防，太子不信，问何出此言，凉国公告诉太子，曾经有一位叫道衍的僧人许诺会送给燕王一顶白帽子，朱棣后来便将此人一直留在身边，由此可见朱棣确实是别有用心，可是太子还是不信，竟然在闲聊之时将凉国公所说之事告诉了朱棣，朱棣从此对凉国公怀恨在心，不时在皇上面前说凉国公仰仗功劳大如何骄纵不法，狂自尊大，不把皇上放在眼里，历来皇上都最痛恨藐视皇权之人……”

“那个僧人不过是许诺送给燕王一顶白帽子而已，为什么蓝玉舅舅说燕王有野心呢？”安庆突然想起这事是当日自己告诉蓝玉的。

“傻瓜，一个‘王’字上面再加一个‘白’字是什么？”欧阳伦在安庆的手心里一笔一画地写了一个“皇”字，“燕王明明知道那个僧人的意思，还将他留在身边，说明他心里是另有谋划……”

“啊！”安庆失声惊叫，一个踉跄，竟差点跌倒，欧阳伦连忙一把扶住她，“庆儿……”

“原来是我害了他……”安庆喃喃地说，“如若当初不是我告诉蓝玉舅舅那个僧人要送朱棣一顶白帽子的事，他就不会告诉朱标提防朱棣，也就不至于招来朱棣的忌恨，今日也就不会被人陷害……是我害得蓝玉舅舅今日身陷牢狱之灾，不，我要去求父皇开恩，求父皇放了他……”安庆几近崩溃，她一把推开欧阳伦，不顾一切地冲了出去。

酝酿了一整天的雪，就在这个时候洋洋洒洒地开始飘落……

乾清宫外，安庆如一尊冰雕，身子已被雪覆盖，发丝、眉毛都已凝结成冰，跪着的双膝早失就去了知觉。

朱元璋烦躁地将一本奏折扔到龙案一侧，差点打翻了案几的灯，“那丫头还在外面跪着吗？”

“是的，皇上，都已经快两个时辰了……”伺候皇上的太监李公公俯身小心翼翼地答道，“外面一直在下雪，公主都快要成雪人了……”

“那是她自找的！”朱元璋恼怒地说。

李公公不敢再多言，连忙垂首噤声。

朱元璋随手拿起一本奏折，可没看几个字，又烦躁起来，他抬眼看了看漆黑的殿外，“去，给我把她叫进来……”

安庆跪得浑身已然发麻，膝盖更是如刀割一般地疼，她在李公公的搀扶下一瘸一拐地走进乾清宫，见到朱元璋便倒头下跪。因为进宫时太过匆忙，她甚至没有来得及披上一件披风，此时，一身青碧色绫纱斜襟碎花夹袄上的雪一遇到殿内的热气，消融成水，衣服上便到处是深深浅浅的水痕，发髻、眉毛上的冰雪也融化成一滴一滴的水珠，顺着紧贴在额头、脸颊凌乱的发丝滴落……

朱元璋看到安庆的狼狈样，不竟眉头一紧，冲着李公公说：“外面伺候着！”

李公公连忙退了出去。

“你何苦为了一个不相干的人自找苦吃？”朱元璋叹了一口气。

“蓝玉是我的舅舅，怎么是不相干的人呢，求父皇开恩，放了蓝玉舅舅吧……”安庆叩头。

“放了他？”朱元璋眼眸里的疼惜稍纵即逝，并泛起一丝冷意，“你知道他所犯何罪吗？”

“请父皇明鉴，蓝玉舅舅是绝对不会谋反的，这一定是有人想陷害于他……”

“大胆！你一个女儿家知道什么，不得对朝堂之事妄加评论！”朱元璋满面怒容。

“父皇，我是不知道朝政，但我知道他为了大明江山一次次地远征，一次次地深入边关大漠，金戈铁马，剑舞黄沙，用生命和鲜血来捍卫我大明的国土，他的丰功伟绩都已记录在我大明的史册之上……”

“够了！”朱元璋一声怒喝，他从未想到过一向深处宫帷的安庆竟然能够说出如此激烈的言辞，“你是在教训朕吗？”

看到朱元璋动怒，安庆连连叩首，“父皇，女儿无意冒犯父皇，女儿愿意以性命担保，蓝玉他真的不会谋反，求父皇明鉴啊！”安庆的泪水滚滚而落，希冀的目光哀哀地看着那个曾把自己当作掌上明珠的父皇，曾几何时，他是那样的亲切而慈祥，但此时，她分明感觉到一种疏离和陌生。

朱元璋看着眼前长跪不起的女儿，她的眉目像极了皇后，尤其是眼睛，让人一看到便会觉得心情明澈，这也许是自己曾对她百般宠爱的原因，但此时，大滴大滴的泪珠涌了出来，长长的睫毛如缀了一层雾气，眼神里一半是希冀，一半是哀求，他突然想起皇后临终之时，也是用如此的眼神看着他，要他照拂他们的女儿……朱元璋的心里重重地叹了一口气，“你先起来吧……”

“请父皇开恩！”安庆不但不肯起身，反而又连连叩首。

“唉，我朱元璋自认为有胆有谋，才创立了属于我们朱家的帝国，坐稳了江山，可没想到自己的儿女却如此愚蠢无知……”他停顿了下，目光看向案几那一盏烛光，烛光微微地跳跃，他的目光渐渐地有些黯然，“想当日，我诛杀一些朝中重臣，你的哥哥标儿也是如此，他说如果皇帝是尧舜一样贤德的君主，大臣才会是拥护尧舜的臣民，我知道他在指责我杀人太多，当时，我派人找了一根带刺的木棍扔到他面前让他捡起来，他没有捡，丫头，你知道他为什么没有捡吗？”朱元璋的目光有片刻的忧伤。

安庆吸了吸鼻子，止住了抽泣，“因为木棍上有刺，会伤着标儿哥哥……”

“是的，因为木棍上有刺，会伤着他，而我杀人，就是要替他拔掉木棍上的这些刺！”朱元璋声音平静得像在诉说着一个久远的故事，安庆的心里却是一个激灵，她骇然道，“父皇的意思蓝玉舅舅也是一根刺，所以无论他有没有谋反，父皇都要拔掉他？”

“不错，正如你所说，他的丰功伟绩在载入我大明的史册的同时，他就长成了一根足以威胁我大明江山的刺！”朱元璋的声音不紧不慢，“若是标儿还在，也许他的威胁并不算大，但现在标儿不在了，允炆年纪尚轻，以他的能力，根本抑制不住这些刺的生长，若让这些刺任其发展，说不定哪天就会刺伤他，到时候，我用尽一生精力打拼而来的大明江山就会落入旁人之手……”

朱元璋的目光一凝，将目光缓缓转向安庆，“丫头，你告诉我，在我大明基业与他之间，我该如何取舍？”

安庆身子陡然一软，瘫软在地，目光涣散，嘴里呢喃着：“怎么会这样，为什么要这样……”

从宫中回来，安庆的神情就一直呆滞，她以同一姿势已经坐了近两个时辰。不论欧阳伦说什么，她都不言不语，欧阳伦知道此时任何的劝慰都是苍白无力的，他只能陪着她一起默然地坐着。突然，安庆猛然转过身来，一把拉住欧阳伦的手，目光里窜出一丝希冀的火苗，“欧阳，现在我只有你可以依靠，这件事你一定要帮帮我……”

欧阳伦反握住安庆冰凉的手，“庆儿，不是我不帮你去求情，你也知道，朝堂之上我是人微言轻，皇上根本不会听我说的……”

“不，欧阳，我不是要你去向父皇求情……”安庆轻轻地摇了摇头，目光里是无尽的无奈与哀伤，“我今日听父皇所言，已知蓝玉舅舅他难逃此劫，父皇为了大明江山永固，从来都是不惜诛杀重臣的……以父皇的脾性，若真以谋反定罪，必当株连九族……欧阳，你也知道的，若真是这样父皇是不会放过蓝玉舅舅和他的家人，是不是？”

欧阳伦点了点头。

“欧阳，我不能眼睁睁地看着蓝玉舅舅的亲人被无辜地诛杀，断了他蓝家的血脉，我要救他们！”安庆哀伤的眸子里露出一股坚毅，仿佛无边的暗夜里蓦然升腾起的一点火星，“欧阳，你要你帮我救他们！”

“这……”欧阳伦大惊失色，“这如何救得！”

“我已经想好了，蓝玉舅舅刚关起来，现在府中一定乱成一团，我现在就去凉国公府，偷偷地将他的夫人和儿子趁乱带出来，你准备好车马，连夜将他们送出城去……”

“这，帮助罪臣之子逃脱，这可是杀头的大罪啊……”

安庆轻哼一声，脸上露出一丝凌厉的冷笑，“现在蓝玉舅舅只是关入大牢候审，并未定罪，他们怎么会是罪臣之子呢？”

欧阳伦万万没有想到，一向柔弱的安庆公主的心思竟会如此缜密。

看到欧阳伦面露难色，安庆突然跪在了欧阳伦的面前，“求求你，救救他们……”

“庆儿，你，你这是干什么，快起来？”欧阳伦连忙去拉。

“不，你若不答应帮我去救他们，我就不起来……你放心，以后若是父皇知道了怪罪，我一人承担便是，决不牵连于你……”安庆泪水滚滚，苦苦哀求。

“傻瓜……”欧阳伦蹲下身子，将安庆搂入怀中，“我们是夫妻，所谓夫妻同心其利断金，你放心，我们夫妻携手，一定会救出凉国公的子嗣的……”

雪还在纷纷扬扬地下着，夜色之下，一个白色的身影出现在凉国公府邸大门口，轻轻地叩了叩门环。良久，门被打开，身影四下看看闪了进去。

果不其然，凉国府内早就乱成了一团。

蓝玉的三位夫人此时都在大厅，满面愁容，一筹莫展。她们自知此次蓝玉下狱一定是凶多吉少，却也无能为力，只能听天由命。忽有家人传报，说有一个女子自称远房亲戚前来拜访，大家面面相觑，谁还会选在蓝玉入狱的这个时候来认亲趟这浑水呢？待到来人进来，揭开蒙着头脸的披风一角，大夫人牧氏大惊，忙起身欲问安。

安庆摇了摇头，用眼神示意她别声张，牧氏会意，吩咐下人全部退了出去。

等到下人们全退了出去，安庆这才脱去披风，抖落一身的雪花。

“参见安庆公主……”另外两个夫人胡氏和孔氏虽为长辈，但却是因是侧室，不得不对安庆施礼问安。

“两位舅母不用多礼……”安庆连忙扶住她们。

“不知公主这么晚前来所为何事？”大夫人牧氏年纪虽比安庆大不了多少，但却是老成持重。

安庆顾不得寒暄，“各位舅母，舅舅今日被关入大牢，庆儿怕日后万一有什么不测会累及各位舅母及孩儿，所以想带各位及早脱身……”

“我们家将军为大明立下了汗马功劳，我不相信皇上会昏庸到滥杀忠良的地步，待皇上查明真相，定会还我们将军一个清白！”二夫人孔氏轻哼一声，目光凛然，“若是将军真会有什么不测，我也不会苟且偷生，定当陪他同生共死！”

“就是，以我家将军如今在朝中的声望，皇上想要定罪恐怕没那么容易！”三夫人胡氏毕竟年纪尚轻，不明白这其中的厉害。

“休得胡言！”大夫人牧氏一声轻喝，不满地瞪了两位夫人一眼，转向安庆，“将军入狱，大家心绪难平，所以言辞之间多有冒犯，还请公主勿怪……”

安庆摇了摇头，“大家的心情我能理解，还请舅母能做出决断，也许过不了多久这凉国府就会被包围，到时想脱身就难了……如若舅舅他能渡过此劫，日后你们仍可回府相聚……”安庆急切地说。

“其实，自从将军被关入大狱的那一刻起，我就知道他再也不会回来了……”牧氏端庄的面容上浮现出一丝凄惶和无奈。“良弓藏走狗烹，这是历代帝王惯用的伎俩，将军用赫赫战功证明了他的功绩，加之他锋芒太露，皇上若不除掉他，岂能安席？”牧氏的唇角竟浮出一抹笑意，那抹笑意犹如一粒石子落入幽深清潭激起有一波一波荡漾开来的水波，美得让人绝望。

“什么？”胡氏和孔氏大惊失色，她们从未想过有一天不朽的功勋也会成为送命的理由！

胡氏扑通一声跪倒在地，“将军一向对公主呵护有加，还请公主去求皇上开恩，求求公主，我们刚才的冒犯之处请公主责罚，但请公主出手相救将军……”她拉住安庆的衣襟苦苦哀求，已然泣不成声。

孔氏也跪倒在地，“这些年将军对公主的情分我们都看在眼里，还请公主念在将军对公主的一片情深，请公主去救皇上，救救将军……”

“他……我……对不起……”安庆一时尴尬地不知该如何处，一时语无伦次，“我，我已经去求过父皇了，可是没有用……对不起，对不起……”不知为什么，也许是对自己的无能为力感到深深的自责，也许是对命运感到不公，更是为蓝玉舅舅如此的下场感到悲凉，她竟不觉流下两行清泪来。

胡氏和孔氏看她如此，顿时瘫坐于地，把求助的目光投向牧夫人。

“公主，你此刻能来，说明你已经尽力了……”牧夫人拉起安庆的手，

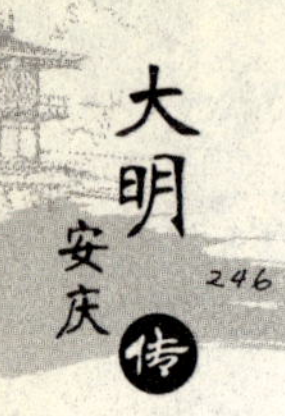

“这不关你的事，这是一个将军的宿命……”她转身，拭了拭自己眼角的泪，神情恢复如常，对胡氏和孔氏说，“我们蓝家一门注定难逃灭族之灾，但我们不能眼睁睁地看着蓝家绝后，你们带着春儿和斌儿跟随公主走吧！”

“那夫人你呢？”

“虽然将军的心里从未真正地爱过我，但我们毕竟夫妻一场，大难当头，我怎能独自偷生，将军一生英勇无畏，我怎能让他因我蒙羞，我定当陪着将军一同赴死！”牧夫人目光坚毅。

“我们也不走，我们也要陪着将军，无论生死！”胡氏和孔氏的眼中更是视死如归。

“你们都死了，那春儿和斌儿怎么办？难道你们要蓝家一门绝后吗？”安庆知道牧夫人育有一子叫蓝春，是长子；孔氏也生有一子名为蓝斌，他们都是蓝家的血脉。

一听此言，大家一时默然。毕竟当务之急是如何保住蓝家血脉。

“妹妹，还是由你带着两个孩子走吧！”牧夫人对胡氏说。

“不，若没有将军，我独自活在世上还有什么意义？”胡氏泣不成声，“我要和两位姐姐陪着将军一起走完最后的历程……”

“你活着的意义就是替我们抚养大将军的孩子……”牧夫人幽幽地叹了一口气，“现在对于我们来说，活着是比死更不容易的一件事，你从此要远走他乡，隐姓埋名，抚养我们的孩子长大成人，然后，告诉他们从此世代不再为官……你活着，远比我们死去更有价值……”

阴冷的湿气让原本如昏暗的大狱更显得阴森，玲珑示意守卫退了下去，自己也悄然退去。

安庆一声轻唤：“舅舅……”

面壁而站的蓝玉却并未回头，“公主请回，这不是你该来的地方！”语气冷漠而生硬。

“你真的连看一眼庆儿都不愿意了吗？”安庆已然泪眼婆娑。

“蓝玉如今已是戴罪之人，还有何面目见公主？”

“不，不，庆儿知道你是冤枉的，庆儿决不相信你会谋反！”安庆急切地说。

闻言，蓝玉的身形微微一颤，缓缓转过身来，只不过一天的工夫，他着实已憔悴了不少，那双原本如星子般明亮的目光已然黯淡，他静静地看着泪眼婆娑戚戚哀哀的安庆，眼眸之中的愤恨渐渐淡去，缓步走至安庆面前，

“蓝玉舅舅为了大明所建立的功勋是所有大明子民有目共睹的……”安庆说得凝重而真诚，透过莹莹泪光，她的目光坚毅，“这是任谁也改变不了的事实！”

蓝玉轻叹一声，伸出手想拭去她眼角的泪，手却又停在了半空，最终颓然地垂了下去，脸上露出一丝苦笑，“丫头，谢谢你对蓝玉的赞誉！”

“可我知道，我的赞誉对你来就根本就没有意义，对不对，我知道你是无辜的，却不能说服父皇放了你，对不起，对不起，都是安庆无能……”

蓝玉重重地叹了一口气，还是抬起手轻轻地拭去了安庆脸颊滚落的泪，很认真地说：“丫头，你知道吗，如若这世上所有人都认为蓝玉是罪臣，但只要丫头相信我，那我多年来的浴血奋战就都有意义！”

“可是我却救不了你……舅舅，你为了护我周全，这些年为我默默地做了那么多，我都知道，可是你身陷牢狱时，我身为公主，却只能眼睁睁地看着却无能为力……你会怪我吗？”

“傻丫头，这怎么能怪你呢？如若皇上不杀我，那就不是皇上！”

安庆闻言大惊，“你，你怎么知道父皇不会放过你？”

“皇上需要我们为他打拼江山，但皇上更需要他的江山无后顾之忧，历朝历代的帝王莫不是如此，即使天下所有人都知道你是无辜的，你终究难逃

这一莫须有的罪责，这便是开国功臣的宿命……”蓝玉仰天长叹，“只可怜我蓝家一门受我连累，终将绝后……”

“不，不会的，蓝家的血脉一定会绵延不绝的……”安庆坚定地说。

蓝玉脸色一变，他不可置信地盯着安庆，“你说什么？”

“胡夫人昨夜已带着春儿和斌儿离开京都，不论她们会去向何方，姓甚名谁，他们终究是你蓝家的血脉，他们的血液里流淌着是你蓝玉的血……”

蓝玉震惊地看着眼前这个在他的心里一直是不谙世事的丫头，她竟然在最紧要的关头冒着杀头的罪为他保住了蓝家的血脉。

“对不起，我能为你做的只有这么多……”安庆神色凄然。

“谢谢你，丫头！你为我做得已经够多了……”蓝玉突然紧紧地将安庆搂在了怀里。

“蓝玉哥哥！”安庆突然轻唤一声。

“你叫我什么？”蓝玉的身子轻轻一晃。

“蓝玉哥哥，蓝玉哥哥，其实，在我心里，你一直是我的蓝玉哥哥，从未改变……”

纵然蓝玉仰面，泪水依然潸然而下……

第十五章　惊闻有喜

（父皇最终没有放过蓝玉哥哥，蓝家一门被灭族，受他牵连之人更是不计其数，父皇为了告诫世人，将他们的名字编成一册《逆臣录》，但蓝玉哥哥的不朽功绩却无法抹去，他的名字将永载史册。然而，父皇为了皇权，杀戮并未从此停止，洪武二十七年，杀颍国公傅友德、定远侯王弼；洪武二十八年，杀宋国公冯胜……那些曾和他一起纵马驰骋打天下的朋友们，一个个被他送上断送台……）

“都说秋日的阳光雍容而华贵，其实秋夜的月更显清丽而朴素，欧阳，你看这盈盈月光，无须承载太多的关于命运走向高贵的希冀和执着，也就多出了更多的淡泊和从容……”洪武三十年的秋夜，皎白的月光温婉地将清辉洒落在一张梨花木小几上，小几之上放着一盏紫砂泥壶和两只茶盏，还有几样精致的点心，身着淡蓝镶领银白底子粉蓝绣金花卉纹样对襟衫的安庆在褪去青春年华之后，却更显得有如莲一般的沉静与美好，她环顾四周，庭院之内亭台瓦榭，叠石成山，比京都的驸马府不知要大出几许瑰丽几许！初来时安庆亲手栽下的菊花已开得千姿百态，后园里的梅园更是集天下梅花之极

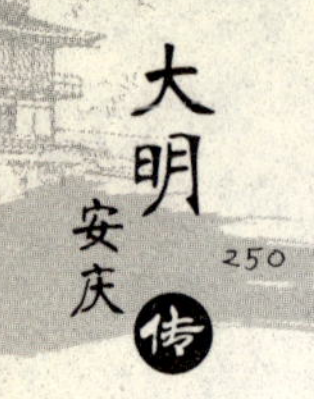

品，每到冬日，梅香满园。安庆回眸对欧阳伦粲然一笑，“谢谢你带我离开京都，给我一个如此富丽堂皇的家，让我远离纷扰，只过属于我们自己的日子，我今日恰逢身子不适，就以茶代酒敬你……”安庆举杯，浅笑如花。

欧阳伦报之以微笑，“我是你的夫君，让自己的妻子过得无忧舒心是做丈夫的职责所在……请……”欧阳伦举杯一饮而尽。

“欧阳，你知道，自从蓝玉哥哥死后，我就再也不喜欢京都那个地方了，那里只有尔虞我诈，只有权力的明争暗斗，只有利用和被利用，我真的已经厌倦了……”安庆的眼眸有些黯然，“这些年，只要听闻父皇诛杀朝中重臣，我的心里就好怕，感觉父皇不再是当初那个威严但却慈祥的父皇了……”

“君王自有君王的道理，不是你我能理解的，但相信皇上对你的爱还是一如最初……”欧阳伦给安庆斟满一杯茶，又给自己倒了一杯，“我离京之时，皇上曾召我进宫，他说你虽自小顽劣，但心底却是十分善良，这一点像极了你的母后马皇后，他自知你在怪他，也知你厌倦了这些表面的风光与浮华，所以才允许我带你一起出使陕西，让你换个环境，从此远离一些不必要的纷扰……庆儿，其实皇上心上还是有你的，这几年我每次回京述职时，他都会仔细地询问你的情况，问你身子如何，可住得惯这西北苦寒之地，问你是瘦了还是胖了……”

“父皇……”安庆的眼里有泪光闪动，“我离京这几年，父皇一定是更加的苍老了吧……”

“是啊，皇上为国事操劳，哪有不老的道理……昨日，我命人采下几束长寿菊，已派人快马加鞭送往京都了……再过两三日皇上就会看到你亲自为他种的长寿菊，以慰相思了！”

“欧阳，你……”安庆悲喜交加，“你怎么没有告诉我……”

“你愿意离开京都繁华之地，陪我一起来这僻远之处，难道我就不能为你动点小小的心思……”欧阳伦温情地拉起安庆的手，还欲说什么，却看到亭阁之外，家奴周保正神色慌张地朝这边张望，好像有什么紧要之事，急得连连跺脚，却不敢贸然上前。欧阳伦不动声色地抬着看了看夜色，“庆儿，秋夜露水重，我们还是早点回房吧！”

“欧阳，我想告诉你一件事……”安庆突然面露娇羞之色。

“你说……”

“我，我怀孕了……”

“什么？你……”突如其来的惊喜说欧阳伦有些语无伦次，“真的吗？我们又有孩子了吗？庆儿，你告诉我，这是真的吗？我们真的有孩子了吗？”欧阳伦突然把双手放紧紧地按在安庆的肩头，眼睛死死地盯着安庆，“庆儿，是真的吗？”

“嗯！”安庆点了点头，“我已经请大夫把过脉了……”

“我就知道我们还会有孩子的，庆儿，看来老天还是眷顾我欧阳伦的……庆儿，太好了，我欧阳伦又会有孩儿了……”欧阳伦高兴地直搓手打转。

“按说我们在一起这么多年，早该子嗣成群了……对不起……”安庆神色有些黯然地垂下头，轻抚腰身，“也不知为何，这些年总是怀不上……”

欧阳伦一怔，伸手把安庆紧紧地搂在怀里，“傻瓜，该说对不起的是我，当初是我自己无能，被那帮势利眼看不起，才耽误了宝儿，你因此郁郁寡欢，郁结成疾，才导致你迟迟怀不上孩子，该说对不起的人是我啊……”欧阳伦的眼眸里流过一丝恨意，“不过，庆儿，我向你保证，这种悲剧再也不会发生了，我一定会给你们母子最舒心无忧的生活！”

“欧阳，你现在已经做到了……”安庆满足地将头依在欧阳伦的胸前，“现在的生活我已经很舒心了……”

突然，欧阳伦拦腰抱起安庆，安庆一声惊呼，双手连忙搂住欧阳伦的脖

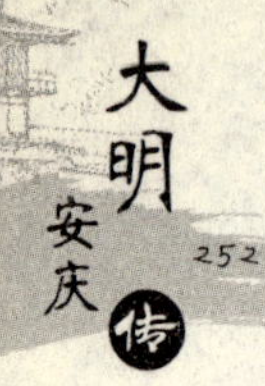

子，“你这是干什么？”

欧阳伦低头在安庆的脸颊上亲吻一口，“当然是抱我的娇妻回房休息了……”

安庆乖巧地将身子蜷缩在欧阳伦有力而温暖的臂弯，任由他抱着她穿过小池，穿过菊园，穿过一树树海棠……

月色如水波轻漾，世间的一切都显得那么的静谧与美好……

看到怀里的安庆已然沉沉睡去，欧阳伦轻轻地移开安庆环在自己腰间的胳膊，在安庆的额头轻吻一下，轻手轻脚地起身向外走去。

书房外，周保正急得如热锅上的蚂蚁，看到欧阳伦来，急忙几步迎上前去，“驸马爷，不好了……”

“到里面去说……”欧阳伦径直跨入书房，周保连忙几步跟了进去，顺手把门关上。

“出了什么事，怎么如此慌张？”欧阳伦问道。

“有人……有人向皇上告发了我们……”

“告发什么？”欧阳伦心里一紧。

“私自贩茶……”周保的声音虽然很小，但对欧阳伦来说却不亚于晴天霹雳，“什么？”他大惊失色，“我们做事一向隐秘，怎么会被人告发呢……是谁？是谁告发的？”

“兰县河桥司巡检税吏……”

“兰县河桥司……”欧阳伦眉头紧锁，“这些年我们每次运出茶叶，都会经过那里，你也知道，我这个驸马虽然在京城备受冷遇，但在这远离京都之地，他们这点面子还是给的，况且我待他们也不簿，各个环节我都有所打点，连陕西布政司官员们都睁一只眼闭一只眼，他一个小小的巡检税吏，怎么会突然向皇上告发我？”

“驸马爷……都是小的该死，都是小的惹的祸啊，我没想到那小子竟然真的敢告到皇上那里去……”周保突然跪地，磕头如捣蒜。

“怎么回事？”欧阳伦甚是诧异。

“上个月小的押运一批茶叶出关，行至兰县河桥镇时，被河桥司巡检税吏拦住要查验，小的怕耽误了行程，告诉他我们是驸马爷的人，可是那小子不但不立马放行，还说什么不管是谁，货物从这里出关都要进行查验，说我们是狗仗人世，就让人教训了他一顿……那人也是个硬骨头，当时被我们打得奄奄一息，嘴里还不停地大骂，说要到京城去告我们，我本想，就凭他一个小小的巡检税吏怎么可能见到皇上，所以，所以，我回来后也就没有说这件事……刚刚我接到京城来的密报，说有人在皇上面前告了御状，说我们私自贩运茶叶……驸马爷，我真的没有想到他竟然真的会告到皇上那里去啊……”周保也自知此事的严重性，不敢抬头看欧阳伦。

“蠢才！”欧阳伦提腿狠狠地踹了周保一脚，周保猝不及防，一下子跌倒在地，“告诉你们多少次了，我们做的这生意是在缸边上走马，一失足可就是掉脑袋的事，要你们处处谨小慎微，和气生财，你们就是不听，真是成事不足，败事有余！”

“我，我只是气不过啊，驸马爷，他说我们狗仗人势也就算了，可这明明是在说驸马爷您啊，我周保跟随驸马爷您鞍前马后这么多年，怎么能咽下这口气呢……”周保嘴里嗫嚅着，心虚得垂下头去。

“唉！”欧阳伦长叹一声，不再理他，目光却越来越凝重，“我朝茶禁森严，私自贩运茶叶的罪名可不轻，看来这次我们是凶多吉少了！”

“驸马爷，您可以去求求公主，让公主去向皇上求求情……”周保急急地说。

“庆儿？”欧阳伦深思了半晌，摇了摇头，“她根本不知道这些年我做的是什么生意，如果突然之间告诉她我竟然瞒着她私自贩运茶叶，她一定会伤心的……况且，即使她去向皇上求情，以皇上一贯的作法，她的求情是不会起到任何作用的，这样只会让庆儿觉得自已救不了我而感到自责……”

“难道我们现在只能等死吗？”周保不甘心。

“每一个错误都会付出相应代价，在决定犯错误之前，我们就应该想到这样的结果，只不过是迟早的问题而已……你下去吧，让我一个人待会儿……这件事先不要告诉任何人！”

周保答应着小心翼翼地退了出去。

那盏铜台上的烛火无声无息地燃烧，终于蜡尽灯灭，清淡的月色透过白色的窗纱涌了进来，落在欧阳伦落寞而凄然的脸上……

安庆睁开眼时，正迎上欧阳伦深情目光，看她醒来，欧阳伦冲她温柔一笑，“你醒了！”

“你怎么起得这么早？”安庆边起身边说。

“我已吩咐了厨房准备好了早餐，快起来吃吧，你饿了不要紧，可不能饿了我的宝贝儿！”欧阳伦说着，将脸贴近安庆的肚子，“来，我听听，宝贝有没有什么动静……”

安庆嗔笑着推开他，“他还小呢，哪会有什么动静啊……”

吃饭的时候，欧阳伦更比往日体贴温存，不时地为安庆添汤夹菜，等吃完了饭，欧阳伦突然恍然大悟地一拍脑袋，“哦，对了，庆儿，擎苍兄昨日来信了……”

“颜擎苍！”安庆眼里露出欣喜之色，“自从京城一别，我们就再也没有见过面，不知他一切可安好？他在信中说什么了？”

“他说自分别之后，心中常念当日一起在京城纵马饮酒之乐，因今年成都的菊花开得比任何一年都繁盛，品种也最为齐全，现蜀地要举办菊花节，堪称菊花盛宴，他知你一向喜菊，特来信邀你我前往一观，趁此也好一叙离情……”

"好啊好啊！"安庆欢喜之情溢于言表，转而一想，轻抚小腹，"不过我现在有孕在身，长途跋涉恐有不便……"

"没事的，只要小心一点，应该不会有问题的，我会派人一路小心伺候着的。"

"那你呢？"

"我还有一点事要处理，你先走，我随后就来……而且我想等我们赏完花，我们回京城去住一阵子，皇上年纪越来越大了，你应该多陪陪他……"

"可是我要和你一起走，我等你……"

"傻瓜，你身子不便，马车一路得慢行，等我处理完手头的事，快马加鞭，很快就能赶上，如果等我处理完事再走，以我们的速度，等到了成都，菊花早就败了！"欧阳伦握了握安庆的手，"你放心，我已经安排好了，相信一路上不会有什么闪失的……明日一早你就出发吧！"

"那——好吧！"安庆点了点头。

次日，天气出奇的好，碧空如洗，几只飞鹤直上云霄，安庆坐在马车里，一旁的玲珑对这次出行更是无比的兴奋，不时地撩起帘子向外张望。欧阳伦则骑着一匹枣红色的马，送了一程又一程……

"停车！"安庆撩起帘子吩咐。

"怎么了，庆儿？"欧阳伦俯身相询。

"欧阳，你就送到这儿吧，已经出城很远了……"

欧阳伦抬眼看了看前路，"再往前走走吧……"

"好了，送君千里，终有一别！"安庆娇嗔道，"况且要不了几天，我们就能见面了！"

欧阳伦目光一黯，却随即朗声说道："那好吧！"他翻身下马，凑近车窗，在安庆耳边低语，"我们是不是得有点小小的告别仪式？"不等安庆回

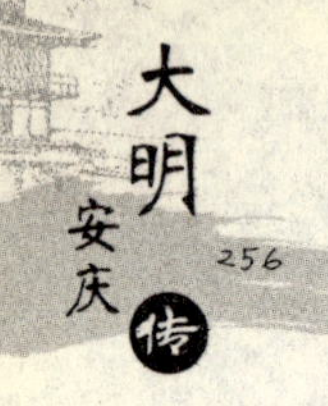

答，他已跨步上了马车，掀帘而入。玲珑连忙识趣地退了出来，拉好帘子，站于车外。

安庆一怔，随即满脸羞红，嘴里嘟囔着："昨晚，昨晚不是已经……已经告别过了吗？"

欧阳伦却是不语，只伸手将安庆揽入怀中，在她的额头轻轻一吻，"庆儿，这剩下的路途还很遥远，就得你一个人走了，我不在身边的时候，你要记着，不论发生什么事，你都要坚强面对，知道吗？"

"我知道……"安庆依在欧阳伦的胸前，乖巧地点了点头，"你放心，你不在身边的时候，我一定会照顾好自己和我们的孩儿的！"

"好，我放心！"欧阳伦轻轻地拍了拍安庆的背，头却高高地仰起，他怕一低头，泪水会出卖了他的坚强。"还有，庆儿，如果我耽误得太久不能前来蜀地和你汇合，你就直接回京城……"

"不，我一定会等你来，我们一起回京城！"安庆紧紧地搂着欧阳伦的腰，"如果你不来，我就回来找你！"

"好了，时辰不早了，你也该走了！"欧阳伦重重地在安庆的额头亲了一下，转身下了马车。

一声"起驾"，马车辘辘前行。

"欧阳！"安庆从愈行愈远的车窗探出头来，九月的阳光照在她满是幸福的脸上，"回去吧……"

欧阳伦笑着点了点头，冲着她一边挥手，一边喊道："庆儿，一定要记得我说过的话！"

"你说什么？"安庆侧耳。

"对不起，庆儿……"泪终于无声地滑落。古道西风之下，欧阳伦的身影单薄而落寞。

安庆公主的马车顺着嘉陵江而下，不日便入蜀地，玲珑久居府中，这样跋山涉水出行让她兴奋不已，一路不时掀起窗帘朝外张望，兴奋地喋喋不休，一幅怎么也看不够这大好河山的样子。倒是安庆却显得老成持重起来，要么就是看着窗外起伏的山峦出神，要么就是斜倚着身子闭目沉思。

“玲珑，我们已经走了好多天了，你说驸马怎么还没有来。”安庆撩起帘子向来路张望，不无担忧地说，“他不会有什么事吧！”

“可能是事情比较棘手吧，不过我想驸马爷只要一处理完，肯定会赶来的……”玲珑伺候着安庆喝水，突然马车猛然停了下来，听得车外一个声音传来，“成都守将颜擎苍恭迎公主銮驾！”

“颜擎苍！”安庆一扫路途中的倦意和担心，惊喜若狂地掀起车帘，马车前，赫然是那个身形健硕、眉目疏朗的颜擎苍，只是眉宇之间多了些许的沧桑。

四目相中，恍若隔世重逢一般，颜擎苍的眼眸里竟有泪光轻轻地闪动。

“颜擎苍参见公主！”为了掩饰失态，颜擎苍欲下跪行大礼。

“你我之间是朋友的情分，没有尊卑高下，你今日若要行如此大礼，就负了我们这么多年的思念之情……”安庆红唇轻启，“还请叫我安安，可好？”

颜擎苍一愣，缓缓直起身来，随即哈哈大笑几声，“好一个朋友情分，好，安安姑娘，这么多年不见，还是如在京城时一般豪情，真想和你能再有机会策马饮酒……”

“那我们今日就一起骑马如何？”安庆满脸含笑，俏皮地盯着颜擎苍。

还不等颜擎苍回话，一边的玲珑却急得连连摇头，“不行，不行，公主，你有孕在身，怎么还敢骑马呢？颜将军，这万万不可！”

“玲珑姑娘放心，这个在下自然知道不妥……安安姑娘，策马纵酒的日子还很长呢，进城还得一段路程，剩下的路程就由在下为安安姑娘赶车，如何？”颜擎苍说着接过马夫手里的缰绳。

"你怎么知道我有孕在身？"安庆奇怪地问。

"欧阳兄在信中一再交代要小心照顾于你，生怕有什么闪失，我能不知道吗？"颜擎苍取笑道。

"哦，他曾有书信于你吗？我怎么不知道！"安庆若有所思。

颜擎苍自知失言，连忙说道："书信是你出发后他让人快马加鞭送来的，你当然不知道了……"

"那他有没有说什么时候能来？"安庆期待地看着颜擎苍，"他说好处理完手里的事就会赶来的，可都这么多天了，不会出了什么事吧！我这几天心里老是惴惴不安的！"

颜擎苍目光一滞，躲开安庆的目光，"欧阳兄也许又被什么事耽误了吧，公主，哦，不，安安，你们旅途劳顿需要休息，我们先回城吧！"说着，他便扬鞭策马。

"秋霜造就菊城花，不尽风流写晚霞。"蜀地的菊花开得果然是淡巷浓街香满地，安庆下榻的庭院更是满园菊花，一进庭院，安庆就被眼前的景象惊呆了，一簇簇的菊花色彩纷呈，千姿百态，更有绿牡丹、墨菊、红衣绿裳、十丈垂帘、西湖柳月、凤凰振羽等难得一见的名品。

"安安姑娘，可还喜欢这里？"

"喜欢，真是太喜欢了，我在京城的时候也未见得如此多的品种，颜将军真是费心了！"安庆轻嗅着空气沁人心脾的菊花特有的丝丝淡香。

"既然是请安安姑娘来赏菊，若只是一些平淡无奇的菊花，岂不辜负了这儿的跋山涉水舟车劳顿！"颜擎苍轻笑着说。

接风的酒宴就摆在花团锦簇的菊花园内，安庆已经换上了一身藕荷色撒花织锦礼服，头上插了一个简单的珍珠钗子，显得素净而典雅。

"医书记载，菊花有利五脉、调四肢的作用，在下就以菊花参蜜代酒，敬安安姑娘，以解这一路劳顿！"颜擎苍举杯。

安庆也含笑举杯，只见白色的小瓷杯里漂浮着几朵小菊花，汤色甚是清亮，轻啜一口，顿时觉得甜香沁心，神清气爽。

菜肴更是一场名副其实的菊花宴，碧菊桶子鸡，菊叶糟肘花、菊香如意卷、金菊拌香干、爽口菊芹、美菊醉枣、菊形口蘑石、金菊宫燕、白菊傲霜翅、飘香石斑鱼、菊红酥卷、蜜汁绿菊、百合双菊、彩菊玉米粒……和着满园菊色，果真是“东篱秋色照疏芜，挽结高花不用扶。净洗西风尘土面，来看金碧万浮图”的景象。

以后的日子里，颜擎苍每天都会来陪着安庆出去游玩赏菊，品茗各色美食。初时，安庆也会欣然前往，但随着日子一天一天过去，眼看着菊花都要开始萎败了，欧阳伦还没有来，也未见书信，安庆的心里却越来越不安。

这天，颜擎苍刚来至庭院就见公主正在吩咐玲珑收拾行装。他诧异地问，“这是干什么？”

“颜将军，这么久了欧阳还不来，我心里越来越不安，谢谢你这些日子的款待，我想，我该回去了……”

听闻此言，颜擎苍沉默半晌，这才说：“安安，你听我说，欧阳兄是遇到了一点小麻烦，他是怕你为他担心所以才让你先来此处赏花散心，相信我，等他处理完一定会来找你的，你就安心在此处养胎待产！”

“他真的是遇到麻烦了？”安庆大惊，“是什么事，他为什么不告诉我呢？”

“你先别急，也不是什么大事……”颜擎苍连忙说，“你看看，欧阳兄不愿意告诉你，就是怕你担心吗！”

安庆还欲细问，突听门外传来一声细长的声音：“安庆公主、明威将军接旨……”

“父皇怎么知道我在此处？”安庆略显疑惑，却也顾不得多想，连忙出门跪拜接旨，颜擎苍心里一沉，紧跟在她的身后跪下。

“奉天承运，皇帝诏曰：安庆公主驸马欧阳伦奉旨守金城关，数遣私人贩茶出境，纵容家奴，所至绎骚，帝盛怒，赐伦死。因安庆公主自愿回避，不干预朝堂之事，帝陪感其深明大义之举，特在京都赐府坻一座，侍从四十八人，即日由明威将军护驾送安庆公主回京……”

“恭迎公主回京！”诵读圣旨的太监身后，齐刷刷一片呼声。

安庆只觉天旋地转，眼前一黑身子瘫软下去。

“公主，公主……”颜擎苍一把扶住她，也顾不得接旨谢恩，对着那一帮面面相觑的丫鬟下人们大喊，“快传大夫……

安庆醒来时，已是半夜时分，窗外雨声淅淅沥沥，她的目光空洞而呆滞，只是死死地盯着帐顶，玲珑和香云一脸担忧，也不敢开口安慰。突然，安庆猛然掀被而起，翻身下床，连鞋子也顾不上穿，就径直朝门外走去。

“公主要去那里？”玲珑和香云连忙上前拦住她，“公主需要什么请吩咐，奴婢们去办……”

“我要去救欧阳，我要去救我的驸马！”安庆头发凌乱目光涣散，玲珑和香云怎么敢让她这个时候出去，正在拉扯之中，门“吱呀”一声推开，一直守在门外的颜擎苍默默地走了进来。

看到颜擎苍，安庆像是看到救命稻草一般，一把抓住他，“颜擎苍，我要去京城、我要去求父皇饶了欧阳，快，你快去给我备马……”

颜擎苍强忍着内心的痛楚，“安安，你听我说，如若你现在去向皇上求情，非但救不了欧阳兄，而且也辜负了欧阳兄的一片苦心……”

“苦心……”安庆怔怔地看着颜擎苍，突然手一松，后退几步，“你知道的，对不对，你从一开始就知道的，是不是？我来这里赏花也是你和他一起设的骗局，对不对？”安庆目光凌厉而哀伤，“为什么，你为什么不早点对我说实情，你们为什么不要我去向父皇求情？”

“安安……”颜擎苍说得有些艰难，“是的，我知道……是欧阳兄不想让你卷入这场是非之中，安安，欧阳兄知道如果你知道他犯了死罪，定要冒死去向皇上求情，他深知圣上向来最恨后宫干政，你一为他求情，势必会引起皇上对你的厌恶之情，他死之后你若再失去皇上的宠爱，要如何在京城立足？”

“难道你要我为了日后的荣华假装什么也不知道吗？”安庆神色哀伤，“没有了他，我的生活还有什么意义，我连自己的丈夫都救不了，我这个大明的公主又有什么意义？”安庆的神色愈来愈暗淡。

颜擎苍的心也愈来愈痛，“安安，欧阳兄不想让你去求情，也是不想让你为他自责伤身，如果他知道你现在这个样子，一定也不会心安的……”

“为什么，可他为什么他要私自去贩茶，他难道不知道这是死罪吗？”安庆一脸的凄然。

“每个人心里都有不被外人所知的暗伤，或许他只想证明自己的能力吧……”颜擎苍叹了一口气，“这一切都不重要了，安安，不要负了欧阳兄的良苦用心，明日我就护送公主回京吧……”

“不，我不回京！”安庆默默地摇了摇头，突然眼里升腾起一丝希望，她猛然向颜擎苍一跪，“颜将军……”

安庆的举动不光让颜擎苍大吃一惊，就连玲珑和香云也吓了一跳。

“安安，不，公主，你，你这是干什么？”颜擎苍一时手足无措。

“求颜将军不要送我回京，我无论如何也要回去见欧阳最后一面……”安庆苦苦哀求，“我们夫妻一场，我既然没有能力救他，至少我可以陪他走完生命的最后一程……”

“好吧！擎苍就抗旨不遵一次……”颜擎苍长叹一声，缓缓扶起安庆，“我明日就安排车马……”

“不，现在！我现在就要走……”

第十六章 最后的归宿

（连绵不绝的秋雨从那夜开始，就一直下个不停，道路泥泞，有几次马车深陷泥淖，终于，在一个叫通天坪的地方，当我站在伞下，透过如注的雨水再一次看着颜擎苍挥舞马鞭，浑身是泥水的众人踩着泥淖奋力拉马车时，我突然觉得这深陷泥淖的马车这就像我的人生，无论我怎么努力，都摆脱不了宿命……）

“大家一起用力……来，一——二——”颜擎苍摸了一把被雨水模糊的眼睛，扬鞭策马……一次，两次，车身在不断的晃动之下，愈陷愈深……

突然远远地在雨雾中有几匹快马疾驰而来，颜擎苍忙拔剑拦在马车前，“来人是谁？”

来人翻身下马，其中为首的一个几步上前跪倒于地，“金城按察司差使参见明威将军！”

安庆猛然挣脱玲珑和香云的搀扶冲上前，“欧阳驸马呢，你可知欧阳驸马的消息？”她的手死死地扣在那人的肩上，雨水顺着她额头紧贴的发丝滑落，因为紧张，她的手在微微地颤抖……

“欧阳驸马他……他已于昨日被处死……”那人低垂着头，不敢直视。

天地瞬间如死一般地静默。

几声鸟鸣唤醒沉睡中的安庆，她缓缓睁开眼。

“公主，你醒了……”玲珑喜极而泣。

“这是哪儿？”安庆举目环顾四顾。透过简陋的门窗，可看到逶迤连绵的群峰，“天晴了吗？”

“这是徽州境内通天坪的一座寺庙……公主，天早就晴了，你已经昏迷不醒五天了……”玲珑说着转过身去摸了摸眼角的泪。

“五天了……”安庆呢喃着。

“是的，那日公主听闻驸马爷的噩耗晕了过去，颜将军便着人找到这个地方暂住……”

窗外有风吹过，宫商角徵羽，呜呜咽咽，如泣如诉，那日雨中的一幕再次清晰地涌上安庆的心头。

“这么说今日已是欧阳头七祭日……”

“是……请公主节哀顺变，一定要保重自己啊……”玲珑不无担忧地看着一脸凄然的安庆。

“你放心，玲珑，我想明白了，这个世上有太多的事我们无能为力，对无能为力的事，我们只能接受，不能接受的，就放下……我会保重自己，为了欧阳，也为了肚子里的孩子……玲珑，为我备素服，我要为欧阳做一场法事……”

天气阴沉，秋叶漫卷，寺庙檐角的铜铃在风中铃叮，青色的香烟绕上殿堂，一杆略显破旧的经幡在竹林外飘摇，木鱼声声，一板一眼，似在诉说人生的荣耀、悲欢、迷茫、无奈、忧伤不过都是梦一场……

“公主，銮驾已经准备好了，请公主移驾！”玲珑强忍住悲伤，趋步上前，试图搀扶起公主。

“玲珑，告诉大家，从今日起，他们都是自由之身，遣他们离开……”安庆突然幽幽地开口。

“这……”不光玲珑大吃一惊，身后跪着的太监宫女们更是面面相觑，诚惶诚恐。

“公主，这回京的路途遥远，若遣散他们，这一路上谁来伺候公主啊？”玲珑大着胆子说。

“我要在此地出家修行，永不再踏入京城半步！”安庆的神情突然之间变得异常清晰而坚定。

“什么！”玲珑失声叫了起来，她不敢相信自己的耳朵。随即下跪，“公主，这万万使不得……”

“有何使不得？”

“公主乃千金之躯，怎么可以在这穷乡僻壤的地方久居，公主，这万万不可，求求您，请起驾回京……”玲珑泪流满面，连连叩头。

“玲珑，你自小伴我在宫里一起长大，目睹了我所有的悲欢，难道你还看不穿，京城的红墙金瓦，似锦繁华早已难掩我心头的哀伤？

“可是公主……”

“公主？呵呵……”安庆的唇角牵出一丝苦涩的冷笑，“玲珑，我虽贵为大明的公主，在别人的眼里，这是何等的尊贵与荣耀，可是，我却只能眼睁睁地看着我爱的人和爱我的人死去，无能为无，而处死他们的，却是我的父皇，玲珑，在这个世上，有什么比这更让人绝望的呢？”

“可是公主，你还怀着孩子，他是驸马爷的血脉，看在孩子的分上，请公主回京吧……”玲珑早就泣不成声，苦苦哀求。

安庆的目光愈加地黯淡而苦涩，她轻抚腰身，喃喃自语：“他原本是那么一个才华横溢有胆有识的人，千里迢迢奔赴京城寒窗苦读，只想凭借着自己的能力和一腔热血为朝廷效力，获得他应有的尊荣，然后和心爱的女人相守一生……但是，我却逼着他娶了我……我不但从未带给他任何的荣耀，相反让他活得更加的卑微，让他最初的豪情被人随意地践踏，最终导致他选择铤而走险，落得如此下场……”安庆陷入了回忆，幽幽地说道，“我们相遇的那天，是他刚刚进京的那一日，我想，他肯定在某个时候后悔过，后悔进京，后悔那一场相遇……玲珑，京城是一个让人容易迷失自己的地方，如若他泉下有知，他定不希望他的孩子重蹈覆辙……我会在这里养大他，让他远离朝堂纷争，做一个天下最普通，却也最无忧的人……”安庆长长地叹了一口气，“佛说凡所有相，皆是虚妄！这个世界上的一切事物都是虚幻不实的，曾有的繁华没有什么值得执着与留恋，现在的凄然与苦楚也并非不可化解，只怪自己以前心有执念才落得如此，就让我在这里日日焚香，夜夜诵经，以减轻我的罪孽吧……”

“公主……”

“不用再说什么了，我心意已决！”

竹林外，颜擎苍潸然泪下，对身后亲兵吩咐，“传我命令，退兵十里，驻兵桃园，解甲屯田，以护公主周全……”

后记：甘肃徽县通天坪天音寺有座将军石，全文如下：

将军者，颜擎苍，字文焕，陇右道人，颍国公傅友德部将，少年骁勇，体貌奇伟，沉毅果敢，善击刺骑射，洪武四年，随颍国公驻防成都。洪武二十七年，官拜上骑都尉，授明威将军。

洪武三十年，安庆公主随驸马欧阳伦，奉旨守金城关，伦颇不法，茶禁方严，数遣私人贩茶出境，所至绎骚，帝以闻，大怒，赐伦死，时值安庆入蜀赏花，闻讯，携侍从四十八人，出蜀入陇，欲救驸马。蜀守将长兴侯遣文焕率精兵五百护送公主，銮舆行至徽州铜钱坪（今通天坪）境内，金城按察司差使报公主，伦已诛，安庆则无心眷恋尘事，观此处山泽毓秀，顿生皈依之念，遂与侍从修行于五徽窑，将军闻知公主心意已决，退兵十里，驻兵桃园，解甲屯田，以护公主周全。

是岁，将军八十，卒于秋日，霎时，天降祥瑞，见一天神持敕旨，踏云而至，众人皆惊，天神曰：文焕将军大限已到，魂归天界，天帝念其生平，少时驰骋疆场，报效国家，谓之于忠；壮时舍弃名利，护持公主清修，谓之于义，敕令汝肉身化为磐石，镇守此方，千秋万代，佑护黎庶。言罢，金光顿起，将军棺椁冲天而上，待众人回神时，一方磐石已立于桃园河南隅。后人念将军忠义，每逢祀日，必祭于石前。